U0541159

本书为
国家创新与发展战略研究会社会建设与社会治理研究中心
上海华夏社会发展研究院
合作研究成果

中国社会建设蓝皮书
Blue Book of China's Social Construction

中国社会建设报告

Annual Report on Social Construction of China

宋贵伦 鲍宗豪 主编

中国社会科学出版社

图书在版编目（CIP）数据

中国社会建设报告.2017／宋贵伦，鲍宗豪主编.—北京：中国社会科学出版社，2019.1
ISBN 978 - 7 - 5203 - 3880 - 6

Ⅰ.①中… Ⅱ.①宋…②鲍… Ⅲ.①社会建设—研究报告—中国—2017 Ⅳ.①D61

中国版本图书馆 CIP 数据核字（2019）第 000581 号

出 版 人	赵剑英
责任编辑	王 茵 马 明
责任校对	任晓晓
责任印制	王 超

出　　版	中国社会科学出版社
社　　址	北京鼓楼西大街甲 158 号
邮　　编	100720
网　　址	http://www.csspw.cn
发 行 部	010 - 84083685
门 市 部	010 - 84029450
经　　销	新华书店及其他书店
印　　刷	北京君升印刷有限公司
装　　订	廊坊市广阳区广增装订厂
版　　次	2019 年 1 月第 1 版
印　　次	2019 年 1 月第 1 次印刷
开　　本	710×1000　1/16
印　　张	22.5
插　　页	2
字　　数	263 千字
定　　价	81.00 元

凡购买中国社会科学出版社图书，如有质量问题请与本社营销中心联系调换
电话：010 - 84083683
版权所有　侵权必究

《中国社会建设蓝皮书》编委会

主　　　任：郑必坚
常务副主任：宋贵伦
副　主　任：陆晓春　刘润华　张　坚　鲍宗豪
编　　　委：王金华　李宝柱　赵小卫　丁元竹
　　　　　　王　名　赵孟营　向　昆

《中国社会建设报告(2017)》编委会

主　　编：宋贵伦　鲍宗豪
撰　　稿：唐志华　岳金柱　向　昆　李媛媛
　　　　　甘守义　魏　旭　汪　勇　陈　红
　　　　　鲍　琳　宋　婕　周　雯　张爽爽
　　　　　王翰娇
数学建模：陆元鸿

目 录

导论 新时代社会建设的中国模式 …………………………… (1)
  一 新时代社会建设面临的新矛盾、新挑战 ……………… (1)
  二 新时代社会建设中国模式的本质要求 ………………… (9)
  三 新时代社会建设中国模式的实践 ……………………… (12)
  四 新时代社会建设中国模式的实践水平 ………………… (15)

第一章 中国内地31个省（自治区、直辖市）社会建设
       指数 …………………………………………………… (25)
  一 中国内地31个省（自治区、直辖市）社会建设
     总指数 …………………………………………………… (25)
  二 中国内地31个省（自治区、直辖市）社会保障
     指数的比较 ……………………………………………… (30)
  三 中国内地31个省（自治区、直辖市）社会服务
     指数的比较 ……………………………………………… (35)

四　中国内地 31 个省（自治区、直辖市）社会治理
　　　　指数的比较 …………………………………………（41）
　　五　中国内地 31 个省（自治区、直辖市）社会环境
　　　　指数的比较 …………………………………………（45）

第二章　中国四个直辖市社会建设指数比较 ……………（51）
　　一　中国四个直辖市社会建设指数 ……………………（51）
　　二　中国四个直辖市社会保障指数 ……………………（58）
　　三　中国四个直辖市社会服务指数 ……………………（65）
　　四　中国四个直辖市社会治理指数 ……………………（74）
　　五　中国四个直辖市社会环境指数 ……………………（82）

第三章　中国超大城市社会建设指数 ……………………（87）
　　一　中国超大城市社会发展的新特点 …………………（87）
　　二　中国超大城市社会建设总指数 ……………………（95）
　　三　中国超大城市社会保障指数的比较 ………………（98）
　　四　中国超大城市社会服务指数的比较 ………………（101）
　　五　中国超大城市社会治理指数的比较 ………………（105）
　　六　中国超大城市社会环境指数的比较 ………………（108）

第四章　中国特大城市社会建设指数 ……………………（114）
　　一　中国特大城市社会发展的新特点 …………………（115）
　　二　中国特大城市社会建设总指数 ……………………（118）
　　三　中国特大城市社会保障指数的比较 ………………（122）

四　中国特大城市社会服务指数的比较……………………（127）

五　中国特大城市社会治理指数的比较……………………（130）

六　中国特大城市社会环境指数的比较……………………（134）

第五章　中国与G20其他国家社会建设若干指标的比较……………………………………………………………（138）

一　人均GDP……………………………………………（139）

二　GDP增速……………………………………………（141）

三　出生时预期寿命……………………………………（143）

四　平均受教育年限……………………………………（145）

五　CPI指数……………………………………………（147）

六　失业率………………………………………………（149）

七　教育开支占GDP比重………………………………（151）

八　医疗开支占GDP比重………………………………（154）

九　每千人宽带用户……………………………………（156）

十　每十万人口监狱服刑人数…………………………（158）

十一　每十万人口杀人犯罪率…………………………（160）

十二　女性议员占国家议会比例………………………（162）

十三　每万人口医生数…………………………………（164）

十四　人均温室气体排放量……………………………（166）

十五　城市人口占比（城市化率）……………………（168）

十六　女性人口比重……………………………………（171）

十七　R&D支出占GDP比重…………………………（172）

十八　国际入境旅游人次………………………………（174）

十九　中国与 G20 其他国家社会建设综合比较 ……… (176)

第六章　北京市 16 个区社会建设指数 …………… (181)
  一　北京市 16 个区社会建设综合指数比较 ………(181)
  二　北京市 16 个区社会建设进步指数 ………(193)
  三　北京市 16 个区社会建设 36 个指标排序 ………(196)

附　录 ……………………………………………… (256)
  一　中国内地 31 个省（自治区、直辖市）社会建设
    指数框架 ………………………………………(256)
  二　原始数据 ………………………………………(258)
  三　部分指标解释 …………………………………(305)
  四　2017 中国社会建设指数的主成分分析………(311)

参考文献 ……………………………………………… (346)

导论　新时代社会建设的中国模式

党的十八大以来，习近平总书记高度重视社会建设，从党和人民事业发展的高度，做出一系列重要论述和重大部署，不断推动社会建设理论和实践取得一系列重大成就。

中国特色社会主义进入新时代之后，中国社会的矛盾已经转化为人民日益增长的美好生活需要和不平衡不充分的发展之间的矛盾。社会矛盾的变化对新时代中国社会建设提出了新挑战、新要求，需要我们去探索、去研究，构建新时代社会建设的中国模式。

一　新时代社会建设面临的新矛盾、新挑战

新时代社会建设中国模式的构建，要以新时代社会建设面临的新矛盾、新挑战为对象，并在破解新矛盾、新挑战的过程中，形成新时代社会建设的中国方案。

（一）新时代社会建设面临的新矛盾

中国特色社会主义的命题是改革开放之初邓小平在党的十二

大开幕词中首次提出的。中国特色社会主义,既坚持了科学社会主义基本原则,又根据时代条件赋予其鲜明的中国特色。

中国特色社会主义进入新时代之后,社会主要矛盾的转化既是最重要的特征,也是最重要的标志。从我们党对社会主要矛盾的认识来看,有几次变化。1956年提的是"人民对于经济文化迅速发展的需要同当前经济文化不能满足人民需要的状况之间的矛盾";1981年提的是"人民日益增长的物质文化需要同落后的社会生产力之间的矛盾"。党的十九大认为,中国社会主要矛盾已经转化为"人民日益增长的美好生活需要和不平衡不充分的发展之间的矛盾"。

新时代中国社会主要矛盾与过去的主要矛盾相比,是在更高层次、更高水平上的矛盾。从"人民日益增长的物质文化需要"到"人民日益增长的美好生活需要",是人民对切身利益诉求从物质文化领域向政治、社会、生态等领域的扩展和提升,两种矛盾没有质的差异,但它是中国特色社会主义进入不同发展阶段、不同发展水平之后的两种矛盾。如果说,人民日益增长的物质文化需要同落后的社会生产力之间的矛盾是"发展的问题",是谋"发展"过程中的矛盾,那么,人民日益增长的美好生活需要和不平衡不充分的发展之间的矛盾,则是"发展起来以后的问题",是"发展"起来以后遇到的新矛盾、新问题。因此,构建新时代社会建设的中国模式,首先必须面对"发展起来"以后的新矛盾,立足破解新矛盾形成社会建设的中国方案。

(二)新时代社会建设面临的新挑战

新时代社会建设面临的新矛盾更尖锐、更复杂,面对的挑战更多、更深刻。如同习近平总书记所强调的："面对经济社会发展新趋势新机遇和新矛盾新挑战"，"必须确立新的发展理念，用新的发展理念引领发展行动"。换言之，新时代回应新挑战、破解新矛盾，必须要用新的发展理念引领，要有新理念、新智慧、新方法、新举措。

1. 以新发展理念回应"中等收入陷阱"的挑战

中国社会经济发展克服了"贫困陷阱"之后，进入上中等收入阶段，面临的是"中等收入陷阱"的挑战。习近平总书记特别强调："我国经济发展进入新常态，处于爬坡过坎的重要窗口期，跨越'中等收入陷阱'的关键节点。"值得借鉴的是，战后一些发展中国家所出现的"拉美陷阱""东亚泡沫"和"西亚北非危机"等，这些国家进入上中等收入阶段已经至少20多年，但至今仍未能跨越。当今有70多个高收入国家，其中约有15个为发展中国家，这些发展中国家进入上中等收入阶段，总体上平均用了十二三年，才实现了向高收入阶段的跨越。

究其深层原因在于：发展理念不适应新的变化，尤其是创新力不足，包括技术创新和制度创新均不充分，发展方式转变滞后，发展严重失衡，公平与效率均难以保证。同时，由于法制建设滞后，法治化不充分，对市场竞争主体的私权缺乏保障，对政府的公权运用缺乏有效的约束和规范，从而使市场经济缺乏法治保障，使"寻租"的可能成为普遍现实，既破坏公平竞争，又瓦解资源配置效率。

因此，中国从2010年进入上中等收入阶段以后，要积极谋划如何花十二三年时间，跨越"中等收入陷阱"。贯彻落实新发展理念，全面深化改革开放，加快法治中国建设，是最佳的中国行动方案。在中国特色社会主义新时代,中国不仅要实现跨越"中等收入陷阱"的阶段性目标,而且要全面推进中国特色社会主义现代化的建设,到2020年实现全面建成小康社会;从2020年到2035年,基本实现社会主义现代化;从2035年到21世纪中叶,把中国建成富强、民主、文明、和谐、美丽的社会主义现代化强国。

2. 以现代社会治理回应新型社会风险的新挑战

当今世界,现代化的推进特别是新科技不断产生,在推动经济社会发展的同时,也使人类社会进入现代"风险社会"。现代风险不同于传统风险的最大特征就是不确定性和难以预测性,其迅速而广泛的传播可能造成大范围社会恐慌。比如,恐怖主义袭击带来的普遍社会紧张和社会不安;未知流行病和生态环境危机引发的社会恐慌;股灾、银行倒闭、债务危机等金融风险可能导致的大规模社会恐慌传导,新型社会风险带来的新问题、新挑战,考验着超现代城市的社会治理、社会建设。党的十九大提出的构建共治共享的现代社会治理格局,就是为了更好地回应各种新型社会风险的挑战,促进社会和谐有序发展。

一是以"三社联动"促进社区治理模式建构。"三社联动"是以政府购买服务为牵引,以社区为平台,以社会组织(民办社工机构)为载体,以社工为骨干,以满足居民需求为导向,通过社会组织引入外部资源和社会力量,通过社工提供专业化、针对性服务,把矛盾化解在社区,把多元服务供给实现在社区的一种新型社会治理模式、社会服务供给方式和全新的社会动员机制。目前,上海大部分区处于三社联动1.0版,即注重的是社区或社会服务—服务提供组织—服务提供人员三者之间的联动。有必要构建三社联动2.0版，即从社区—社会组织—社工发展为社会/社区—社会组织+社会企业—社会服务人员体系。北京的社会企业早在10年前就开始发展，北京市和各区每年的购买力度逐渐增大。

二是聚焦社区单元和社区综合体破解"空间治理"难题。从国际上看，美国的购物中心越来越多地成为社区活动的中心，摆脱了单一的大卖场式的购物功能，变身为城市社会机能中的关键一环，这主要体现在尊重并融入社区的氛围上。市民选择自己所居住的社区有多方面的原因，如就业、教育、环境、购物等。城市空间治理要素优化策略，要聚焦社区单元，建立社区生活圈和社区综合体。

（1）聚焦社区单元，建立与多元人口结构相匹配的差异化社区配套。根据不同类型社区对设施需求的差异调整标准，规定刚性配套要求、弹性配套要求以及规划路径。

（2）通过"复合社区"，形成社区生活圈。"复合社区"就是要完善社区的就业功能和公共配套设施，缩短人们的平均出行距离，形成小范围、以步行及其他慢行交通为支撑的"生活圈"。

（3）建设社区综合体，促进社区生活、就业、休闲的融合发展。以生活圈为单位开展社区规划探索，整合社区层面的各类规划和建设，并作为公众参与平台，推进社区多元共治。

三是以"云治理"提升社会治理水平。"云治理"代表着社会治理发展的一种新趋向。在这个意义上，大数据条件下的"云治理"，本身的意义不在于拥有或显示"一大堆数据"，而是为了让社会运行更为有序，社会服务更为高效。要运用"大数据"

"云治理",促进在全国率先实现"社会治理的社会化、法治化、智能化、专业化"。

(1) 发挥政府在"云治理"中的主体作用。尽管政府受到各种挑战,但是,作为社会资源和社会服务的主要承担者,政府应在"云治理"中发挥主体作用。例如,就上海市而言,2010年上海制订了"云海计划",通过应用示范的推动,把上海建设成亚太云计算中心。上海市"十二五"规划把"智慧城市"作为最重要的目标,通过数字化、网络化和智能化加强和推进城市管理、民生改善、经济发展。具体来讲,就是利用信息通用技术来感知、分析和整合,并智能地应用于交通安全、城市服务、民生等现代信息服务领域。

(2) 调动普通民众、非政府组织参与"云治理"的积极性。当经济发展到一定阶段后,政府应该适时转变国家治理、区域治理、城市治理的目标和机制,即确立"社会目标"优先于"经济目标"的原则,依靠现有经济基础和能力,反哺社会,以促进经济与社会协调发展。更为重要的是,政府应顺应全球社会公共管理新趋势,大力鼓励和引导普通民众、非政府组织积极参与到社会治理的各个方面,共同促进"云治理"的社会化发展。

(3) 从"云治理"走向"全面治理"和"微治理"。要充分发挥大数据的资源效能,为广大民众提供高质量的公共产品和公共服务。如教育以及公众健康、疾病控制等公共服务,更具有私人定制的特点。这些公共服务是大数据时代"微治理"的重点所在。"微治理"不仅能建立市民利益的表达和反馈渠道,让市民享有充分的知情权、参与权和发展权,更重要的是为"不同"的服务对象确定"不同"的服务内容。不同的人群面临完全不同的医疗、教育、养老、最低生活保障、就业等方面的问题，要及时、有针对性地为"不同人群"排忧解难。这是"云治理"走向"全面治理""微治理"的重要内容。显然，这里的"治理"本身就意味着"服务"，而且是"细致入微"的服务。这类性质和内容在"大数据"应用之前，不可能普遍化，在大量运用"大数据"之后，可以实现更精准、更便捷的服务。

3. 以"新型城镇"化回应"城市病"的挑战

据国家统计局统计，2016年末，上海以87.6%的城镇化率居榜首，北京是86.5%，天津为82.93%。与发达国家相比，日本在2016年已达到90%左右，而美国是81.8%，德国和法国为75%—79%。当然，统计口径有所不同。不过，伴随快速城市化而出现的"城市病"挑战却是共同的。

一是人口的快速集聚及多元化挑战空间治理。截至2017年5月，上海城区以2115万人口排名全国第一，北京城区以1877.7万人口排第二，广州以1246.86万人口排第三，深圳以1137.89万人口排第四。上海城区人口的快速聚集及其人口多元化，有利于知识和信息的交流碰撞，有利于上海建设全球创新之城。但随着城市化、全球化及数字化进程的深入，过度流动性以及公共空间的缺失或过度私人化，不仅休闲、锻炼的场所缺乏，而且邻里之间、人群之间的陌生感、不信任感越来越突出。浦东通过"家门口服务"，杨浦通过"睦邻家园"建设，努力解决开放城市人与人之间的陌生感、不信任感问题，促进了社会包容和多元融合，破解了空间隔离和治理的难题。

二是资源短缺、交通拥堵、公共安全隐患日增等问题的挑战。例如，就城市公共服务看，上海中心城区相对周边城郊，在养老、卫生医疗、教育、就业等社会公共服务领域和社会保障功能方面凸显过度集聚化，上海不同地区资源禀赋和社会经济发展条件客观上存在差异，导致上海16个区在教育、医疗等公共资源方面差距明显。为应对"城市病"，美国学者佛罗里达自2002年以来持续强调的创意城市、创意阶层，蕴含着多元包容对于保证城市活力的价值。2010年以来，亚洲开发银行倡导"包容性城市"的概念，破解"城市病"。上海的目标是：到2020年初步建成以泛在化、融合化、智敏化为特征的智慧城市，不断增加百姓幸福感。

4. 回应"大数据""智能化"对"社会建设"的挑战

从"大数据"对社会建设的挑战看：（1）建设主体面临挑战。单一的政府建设主体使得社会建设信息及数据不充分，市场、社会、公民手中分别掌握的信息和数据会出现浪费，进而会影响社会治理的效率与创新。（2）社会建设方式面临挑战。传统型的社会建设方式无法把握大数据时代社会发展的精确性，无法满足不同社会主体的多样化、差别化需求。当政府作为唯一的社会建设主体，囿于手段及力量的有限性，对经济社会发展的治理，其所依赖的数据大多数来自抽样调查、局部数据，治理的过程多是依赖于社会经验。这种以局部数据衡量社会发展整体情况的做法及方式，容易导致以偏概全的结果。

再从人工智能对社会建设的挑战看：（1）思想观念的挑战。党的十九大报告明确提出推进社会治理智能化，但是无论在学术界还是具体工作实践中，人们对社会治理智能化的认识和理解都存在不同程度的偏差。（2）机制滞后的挑战。譬如无人驾驶的法律规范问题、"360水滴直播门"背后的个人隐私保护问题、机器写作盛行下知识产权的认定问题等。(3)供需失衡的挑战。相对剥夺感是一种广泛存在的社会心理,是一种相比较而产生的负面情感。在实际工作中,一些民众对社会建设能力的要求或者期望高于社会建设能力提升的水平,就可能会产生一种"相对剥夺感"。这并不是因为社会建设能力的弱化,而是由于社会建设主体在智能化公共产品或公共服务供给方面小于人民对美好生活的需求。

随着"大数据""人工智能"时代的到来,通过系统分析社会建设面临的客观形势和现实挑战,要认识创新社会治理、加强社会建设必须通过"大数据"、智能化的方式加以解决,进而引领社会治理进入一个全新的智能化时代,这已成为实现社会治理现代化的现实需求。

二 新时代社会建设中国模式的本质要求

在中国特色社会主义新时代,面对社会建设的新矛盾、新挑战,要构建社会建设的中国模式,首先要认识到加强社会建设的本质要求。

党的十七大明确提出加强社会建设,至今10多年了。这10多年来,特别是党的十八大以来,在以习近平同志为核心的党中央领导下,中国社会建设取得了新的大发展。10多年来,我们一直在思考:加强社会建设的本质要求是什么?为什么要加强社会建设?怎样加强社会建设?

（一）加强社会建设是人类社会发展规律的本质要求

把社会发展纳入国家计划始于欧美。20世纪50年代，英国等欧洲国家明确提出把建设"福利国家"作为"欧洲社会的时代精神和基本制度"。1965年，美国也通过立法全面推进社会改革，开始实施"伟大社会"计划。此后几十年，许多实行资本主义的国家和地区，也追随英美加快发展社会事业。到21世纪初，中国也把社会建设提上了重要议事日程，特别是党的十七大正式把社会建设纳入了中国特色社会主义总体布局。如今，无论是发达国家还是发展中国家，都越来越深刻地认识到，加强社会建设是人类社会发展规律的本质要求，向往幸福美好生活、渴望社会公平正义是人类社会的共同追求。

（二）加强社会建设是社会主义建设规律的本质要求

中国仍处于社会主义初级阶段，不仅是指经济发展水平，也包括社会建设水平。党的十八大以来，以习近平同志为核心的党中央提出了统筹推进"五位一体"总体布局和协调推进"四个全面"战略布局的要求，提出实现"两个一百年"的奋斗目标，提出社会治理是国家治理的重要内容，要加强社会建设、深化社会体制改革、创新社会治理。这些都是对中国特色社会主义理论和实践的全面发展、全面部署。相对而言，在"五大建设"中，社会建设还是短板。思想上重视不够、体系上不完善、基础工作薄弱、落实力度不够、发展不平衡等问题比较突出。坚持社会主义道路，必须加快推进社会治理体系和治理能力现代化，加强以保障和改善民生、维护社会公平正义为重点的社会建设，这是中国特色社会主义建设规律的本质要求。

（三）加强社会建设是共产党执政规律的本质要求

中国共产党是代表最广大人民群众根本利益的党，党的一切工作，都是赢得民心的工作。做好社会建设工作，要热情服务群众、充分依靠群众、广泛动员群众、有效组织群众。随着市场化、城市化、社会化步伐不断加快，广大人民群众不仅在传统体制内的机关事业单位、公有制企业就业，而且越来越多地进入传统体制外的社区、社会组织、非公有制企业等社会领域。面对新形势、新要求，中国共产党作为执政党，不仅要巩固而且要扩大执政基础，要更加自觉地坚持并改进党对社区、社会组织、非公有制企业等社会领域的领导，要高度重视并不断加强社会建设工作，这也是中国共产党成立97年来对执政规律的本质认识。

（四）加强社会建设是建设现代化城市的本质要求

党的十八大以来，党中央高度重视城市社会建设工作。习近平总书记发表一系列重要讲话，对北京加强社会建设和城市治理等作出一系列重要指示，提出许多明确要求，为北京工作指明了方向。为深入贯彻落实习近平总书记对北京工作重要指示精神，加强精细化管理，构建超大城市有效治理体系，在精治、共治、法治上下功夫求实效，按照北京市委、市政府要求，北京社会建设实施两个"三年行动计划"：一个是"北京市基层社会治理规范化建设三年行动计划（2018—2020年）"，另一个是"北京城市副中心社会建设三年行动计划（2018—2020年）"。"社会治理行动计划"明确提出,力争经过三年的共同努力,使北京市社会治理体系和治理能力现代化、基层社会治理规范化水平有明显提高。该计划重点围绕社区、社会组织、非公经济组织三个基层组织治理和队伍建设、网格化体系建设两个基本保障,提出了若干项任务。其核心要义是规范化、全覆盖,主要特点是"目标+指标":在"行动计划"明确主要目标任务的同时,有一系列配套评价指标。既明确了目标任务,又便于绩效考核和综合评价。"城市副中心行动计划"明确提出,在已有工作基础上,按照建首善、创一流标准,努力实现一年有突破、两年见成效、三年上台阶。该计划的特点是力求在"高""实"二字上下功夫、求实效:一是力求体现标准高,就是按照习近平总书记对北京城市副中心建设的要求,坚持国际一流、高点定位;二是措施实,明确任务、用数字说话、便于操作和考核。可以说,以上两个"三年行动计划"是北京社会建设的最新升级版,要义是"抓精细",围绕加快推进社会治理体系和治理能力现代化,努力在精治、共治、法治上下功夫求实效。

总之,要构建新时代社会建设的中国模式,必须遵循"三大规律"的本质要求,站在把握"三大规律"本质要求的高度,谋划社会建设的中国模式,展示社会建设中国模式的魅力。

三 新时代社会建设中国模式的实践

在中国特色社会主义新时代,社会建设的中国模式是在实践中完善的。所以,必须深入学习领会习近平总书记关于社会建设系列重要讲话的丰富内涵，根据时代发展的新形势新要求，创新社会建设实践，不断推进人的全面发展、社会全面进步。

（一）新时代社会建设中国模式的实践指导

人民立场是马克思主义的根本立场，以人民为中心是习近平新时代中国特色社会主义思想的基本观点。党的十八大以来，习近平总书记多次强调，坚持一切为了人民、一切依靠人民，为人民过上更加美好的生活而矢志奋斗，这是新时代促进社会建设中国模式实践的指导思想。

在党的十八届五中全会上，以习近平同志为核心的党中央明确提出了"坚持以人民为中心的发展思想"。在省部级主要领导干部学习贯彻十八届五中全会精神专题研讨班上，习近平总书记指出，以人民为中心的发展思想，不是一个抽象的、玄奥的概念，不能只停留在口头上、止步于思想环节，而要体现在经济社会发展各个环节。党的十九大报告明确将坚持以人民为中心，作为新时代坚持和发展中国特色社会主义的基本方略。

社会建设工作是直接服务群众的工作，与群众冷暖息息相关，是中国共产党人民立场、人民情怀的集中体现。随着经济社会发展，人民对美好生活的需要也日益多样化、多层次、多方面，不仅对物质文化生活提出了更高要求，而且在民主、法治、公平、正义、安全、环境等方面的要求日益增长，对社会建设提出了新的更高要求。在推动社会建设中国模式的实践过程中，要认真贯彻落实习近平总书记关于社会建设的重要论述，结合中国特色社会主义进入新时代的新形势新要求，不断实现好、维护好、发展好最广大人民的根本利益，真正做到发展为了人民、发展依靠人民、发展成果由人民共享,这是检验社会建设中国模式成效的最高标准。

(二) 新时代完善社会建设中国模式的实践路径

社会建设任务千头万绪,但归结起来,主要包括两个方面重点:提高社会保障和改善民生水平,加强和创新社会治理。

社会建设要坚持服务为先,以保障和改善民生为重点,着力解决人民最关心最直接最现实的利益问题。在党的十九大报告中,习近平总书记强调,坚持人人尽责、人人享有,坚守底线、突出重点、完善制度、引导预期,完善公共服务体系,保障群众基本生活,不断满足人民日益增长的美好生活需要,不断促进社会公平正义,形成有效的社会治理、良好的社会秩序,使人民获得感、幸福感、安全感,更加充实、更有保障、更可持续。要按照十九大报告确定的社会建设工作基本思路、目标要求,锲而不舍、久久为功,在优先发展教育事业、提高就业质量和人民收入水平、加强社会保障体系建设、打赢脱贫攻坚战、实施健康中国战略等方面,取得突破性进展。

加强和创新社会治理是新时代社会建设中国模式的重要课题,是国家治理体系和治理能力现代化的重要内容。要坚定不移走中国特色社会主义社会治理之路,善于把党的领导和中国社会主义制度优势转化为社会治理优势。加强社会治理制度建设,完善党委领导、政府负责、社会协同、公众参与、法治保障的社会治理体制。促进社会公平正义,切实解决群众合理合法的利益诉求,加强预防和化解社会矛盾机制建设。

四 新时代社会建设中国模式的实践水平

为了跟踪研究社会建设的中国模式，2013年12月，北京市委社工委与上海华夏社会发展研究院合作，研究制定了"社会建设综合评价指标体系"，并据此评估发布了《北京社会建设报告（2013）》。2014年初，北京市委社工委宋贵伦书记等领导与华夏院进一步研究了2014年的社会建设报告问题。他们一致认识到，社会建设、社会治理是国家治理体系中的基础性系统性工程。推进社会治理体系和治理能力现代化，仅停留于北京社会建设报告研究是不够的，应当立足北京，面向全国和世界，逐步建立健全具有时代特征、中国特色、地方特点的社会建设指标体系，形成高水平、大视角社会建设年度报告。于是，笔者与国家创新与发展战略研究会社会建设与社会治理研究中心合作组成课题组，经过深入研究，形成《中国社会建设报告（2014）》，此后，陆续发布《中国社会建设报告（2015）》《中国社会建设报告（2016）》。《中国社会建设报告（2017）》既是以往4年社会建设报告的延续，又是与时俱进的创新中国社会建设报告。2017年的中国社会建设报告增加了对7个超过1000万人口的超大城市社会建设进行评估，以把握新崛起的超大城市社会建设的新特点。

为了综合分析评估新时代社会建设中国模式的实践水平，本书不仅对国内31个省（自治区、直辖市）、超大城市、特大城市社会建设做横向比较，同时对中国与G20社会建设水平比较，进而判断2017年社会建设中国模式的实践水平。从2017年中国社会模式建设综合指数得分看为72.04分，比2016年69.92分提高

2.12 分。

（一）31 个省（自治区、直辖市）社会建设总指数

从整体上看，中国 31 个省（自治区、直辖市）社会建设总指数得分平均为 72.04 分，有 12 个省（自治区、直辖市）高于平均水平；从排名上看，排在前五位的是北京 89.33 分、上海 85.71 分、浙江 80.32 分、江苏 78.39 分、天津 77.54 分，排在后五位的是西藏自治区 66.41 分、甘肃省 66.36 分、贵州省 65.99 分、云南省 65.65 分、青海省 65.47 分；排在第一位的北京得分比排在最后一位的青海高出 23.86 分。

1. 2017 年社会建设中国模式的实践继续紧扣增进民生福祉，不断促进和谐稳定

无论是东部发达地区，还是西部省份，坚持增进民生福祉、促进和谐稳定的宗旨，大力促进就业创业，办好公平优质教育，织密扎牢民生保障网，推动社会治理创新。不断推进社会建设工作的开展，不断完善社会结构的均衡公平，努力将社会建设水平推向新的高度。

2. 中国社会建设继续扎实推向纵深，但与党的十九大确立的目标仍相去甚远

党的十九大明确提出新时代社会建设的目标：到 2030 年，社会文明程度达到新的高度，人民生活更为宽裕，中等收入群体比例明显提高，基本公共服务均等化基本实现，全体人民共同富裕迈出坚实步伐，现代社会治理格局基本形成，社会充满活力又和谐有序。到 2050 年，"社会文明"与其他文明全面提升；全体人民共同富裕基本实现，我国人民将享有更加幸福安康的生活；

"坚决打赢脱贫攻坚战",把我国建成富强民主文明和谐美丽的社会主义现代化强国等宏伟目标,补齐民生短板,促进社会公平正义,提升人民的生活质量,增强人民的获得感、幸福感,虽然我国已经取得一些成绩,但在社会建设方面尚有许多工作要做。

3. 北京市社会建设继续保持领先地位,但总体来看区域差距仍然较大

2013—2017年北京市的社会建设指数,连续五年在中国内地31个省(自治区、直辖市)中排名第一。从四个维度来看,北京社会保障指数排名第一,社会治理指数排名第一,社会服务指数排名第四,社会环境指数排名第五。但与此同时,必须看到,东中西部的社会建设发展水平仍有一定的差距。北京、上海、浙江、江苏和广东仍远远领先于其他省(自治区、直辖市)。在社会建设指数排名前十位的省(自治区、直辖市)中,东部地区占了九席,而后十位则全部为中西部地区的省(自治区、直辖市)。为此,社会建设在中国还任重道远。

(二)直辖市社会建设指数

直辖市具有明显的区位优势和经济政治优势,在中国内地31个省(自治区、直辖市)中具有特殊的地位和作用。直辖市的社会建设水平是中国城市的标杆和示范,将直辖市单列出来分析具有重要意义。

2017年四个直辖市社会实践水平如下:

(1)北京83.55分;(2)上海82.12分;(3)天津80.19分;(4)重庆78.22分。四个直辖市平均分81.02分。

四个直辖市重视社会建设,整体水平较高。北京和上海的指

数得分均在平均值以上。北京在社会保障、社会环境方面排名第一，具有良好的社会保障建设基础。

上海在社会服务方面排名第一。这主要得益于上海建立城乡统一的基本公共服务，对每一项服务明确具体的服务对象、服务内容、保障标准、资金渠道和覆盖水平，将社会服务工作向精细化、系统化深层次推进。天津在社会治理方面排名第一，与天津市坚持创新社会治理，创建平安社区，打造平安天津，造福一方百姓密切相关。特别是2016年8月印发《健全落实社会治安综合治理领导责任制实施办法》后，在全面落实社会治安综合治理领导责任制的基础上，天津强力推进三级综治平台建设。

（三）超大城市社会建设指数

2017年度中国社会建设报告有关超大城市社会建设指数，第一次分别对北京、天津、上海、广州、深圳、武汉、重庆7个超过1000万人口的城市单独考量评价。

2017年，中国超大城市社会建设指数平均值为82.05分。排名前三位的是深圳、北京、上海。排名后三位的是武汉、天津、重庆。

（四）特大城市社会建设指数

2017年中国社会建设报告，选取10个特大城市作为范本进行评价。这10个城市是：东莞市、苏州市、杭州市、成都市、佛山市、南京市、沈阳市、汕头市、西安市、哈尔滨市。2017年，中国特大城市社会建设指数平均值为63.00分。2017年排名前三位的是东莞、苏州、杭州。排名后三位的是哈尔滨、西安、汕头。

（五）中国与 G20 其他国家社会建设水平的比较

鉴于中国的社会建设与国外基本无相同的评价指标体系。为了能放在国际坐标的背景下评价中国社会建设的绩效，所以按照评价指标的数据可采集、可比较、可跟踪分析研究的原则，笔者从《2016 年国际统计年鉴》、各国议会联盟（IPU）、《2016 年人类发展报告》（UNDP）、*Global Study on Homicide 2017*（UNODC）中搜集人均 GDP（美元）、GDP 增速（%）等 18 个指标，对中国与 G20 其他国家的社会建设做比较分析。

1. 中国在 G20 中排名靠前的指标

（1）GDP 增速。中国排名第 2 位，为 6.9%，在 G20 中排名领先。

（2）失业率。中国排名第 3 位，为 4.1%，在 G20 中排名领先，第 1 名韩国为 3.5%。

（3）每十万人口杀人犯罪率。中国排名第 5 位，为 0.8%，在 G20 中排名靠前，第 1 名日本为 0.3%。

（4）R&D 支出占 GDP 比重。中国排名第 7 位，为 2.00%，在 G20 中排名靠前，第 1 名韩国为 4.3%。

（5）国际入境旅游人次。中国排名第 3 位，为 5562 万人，在 G20 中排名靠前，第 1 名法国为 8377 万人。

2. 中国在 G20 中排名中间的指标

（1）每千人宽带用户。中国排名第 11 位，为 185.60 个，在 G20 中排名中等，第 1 名法国为 413.50 个。

（2）每十万人口监狱服刑人数。中国排名第 9 位，为 119

人，在G20中排名中等，第1名印度为33人。

（3）女性议员占国家议会比例。中国排名第10位，为24.25%，在G20中排名中等，第1名土耳其为41.40%。

（4）人均温室气体排放量。中国排名第10位，为9.082933吨，在G20中排名中等，第1名印度为2.290452吨。

3. 中国在G20中排名靠后的指标

（1）人均GDP。中国排名第15位，为7925美元，在G20中排名靠后，第1名澳大利亚为56328美元。

（2）CPI指数（2010年=100）。中国排名第14位，为141.9，在G20中排名靠后，第1名日本为103.6。

（3）出生时预期寿命。中国排名第12位，为75.8岁，在G20中排名靠后，第1名日本为83.6岁。

（4）平均受教育年限。中国排名第18位，为7.6年，在G20中排名靠后，第1名英国为13.3年。

（5）医疗开支占GDP比重。中国排名第14位，为5.6%，在G20中排名靠后，第1名美国为17.1%。

（6）每万人口医生数。中国排名第14位，为19人，在G20中排名靠后，第1名俄罗斯为43人。

（7）城市人口占比（城市化率）。中国排名第16位，为55.6%，在G20中排名靠后，第1名日本为93.5%。

（8）女性人口比重。中国排名第17位，为48.5%，在G20中排名靠后，第1名俄罗斯为53.5%。

从排名靠前和中间的指标看，中国有8个指标的数据排名在前10位，尤其是GDP增速和失业率，分别排在G20中的第2和第3位，这不仅反映了中国面对全球经济低迷仍平稳增长，失业率低、社会和谐稳定的现状，而且为世界经济走出困境，促进世界和平做出了重大贡献。

从联合国开发计划署《2013年人文发展报告》来看，也肯定了社会建设中国模式的水平。按照联合国计划开发署报告的测算，中国社会发展指数排名大幅提高，提升幅度在所有国家中排名靠前，高于东亚、太平洋地区国家以及金砖国家的平均值，处于中等社会发展水平国家上游位置。但也应该清醒地看到，中国社会建设依然不少方面落后于发达国家的社会建设，存在较为明显的短板和不足，需要在全面落实党的十九大的部署和要求、回应新时代社会新矛盾、新挑战中，全面提升新时代社会建设中国模式的实践和发展水平。

（六）北京社会建设指数比较分析

2017年2月24日，北京城市规划建设和北京冬奥会筹办工作座谈会在人民大会堂召开，习近平总书记站在党和国家事业全局的高度，深刻阐述了"建设一个什么样的首都，怎样建设首都"的时代课题，为新时代首都发展指明了方向。北京市新一版城市总体规划定位对2017年北京16个区社会建设影响巨大。

2017年，北京16个区社会建设综合指数得分依然呈现三个梯队的结构，但具体梯队名单略有变化。第一梯队西城区、东城区，是首都核心功能区，仍然处于领先地位；第二梯队的朝阳区被海淀区、石景山区紧紧追赶；第三梯队排名变化较大，包括城市功能拓展区的丰台区77.64分、生态涵养发展区的平谷区77.03分、怀柔区76.68分、城市发展新区的顺义区76.59

分、房山区 76.51 分、通州区 75.79 分、大兴区 75.50 分、昌平区 75.50 分、生态涵养发展区的密云区 75.13 分、延庆区 74.82 分。

1. 顺应人民对美好生活的希望，擘画首都可持续发展新蓝图

近期发展目标。到 2020 年，建设国际一流的和谐宜居之都取得重大进展，率先全面建成小康社会，疏解非首都功能取得明显成效，"大城市病"等突出问题得到缓解，首都功能明显增强，初步形成京津冀协同发展、互利共赢的新局面。其中，中央政务、国际交往环境及配套服务水平得到全面提升。

中远期发展目标。到 2035 年，初步建成国际一流的和谐宜居之都，"大城市病"治理取得显著成效，首都功能更加优化，城市综合竞争力进入世界前列，京津冀世界级城市群的构架基本形成。其中，成为拥有优质政务保障能力和国际交往环境的大国首都。

远期发展目标。到 2050 年，全面建成更高水平的国际一流的和谐宜居之都，成为富强民主文明和谐美丽的社会主义现代化强国首都、更加具有全球影响力的大国首都、超大城市可持续发展的典范，建成以首都为核心、生态环境良好、经济文化发达、社会和谐稳定的世界级城市群。其中，成为具有广泛和重要国际影响力的全球中心城市。

2. 建设高水平城市副中心，有序疏解北京非首都功能

围绕"四个中心"的发展定位，有序疏解北京非首都功能，建立健全中央单位、驻京部队与属地的联动对接机制，积极争取支持，同步开展疏解整治。

2017 年 9 月 13 日，中共中央、国务院正式批复《北京城市

总体规划（2016年—2035年）》，明确了"一核一主一副"的城市空间布局。其中，"一副"即指北京城市副中心，承接中心城区功能和人口疏解，构建"一带一轴多组团"空间结构。

严防副中心出现新的"城市病"。建设可持续发展的健康城市，提升城市精细化管理水平，按照核心区标准建设。

推进运河文化带建设。古有"一京（北京）二卫（天津）三通州"的说法，运河将再次成为北京市文物保护的焦点。挂牌成立运河文化研究所开展运河水质污染、文化遗产开发利用、沿线多地开发及区域联动等方面研究，为运河开发规划提供智力支持。

科教文卫配套升级。2017年，通州区在北京市16个区的地区生产总值第三产业中卫生和社会工作增长速度排名靠前。

3. 发挥核心功能区引领作用，提高民生保障和服务水平

西城区和东城区作为首都核心区，在国家治理体系和首都治理大局中有特殊位置。首都核心功能区从聚集功能求发展转向疏解功能谋发展，从关注量的扩张转向关注质的提升，从更多关注经济增长的变化转向更加注重经济、社会、文化、生态等多方面的整体协调与进步。

依据《2017年网格化体系建设工作要点》，以"夯基础、强体系，增效能、促合力"为目标，加强网格化体系在加强城市管理、完善社会服务，创新社会治理、促进和谐稳定中发挥越来越重要的作用。不断增强网格化服务管理能力。

4. 京津冀协同发展，不断深化社会建设

京津冀三地人民共享发展成果，是推动协同发展的根本出发

点和落脚点。

2017年设立雄安新区，是千年大计、国家大事。北京拿出最优质的公共服务资源，主动对接雄安新区建设。

协同创新，提升北京创新资源辐射外溢能力。京津冀产业协同也向纵深推进。北京（曹妃甸）现代产业发展试验区城建重工专用车等重点项目正式投产，北京·沧州生物医药产业园万生药业等4家企业竣工试生产，启动建设北京·滦南大健康产业园，京津冀大数据综合试验区应用感知体验中心和大数据协同处理中心建成启用。

第一章　中国内地 31 个省（自治区、直辖市）社会建设指数

党的十九大提出习近平新时代中国特色社会主义思想，明确确立了"两个一百年"的奋斗目标。这一重大目标的实现不局限于单方面的经济发展，更需要统筹推进经济建设、政治建设、文化建设、社会建设、生态文明建设"五位一体"总体布局，推进"四个全面"战略布局，推动"人的全面发展、社会全面进步"。这就赋予了新时代社会建设新的历史使命，也决定了新时代社会建设的新特点和新要求。

2017 年中国内地 31 个省（自治区、直辖市）社会建设指数中，有 11 个省（自治区、直辖市）社会建设指数高于平均水平。2017 年社会建设水平的总体排序仍然是北京、上海、浙江等东部地区处于第一梯队，占据领先位置。西部地区虽然在整体上仍然落后于东部地区，但整体向上趋势明显。

一　中国内地 31 个省（自治区、直辖市）社会建设总指数

根据从《中国统计年鉴（2016 年）》《中国区域经济统计年

鉴（2016年）》《中国民政统计年鉴（2016年）》《中国社会统计年鉴（2016年）》等中采集的中国内地31个省（自治区、直辖市）社会建设44个指标的数据，经计算分析，得出中国内地31个省（自治区、直辖市）总指数的得分及其排序。[①]

（一）社会建设总指数得分排序

从整体上看，中国内地31个省（自治区、直辖市）社会建设总指数得分平均为72.04分，有12个省（自治区、直辖市）高于平均水平（见表1—1）；从排名上看，排在前五位的是北京89.33分、上海85.71分、浙江80.32分、江苏78.39分、天津77.54分，排在后五位的是西藏自治区66.41分、甘肃省66.36分、贵州省65.99分、云南省65.65分、青海省65.47分；排在第一位的北京得分比排在最后一位的青海得分高出23.86分（见图1—1）。

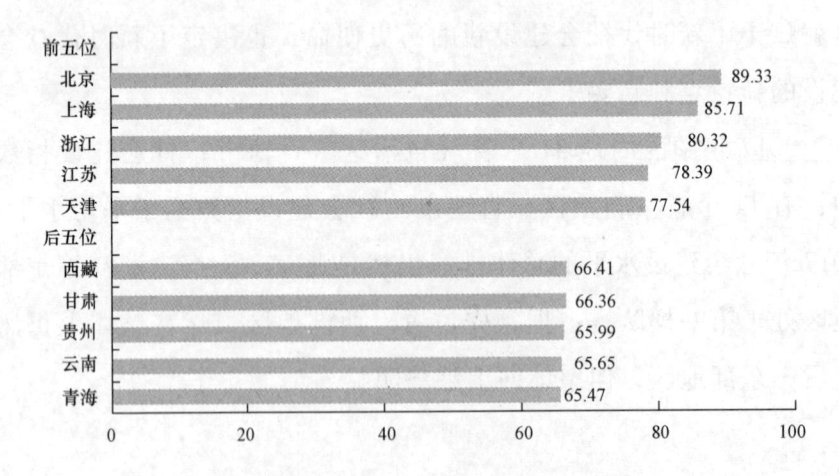

前五位	得分
北京	89.33
上海	85.71
浙江	80.32
江苏	78.39
天津	77.54

后五位	得分
西藏	66.41
甘肃	66.36
贵州	65.99
云南	65.65
青海	65.47

图1—1 中国内地31个省（自治区、直辖市）社会建设总指数得分前后五位排序（单位：分）

---

① 《中国社会建设报告（2017）》主要以《中国统计年鉴（2016）》等为依据。

表1—1　2017年中国内地31个省（自治区、直辖市）
社会建设总指数

排名	省（自治区、直辖市）	社会建设总指数得分	社会建设总指数百分制得分
1	北京	29.91196376	89.33
2	上海	27.53883806	85.71
3	浙江	24.18312887	80.32
4	江苏	23.03155894	78.39
5	天津	22.53438625	77.54
6	广东	20.62250289	74.17
7	辽宁	20.53189094	74.01
8	重庆	20.46278685	73.89
9	福建	20.19754035	73.41
10	内蒙古	19.87585683	72.82
11	山东	19.73677998	72.56
12	宁夏	19.56500280	72.25
13	吉林	19.22123639	71.61
14	湖北	19.20202340	71.57
15	陕西	19.13182952	71.44
16	山西	19.00368853	71.20
17	四川	18.80811594	70.84
18	新疆	18.31706984	69.90
19	海南	18.26338366	69.80
20	黑龙江	18.19144785	69.66
21	河北	18.16442224	69.61
22	湖南	18.12098527	69.53
23	江西	17.98944473	69.28
24	安徽	17.67654631	68.67
25	广西	17.38989003	68.11
26	河南	17.17727955	67.69
27	西藏	16.53028171	66.41
28	甘肃	16.50455958	66.36
29	贵州	16.32423268	65.99

续表

排名	省（自治区、直辖市）	社会建设总指数得分	社会建设总指数百分制得分
30	云南	16.15709886	65.65
31	青海	16.06562028	65.47
	百分标准值	37.48394974	100

（二）社会建设总指数比较分析

从2017年中国内地31个省（自治区、直辖市）社会建设总指数的排序分析，可以得出以下判断。

1. 中国社会建设继续紧扣增进民生福祉，不断促进社会和谐稳定

2017年中国内地31个省（自治区、直辖市）的社会建设总指数平均在72分以上。无论是东部发达地区，还是西部省（自治区、直辖市），都能认真落实李克强总理在政府工作报告中强调的推进以保障和改善民生为重点的社会建设。在面对新的形势、新的任务、新的挑战的情况下，坚持增进民生福祉、促进和谐稳定的宗旨，大力促进就业创业，办好公平优质教育，织密扎牢民生保障网，推动社会治理创新。不断推进社会建设工作的开展，不断完善合理公平的社会结构，努力将社会建设水平推向新的高度。

2. 中国社会建设继续扎实推向纵深，但与党的十九大确立的目标仍相去甚远

社会建设肩负着化解新时代社会主要矛盾，推进国家治理现代化建设，促进经济建设、政治建设、文化建设、生态文明建设顺利推进等诸多方面的使命和功能。由此可见，新时代的社会建

设在五位一体的总体布局中，乃是重中之重、当务之急。党的十九大明确提出新时代社会建设的目标：到2030年，社会文明程度达到新的高度，人民生活更为宽裕，中等收入群体比例明显提高，基本公共服务均等化基本实现，全体人民共同富裕迈出坚实步伐，现代社会治理格局基本形成，社会充满活力又和谐有序。到2050年，"社会文明"与其他文明全面提升；全体人民共同富裕基本实现，中国人民将享有更加幸福安康的生活；"坚决打赢脱贫攻坚战"，把中国建成富强民主文明和谐美丽的社会主义现代化强国，补齐民生短板，促进社会公平正义，提升人民的生活质量，增强人民的获得感、幸福感，虽然中国已经取得了一些成绩，但在社会建设方面尚有许多工作要做。

3. 北京市社会建设继续保持领先地位，但总体来看区域差异仍然较大

2013—2017年北京市的社会建设指数，连续五年在中国内地31个省（自治区、直辖市）中排名第一。从4个维度来看，北京社会保障指数排名第一，社会治理指数排名第一位，社会服务指数排在第四位，社会环境指数排名第五位。

从具体单项指标来看，北京仍有不俗的表现：常住人口平均受教育年限、每十万人口高等学校平均在校生数、每千人口执业（助理）医师、每百万人口社工助工师、社会志愿者服务人次、建成区绿化覆盖率在中国内地31个省（自治区、直辖市）中排名第一；城镇登记失业率、文盲人口占15岁及以上人口比重、亿元地区生产总值生产安全事故死亡人数为最低。人口平均预期寿命、城镇居民人均可支配收入、每千人口社会服务床位数、每万人社区居民委员会数在中国内地31个省（自治区、直辖市）中

排名第二。农村居民人均纯收入、城市社区服务中心（站）覆盖率、人均文化事业费、人均拥有公共图书馆藏书量在中国内地31个省（自治区、直辖市）中排名第三。但与此同时，必须看到，东中西部的社会建设发展水平仍有一定的差距。北京、上海、浙江、江苏和广东仍远远领先于其他省（自治区、直辖市）。西部地区的社会建设仍落后于东部地区。在社会建设指数排名前十位的省（自治区、直辖市）中，东部地区的省（自治区、直辖市）占了九席，而后十位则全部为中西部地区的省（自治区、直辖市）。为此，政府不仅要高度重视社会建设，而且要把它作为一项长期的任务来推进，社会建设在中国还任重道远。

二 中国内地31个省（自治区、直辖市）社会保障指数的比较

社会建设需要政府、市场（企业）、社会（组织）三领域共同发力，但又必须有合理权限的区分，不相混同。其中，政府建立一个有效的社会保障体系，从制度层面解决民生问题，让全体社会成员共享改革发展的成果，再通过全覆盖的社会保障体系，建立起一个利益均衡的社会机制乃是首要前提。在全面推进小康社会建设过程中，中国内地31个省（自治区、直辖市）的党委政府将社会保障当作民生基础工作来抓。社会保险覆盖范围进一步扩大。截至2017年底，基本养老、基本医疗、失业、工伤、生育保险参保人数分别达到9.15亿人、11.77亿人、1.88亿人、2.27亿人、1.92亿人；五项基金总收入为6.64万亿元，同比增

长 23.9%,总支出为 5.69 万亿元,同比增长 21.4%。[①] 社会保障制度体系进一步完善,经办管理服务进一步提升,社会保障水平保持稳定态势。

(一) 社会保障指数得分排序

从整体上看,中国内地 31 个省(自治区、直辖市)社会保障指数得分平均水平为 78.82 分,有 16 个省(自治区、直辖市)高于平均水平;从排名上看,中国内地 31 个省(自治区、直辖市)社会保障指数得分排在前五位的是,北京 90.21 分、上海 87.78 分、天津 85.46 分、浙江 82.97 分、江苏 81.88 分,排在后五位的是甘肃 74.74 分、云南 73.46 分、贵州 73.30 分、青海 71.80 分、西藏 66.44 分;排在第一位的北京比排在最后一位的西藏高出 23.77 分(见图 1—2)。

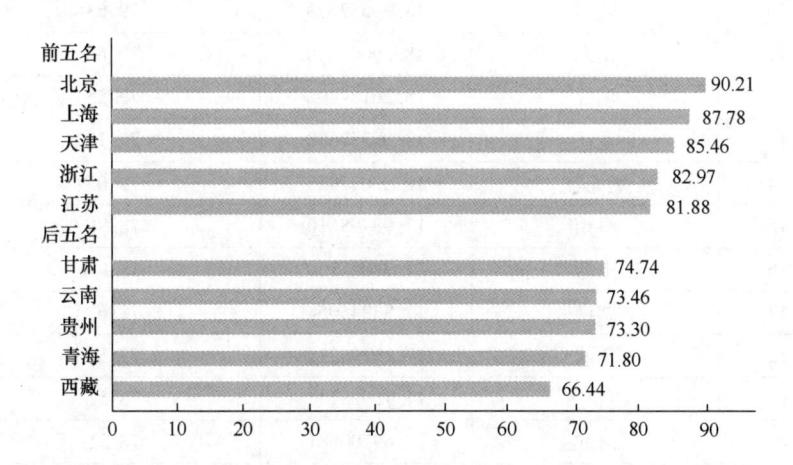

排名	省份	得分
前五名	北京	90.21
	上海	87.78
	天津	85.46
	浙江	82.97
	江苏	81.88
后五名	甘肃	74.74
	云南	73.46
	贵州	73.30
	青海	71.80
	西藏	66.44

图 1—2 中国内地 31 个省(自治区、直辖市)社会保障指数得分前后五位排序(单位:分)

---

① 参见《2017 年社会保障工作进展如何?看完你就知道了》,2018 年 1 月 26 日,央视网(http://news.cctv.com/2018/01/26/ARTIXM03SnoGqE0DRjCRugsp180126.shtml)。

中国内地 31 个省（自治区、直辖市）社会保障指数得分比较及其排序，见表 1—2。

表 1—2　2017 年中国内地 31 个省（自治区、直辖市）社会保障指数

排名	省（自治区、直辖市）	社会保障指数得分	社会保障指数百分制得分
1	北京	23.48331159	90.21
2	上海	22.23327644	87.78
3	天津	21.07382587	85.46
4	浙江	19.86482792	82.97
5	江苏	19.34549741	81.88
6	辽宁	19.04791783	81.25
7	广东	18.91264130	80.96
8	吉林	18.66774816	80.43
9	福建	18.29784026	79.63
10	陕西	18.29532628	79.63
11	山东	18.29003338	79.62
12	湖北	18.26184408	79.55
13	重庆	18.09359688	79.19
14	黑龙江	18.03027915	79.05
15	海南	17.98798610	78.96
16	山西	17.98077180	78.94
17	湖南	17.83945064	78.63
18	江西	17.80794211	78.56
19	内蒙古	17.78928115	78.52
20	河北	17.69700681	78.31
21	安徽	17.62378359	78.15
22	河南	17.57006031	78.03
23	广西	17.38396559	77.62
24	四川	17.16677805	77.13
25	宁夏	16.93488673	76.61

续表

排名	省（自治区、直辖市）	社会保障指数得分	社会保障指数百分制得分
26	新疆	16.90572583	76.54
27	甘肃	16.11749404	74.74
28	云南	15.57181665	73.46
29	贵州	15.50341181	73.30
30	青海	14.87336396	71.80
31	西藏	12.73630692	66.44
	百分标准值	28.85488743	100

（二）社会保障指数比较分析

1. 东西部地区社会保障水平的差距仍然较大

2017年，各省（自治区、直辖市）抓重点、抓改革、抓风险防控、促公共服务能力提升，社会保障事业发展不断取得新的成就。但在发展上仍然存在一定的不均衡性，东西部地区的差距较大，社会保障指数排名第一的北京市与排名最后的西藏自治区相差了23.77分。究其原因，在于西藏有其自身特殊性，社会保障建设与国内其他地区相比，存在较大的差异性，主要表现为社会保障实际覆盖范围小、水平低、城乡差距明显、社保体系运行成本高，等等。拿社会保障指数排名第一位的北京市来说，在每十万人口高等学校平均在校生数、城镇单位就业人员平均实际工资指数两个指标上排名全国首位，城镇登记失业率和文盲人口占15岁及以上人口比重为全国最低，城镇居民人均可支配收入、人口平均预期寿命（2010年）排名全国第二位。相比之下，社会保障指数排名最后的西藏，人口平均预期寿命（2010年）为68.17岁，比北京低了12.01岁；城镇居民人均可支配收入为12254.3

元,比北京低了36203.7元,显示出了巨大的差距。地区之间社会保障水平差异,除了地方政府的重视和努力之外,还应加强国家层面的统筹支援,继续加大对西部开发的支持力度,并致力于东中西部地区基本生活水平、基本教育医疗水平、基本社会保障水平的逐步均等化。

2. 各省(自治区、直辖市)面临问题各有侧重、表现各异

由于中国地缘辽阔,地区间经济发展极不平衡,区域经济差异较大,省际的社会保障水平也不尽相同。2017年中国内地31个省(自治区、直辖市)的平均得分为78.82分,比2016年的85.83分降低了7.01分,总体来说下降幅度不可谓不大。分别考量各省(自治区、直辖市)社会保障维度得分的亮点,可以看出不同地区在工作开展上各有侧重。以养老金为例,人社部社保管理中心编制出版的《中国社会保险发展年度报告(2016)》显示,广东城镇企业职工养老保险基金累计结余最高,为7258亿元,占总结余的19.6%。累计结余超千亿的地区还有北京、江苏、浙江、山东、四川、上海、山西、安徽。这9个地区共计2.61万亿元,占全部累计结余的70.6%。养老金当期收不抵支的省份增至7个,分别为黑龙江、辽宁、河北、吉林、内蒙古、湖北、青海。其中黑龙江不仅当期收不抵支,且累计结余已穿底,为-232亿元。[①] 上述数据表明,各省(自治区、直辖市)养老金区域不平衡、部分地区收不抵支的情况加剧,对此,党的十九大报告指出,要尽快实现养老保险全国统筹。

---

① 《2017各省市社保大数据:广东结余7258亿 这7省养老保险收不抵支》,2017年11月14日,中商情报网(http://www.askci.com/news/finance/20171114/084612111854.shtml)。

3. 社会保障机制有待进一步提升和完善

社会保障制度作为社会稳定的"安全网",不仅关系到中国改革发展稳定的大局,而且关系到国家的长治久安。建立健全同经济发展水平相适应的社会保障制度、扎实有效顺利推进这项"关乎国运、惠及子孙"的伟大事业事关人民群众切身利益、事关和谐稳定的大局。只有完善的社保体系才具备抵抗风险的能力,真正成为保民惠民的防波堤。然而,现行社会保障机制尚存在进一步提升和完善的空间。从社会保险参保率的增长情况来看,中国内地31个省(自治区、直辖市)中的绝大部分均取得了正增长,但是应该看到,不少地区个体工商户、城镇灵活就业人员和流动人员参保率较低,停保、断保现象还比较突出。而且参保人数的增加并不必然意味着社会保险的福利惠及普通民众,社会保险体系仍有待提升。有的省市虽然在城镇职工基本养老保险参保人数增长率上排名靠前,但这些省市的一些地方的社保基金由于领取养老金的人数和参保人数不成比例,造成收支存在着一定的缺口,虽然可以通过省级统筹等方式解决,保证社保金按时发放,但社保机制上的不完善不容忽视。

三 中国内地 31 个省(自治区、直辖市)社会服务指数的比较

2017年中国内地31个省(自治区、直辖市)社会服务指数仍然通过社区服务中心(站)覆盖率、每千老年人口养老床位等10个指标来计算。从整体上看,中国内地31个省(自治区、直辖市)社会服务指数得分平均水平2016年为65.36分,2017年为65.93

分，较上一年度高了0.57分。从数据上看，中国内地31个省（自治区、直辖市）社会服务指数得分均在90分以下。其中，高于70分的省（自治区、直辖市）有7个；低于60分的省（自治区、直辖市）有9个，相对于2016年而言多了2个。社会服务水平整体还有待提高，平均分不到70分，还须不断加强。

（一）社会服务指数得分排序

从整体上看，中国内地31个省（自治区、直辖市）社会服务指数得分平均水平为65.93分，有11个省（自治区、直辖市）高于中国内地31个省（自治区、直辖市）的平均水平；从排名上看，中国内地31个省（自治区、直辖市）社会服务指数得分排在前五位的是西藏87.97分、上海85.81分、浙江83.03分、北京81.18分、内蒙古74.45分；排在后五位的是湖南57.41分、广西57.03分、安徽56.79分、云南56.64分、河南53.20分；排在第一位的西藏比排在最后一位的河南省高出34.77分（见图1—3）。

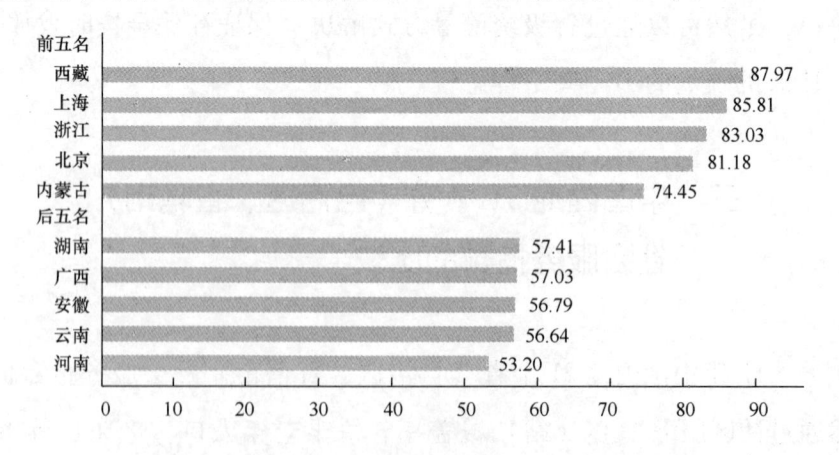

排名	省份	得分
前五名	西藏	87.97
	上海	85.81
	浙江	83.03
	北京	81.18
	内蒙古	74.45
后五名	湖南	57.41
	广西	57.03
	安徽	56.79
	云南	56.64
	河南	53.20

图1—3 中国内地31个省（自治区、直辖市）社会服务指数得分前后五位排序（单位：分）

中国内地 31 个省（自治区、直辖市）社会服务得分比较及其排序，见表1—3。

表1—3　　2017年中国内地31个省（自治区、直辖市）社会服务指数

排名	省（自治区、直辖市）	社会服务指数得分	社会服务指数百分制得分
1	西藏	11.27881045	87.97
2	上海	10.73165315	85.81
3	浙江	10.04813692	83.03
4	北京	9.604391064	81.18
5	内蒙古	8.078985371	74.45
6	江苏	7.738306237	72.86
7	宁夏	7.497481753	71.72
8	天津	7.102788067	69.81
9	青海	6.650548495	67.55
10	四川	6.628694167	67.44
11	新疆	6.403598910	66.28
12	辽宁	6.181654154	65.12
13	重庆	6.180148795	65.12
14	湖北	6.034235815	64.34
15	山东	5.953973548	63.91
16	吉林	5.881255639	63.52
17	福建	5.879870098	63.51
18	山西	5.866541582	63.44
19	广东	5.849674553	63.35
20	陕西	5.774223899	62.94
21	甘肃	5.576013499	61.85
22	黑龙江	5.54545113	61.68
23	海南	5.223156599	59.86
24	河北	5.106024473	59.19
25	贵州	5.065077685	58.95
26	江西	4.901472431	57.99

续表

排名	省（自治区、直辖市）	社会服务指数得分	社会服务指数百分制得分
27	湖南	4.803095941	57.41
28	广西	4.739793769	57.03
29	安徽	4.701102204	56.79
30	云南	4.676311565	56.64
31	河南	4.124419899	53.20
	百分标准值	14.57541592	100

（二）社会服务指数比较分析

根据社会服务指数的排序结果，比较分析 2017 年与 2016 年中国内地 31 个省（自治区、直辖市）社会服务指数，可得出以下几点认识。

1. 社会服务的均等化正逐步推进

基本公共服务作为维持经济社会发展稳定、维护社会基本公平正义、保护个人基本生存权发展权、实现人的全面发展的公共物品服务，基本社会服务是其重要内容，是政府社会服务职能中"兜底部分"的内容。截至 2017 年底，全国公共卫生、疾病防控、医疗卫生服务能力逐步提升，城乡居民健康水平持续提高。截至年末，全国共有社会服务机构和设施 182.1 万个，社会服务事业基本建设在建项目规模 2594.0 万平方米，全年实际完成投资总额 209.2 亿元；① 医疗卫生机构床位 794.0 万张，与 2016 年比较，增加了 53.0 万张。每千人口医疗卫生机构床位数由 2016 年

---

① 民政部：《2017 年社会服务发展统计公报》，2017 年 8 月 2 日，民政部网站（http://www.mca.gov.cn/article/sj/tjgb/2017/201708021607.pdf）。

的 5.37 张增加到 2017 年的 5.72 张。①

从东西部比较来看,在传统的社会服务指标上,东西部地区并没有显现出明显的整体差异,在某些指标上西部地区的表现甚至还好于东部地区。例如,在西藏自治区,在"十二五"期间,中央和自治区累计投资达 17.77 亿元,实施了包括各级医院、基层卫生机构等一批医疗机构建设项目。目前城镇基本医保实现区级统筹,参保率达 95% 以上,逐步完善了异地就医管理服务方式,进一步建立了大病保险、医疗救助、疾病应急救治等制度,基本形成了覆盖城乡、相互衔接的基本医疗保障网②,领先于东部地区省份。在城市社区服务中心(站)覆盖率、每千老年人口养老床位数、每千人口社会服务床位数、每千人口执业(助理)医师、人均文化事业费、人均拥有公共图书馆藏书量等指标的排名上,西藏均有不同程度提升。

从整体水平来看,在传统社会服务指标上,由于政府重视,长期以来经过持续建设已经取得了普遍的成效,正向均等化的方向迈进,各省(自治区、直辖市)之间的差异相对较小;而新兴的社会服务项目则因推出不久,方兴未艾,还未在普遍范围内获得大致相同的进展,因此还需在均等化方面继续努力。指标差异则相对较大。

2. 社会服务正趋向于多元化的格局

自从党的十八届三中全会明确提出"推广政府购买服务,凡

---

① 国家卫生健康委员会:《2017 年我国卫生健康事业发展统计公报》,2018 年 6 月 13 日,国家卫生健康委员会网站(http://www.nhfpc.gov.cn/guihuaxxs/s10743/201806/44e3cdfe11fa4c7f928c879d435b6a18.shtml)。

② 蒋翠莲:《西藏卫生与健康事业成就斐然》,《西藏日报》2017 年 4 月 21 日。

属事务性管理服务,原则上都要引入竞争机制,通过合同、委托等方式向社会购买","加大政府购买公共服务力度"以来,积极创新以政府为主导、社会积极参与的多元化社会服务供给模式,实现基本社会公共服务供给种类多样化已成为政府完善和履行公共服务职能的主要目标。推动公共服务供给体系多元化发展,乃是实现基本公共服务均等化、保障和改善民生的重要方向。

考察社会服务指数排名前几位的西藏、上海、浙江、北京,在社会服务供给多元化方面做得较好,走在全国前列。西藏自改革开放以来,提高了发展社会保障权的重要性认识,不断建立完善社会保障制度,目前已基本建立以城镇居民的养老保障、失业保障、城镇职工基本医疗保障和城市居民最低生活保障等为主要内容的社会保障体系。

近年来,随着经济发展和社会转型,进入矛盾凸显期和多发期,面对政策制定和公众参与多元化,应大力强调社会共同参与,不断提升社会服务能力。以重要性日益凸显的养老服务为例,作为中国最早进入老龄化(1979年)、中国老龄化程度最深的城市上海,积极探索开放养老服务市场,构筑一个多元化的养老体系,"政府主要满足基本养老服务,包括把困难人群的'底'兜好;以社会力量为主提供养老服务;并让更多的企业'唱主角',提供市场化的养老服务"[1]。此外,上海还将一些基本公共服务让渡给市场主体或社会组织,建立社会多元合作机制,扩大基本公共服务供给范围,提高供给效率,促进基本公共服务质量的均衡。在公共文化投入上,不断提升政府购买服务数量,每年都开展面

---

[1] 《上海:着力放开养老服务市场 构筑多元化养老体系》,2017年1月10日,新浪财经(http://finance.sina.com.cn/roll/2017-01-10/doc-ifxzkssy1802095.shtml)。

向全市的公共文化服务政府采购和整合配送工作，使优质文化资源更为集中，使广大基层文化工作更为便捷，从依靠政府提供公共文化服务的单一方式向多种方式转变，逐步实现由政府、企业、非营利组织和广大群众共同来提供。

目前，全国各地区正努力推进多元主体积极参与、平等竞争的社会服务供给格局的构建，逐步建立合格供应商制度，通过市民自主选择、政府购买服务、合同契约管理的方式，在社会服务领域引入市场机制，使服务体系的效率逐步提升。

四 中国内地31个省（自治区、直辖市）社会治理指数的比较

2017年，中国内地31个省（自治区、直辖市）社会治理指数得分为57.87分，比2016年的56.36分上升了1.51分，社会治理水平整体在提升。

（一）社会治理指数得分排序

从整体上看，中国内地31个省（自治区、直辖市）社会治理指数得分平均水平为57.87分，有10个省（自治区、直辖市）高于中国内地31个省（自治区、直辖市）的平均水平；从排名上看，中国内地31个省（自治区、直辖市）社会治理指数得分排在前五位的是北京92.44分、上海82.23分、江苏74.38分、浙江73.15分、重庆67.68分；排在后五位的是广西49.81分、安徽49.75分、云南49.65分、江西49.18分、河南45.40分；排在第一位的北京市比排在最后一位的河南省高出47.04分（见图1—4）。

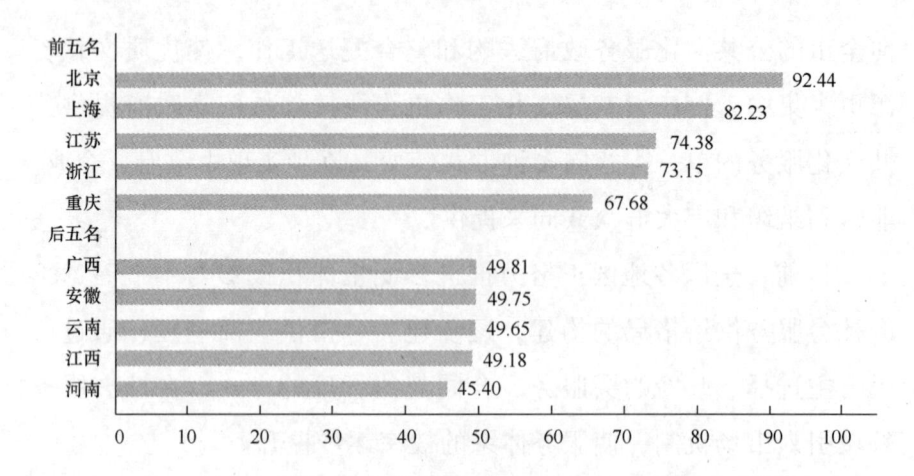

```
前五名
北京     92.44
上海     82.23
江苏     74.38
浙江     73.15
重庆     67.68
后五名
广西     49.81
安徽     49.75
云南     49.65
江西     49.18
河南     45.40
```

图1—4　中国内地31个省（自治区、直辖市）社会治理
指数得分前后五位排序（单位：分）

中国内地31个省（自治区、直辖市）社会治理指数得分比较及其排序，见表1—4。

表1—4　　2017年中国内地31个省（自治区、直辖市）
社会治理指数

排名	省（自治区、直辖市）	社会治理指数得分	社会治理指数百分制得分
1	北京	12.42282438	92.44
2	上海	9.830524931	82.23
3	江苏	8.043588547	74.38
4	浙江	7.778397851	73.15
5	重庆	6.658571923	67.68
6	广东	5.616630369	62.16
7	天津	5.483519920	61.42
8	福建	5.369980136	60.78
9	辽宁	5.274777575	60.24
10	宁夏	5.220624982	59.93
11	新疆	4.860199421	57.82

续表

排名	省（自治区、直辖市）	社会治理指数得分	社会治理指数百分制得分
12	四川	4.720944692	56.99
13	西藏	4.585724090	56.16
14	山东	4.509831149	55.70
15	湖北	4.461251690	55.40
16	陕西	4.301082333	54.39
17	内蒙古	4.220896424	53.88
18	甘肃	4.136576142	53.34
19	海南	4.032785641	52.67
20	青海	3.975946199	52.30
21	山西	3.969391904	52.25
22	吉林	3.907998977	51.85
23	黑龙江	3.850991726	51.47
24	河北	3.809858924	51.19
25	湖南	3.688769318	50.37
26	贵州	3.622140356	49.92
27	广西	3.607105236	49.81
28	安徽	3.598323132	49.75
29	云南	3.583572548	49.65
30	江西	3.516679552	49.18
31	河南	2.995944860	45.40
	百分标准值	14.53737534	100

（二）社会治理指数比较分析

从2017年中国内地31个省（自治区、直辖市）社会治理指数得分，可得出如下判断。

1. 社会共建共享的治理格局不断推进

随着党的十八届三中全会关于"完善和发展中国特色社会

主义制度，推进国家治理体系和治理能力现代化"这一全面深化改革总目标的提出，"国家治理"成为核心概念。社区居民委员会是基层社会治理的基本单元，是基层民主议事机制的重要参与者，是社会治理从"政府负责"变"政府主导、群众共同参与"，触角延伸到"最后一公里"的重要载体，而社会组织则是起到激发社会活力、动员和组织社会资源的作用。社会组织的不断发育和完善，使得社会治理朝向社会协同、公众参与的方向发展，向着全民共建共享的新格局转变。以上海长宁区为例，截至2017年，全区共注册登记社会组织578个，每万人拥有社会组织数达到8.6个以上。同时，政府通过购买公共服务机制的杠杆和导向作用，每年财政出资3600余万元，向社会公开招投标，重点扶持化解矛盾纠纷、服务特殊人群等社会组织。大力引导社会组织参与平安建设，涌现出禁毒妈妈工作室、海松劳动纠纷调解工作室等社会组织；加强预防和减少犯罪工作专业社工队伍建设，全区在册服务特殊人群志愿者1480余名，服务覆盖8000余名特殊人群。

2. 社会治理的水平在地区间仍有较大差距

截至2017年底，全国共有社会组织76.2万个，比上年增长8.4%；基层群众性自治组织共计66.1万个。但是从具体指标来看，差异较大。全国社会治理指数得分在80分以上的只有北京、上海两个直辖市，27个省（自治区、直辖市）社会治理指数得分在70分以下，最低的河南只有45.40分。

各地区社会治理发展水平的差异，说明中国社会治理体系发展的问题有很多，概括起来主要有两方面：一是资源困境。许多社会治理机构尤其是民间社会组织缺乏必要的财力物力支撑，难以有效开展活动。二是人才困境。从制度上看，社会治理的人才管理和待遇管理都缺乏规范，许多社会组织的专职工作人员待遇较低。解决好社会治理中存在的上述问题，必须解放思想、更新理念，促进社会治理体系健康有序发展，更好地激发社会活力。

五 中国内地31个省（自治区、直辖市）社会环境指数的比较

2017年中国内地31个省（自治区、直辖市）社会环境指数得分为82.32分，比2016年的89.17分下降了6.85分。2017年的社会环境指数共有9个指标，可以说对31个省（自治区、直辖市）社会环境的评价更加的准确合理。

（一）社会环境指数得分排序

从整体上看，中国内地31个省（自治区、直辖市）社会环境指数得分平均为82.32分，有18个省（自治区、直辖市）高于中国内地31个省（自治区、直辖市）的平均水平；从排名上看，中国内地31个省（自治区、直辖市）社会环境指数得分排在前五位的是山东89.70分、内蒙古88.77分、江苏88.10分、福建86.51分、北京86.05分；排在后五位的是黑龙江77.85分、新疆76.16分、西藏75.13分、甘肃70.01分、青海67.41分；排在第一位的山东省比排在最后一位的青海省高出22.29分（见图1—5）。

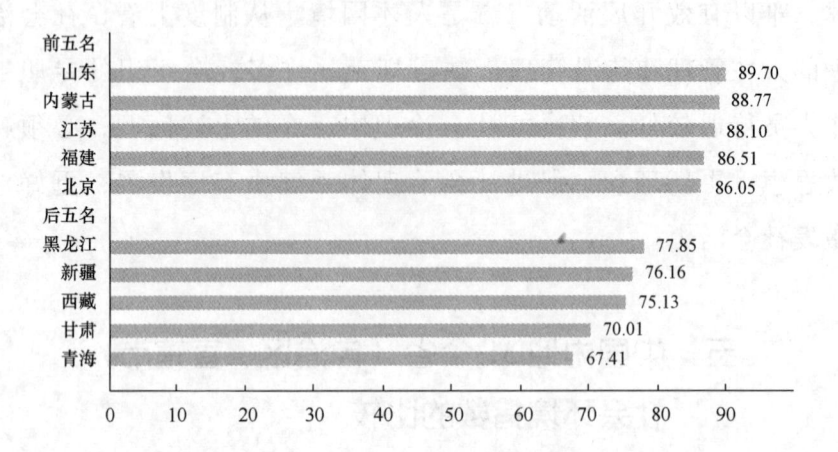

```
前五名
山东        89.70
内蒙古      88.77
江苏        88.10
福建        86.51
北京        86.05
后五名
黑龙江      77.85
新疆        76.16
西藏        75.13
甘肃        70.01
青海        67.41
```

图1—5 中国内地31个省（自治区、直辖市）社会环境
指数得分前后五位排序（单位：分）

中国内地31个省（自治区、直辖市）社会环境指数得分比较及其排序，见表1—5。

表1—5 2017年中国内地31个省（自治区、直辖市）
社会环境指数

排名	省（自治区、直辖市）	社会环境指数得分	社会环境指数百分制得分
1	山东	14.69280668	89.70
2	内蒙古	14.39228582	88.77
3	江苏	14.17335516	88.10
4	福建	13.66871004	86.51
5	北京	13.52181154	86.05
6	江西	13.49148709	85.95
7	河北	13.43761339	85.78
8	重庆	13.37715860	85.59
9	浙江	13.31842969	85.40
10	广东	13.29700713	85.33

续表

排名	省（自治区、直辖市）	社会环境指数得分	社会环境指数百分制得分
11	宁夏	13.22539650	85.10
12	安徽	13.07298810	84.61
13	陕西	13.05341868	84.54
14	山西	12.82945032	83.81
15	湖南	12.81898528	83.78
16	辽宁	12.71385160	83.44
17	天津	12.59736917	83.05
18	上海	12.47734365	82.66
19	河南	12.28480308	82.02
20	四川	12.23898913	81.86
21	贵州	12.16481371	81.62
22	广西	12.06467446	81.28
23	湖北	11.92829727	80.82
24	云南	11.83153193	80.49
25	吉林	11.66386183	79.92
26	海南	11.45399416	79.19
27	黑龙江	11.06817865	77.85
28	新疆	10.59223576	76.16
29	西藏	10.30774989	75.13
30	甘肃	8.952462804	70.01
31	青海	8.298390231	67.41
	百分标准值	18.26271569	100

（二）社会环境指数比较分析

社会指标作为反映社会现象数量化特征的指标，广义是指社会宏观领域的经济指标、政治指标、文化指标、人口指标、生活指标、生态环境指标等，狭义是指除经济指标以外的其他社会指标。①而根据中国人民大学中国调查与数据中心公开发布的中国发展指数（2017）由健康、教育、生活水平（经济）和社会环境四个分指数合成。其中，社会环境指数包括城镇失业登记率、第三产业增加值占GDP比例、人均道路面积、城市居民人均居住面积等内容，既设置了"自然保护区面积""建成区绿化覆盖率"等自然环境指标，又设置了"人均城市道路面积""生活垃圾无害化处理率""污水处理率"等社会环境指标。因此，社会环境指数的内涵超出自然环境的范畴。

1. 生态环境保护工作力度大，生态安全形势依然严峻

在中国发展指数（2017）的15个指标中，"省会城市空气质量达到及好于二级的天数"持续增长（年增长2.13%），反映了中国政府对空气质量的重视，所采取的一系列环境保护措施已经收到实际的效果，切实改善了空气质量。"单位产值污水耗氧量"指标反映了经济增长的环境污染代价，RCDI（2017）中的该指标值相比RCDI（2016）有较大幅度提升（年增长3.89%）；反映了中国政府对污染治理的控制力度与坚定态度，使保持青山绿水成为经济发展的红线；摆脱先污染后治理的恶性循环，将环境保护提升到与经济发展同等重要的地位，让蓝天下的青山绿水成为中国发展的新目标。②

2017年中国内地31个省（自治区、直辖市）社会环境指数

---

① 邓伟志：《社会学辞典》，上海辞书出版社2009年版。
② 《指数发布：中国发展指数（2017）》，2018年1月23日，搜狐网（https://www.sohu.com/a/218420746_662110）。

得分最高的山东为89.70分，最低的青海为67.41分。应当看到，自"十二五"以来，中国坚持污染防治与生态保护并重、生态保护与生态建设并举的方针，不断加强自然生态保护，采取了一系列保护和改善自然生态环境的重大举措，实施了一系列重点生态治理工程，自然保护区的个数和面积继续增加，进一步加强、完善或改进了原有的自然生态系统，有效地保护和改善了自然生态环境。但是，总体上生态保护与开发建设活动之间依然存在矛盾，各地生态环境事件频发，生态安全形势依然严峻。近年来的环境污染治理投资虽有快速增长，但总的来看，环境污染治理投资的总量还比较小，占GDP的比重还比较低。当前中国追求的是绿色发展，是生态文明建设和经济建设的协调发展。治理污染带来的结构变化和经济发展是正面的，对人民群众生存和发展意义重大。

2. 环境保护与经济社会的协调共赢，促进可持续发展

观察社会环境指数排名前五位的省（自治区、直辖市），除了内蒙古之外，山东、江苏、福建、北京均为经济发达地区，2017年4个省（自治区、直辖市）的GDP排在全国前十位。其中，江苏与山东的GDP总量排名分列全国第二、第三位。从这些地区环境保护取得的成绩可以看出，环境保护和经济社会发展间的协调共赢是能够实现的。

处理好经济发展与环境保护的关系，是实现经济社会可持续发展的必然要求。中国在推动可持续发展方面积极探索，特别是党的十八大以来积极推进生态文明建设，促进绿色发展，在处理经济发展与环境保护关系方面获得了新认识、走出了新路子。各地在环境保护问题上，认识到绿色发展是实现经济发展与环境保护相协调的基本途径，自觉地推动绿色发展、循环发展、低碳发

展，打破了环境保护末端治理的单一模式，实施前端保护、过程严控、污染严惩的治理模式，跳出了"先污染、后治理"的怪圈，确保发展的可持续性。绿色发展立足经济发展新常态，通过科技创新、制度创新，生产绿色产品、推动绿色消费、营造绿色文化，实现了经济发展与环境保护的双赢。

3. 西部部分地区加大环保投入，社会质量明显提高

2017 年，贵州和西藏 GDP 增速排在全国前两位，均实现了两位数增长。位于西部地区的内蒙古和重庆进入了社会环境指数排名的前十名。近年来，西部地区在生态环境方面的投入不断加大，从具体指标上看，内蒙古、宁夏、新疆在人均工业污染治理完成投资这项指标上分列全国第 1、第 2、第 13 位。以内蒙古为例，根据全区环境保护新闻发布会发布内容，2017 年编制了《内蒙古自治区 2017 年度大气污染防治实施计划》，深入抓好工作推动和落实，全区环境质量总体实现明显改善。二氧化硫平均浓度较 2012 年降低 12 微克/立方米，下降 36%；地级及以上城市细颗粒物（PM 2.5）浓度比 2013 年降低 24 微克/立方米，下降 42.8%。重污染天数逐年下降，2017 年发生重污染天数较 2015 年减少 33 天，优良天数较 2015 年增加 17 天。全环境空气细颗粒物平均浓度是京津冀及周边 7 个省区市中最低的和改善幅度最大的，也是唯一实现达标的地区。[①] 总的来看，中西部地区通过积极投入改善生态环境，大力协调发展和保护的关系，较好地避免了落入牺牲生态换取经济发展的陷阱。

---

① 国务院新闻办公室：《内蒙古举行全区大气环境综合整治情况及 2017 年环境质量状况新闻发布会》，2018 年 3 月 26 日，国务院新闻办公室网站（http://www.scio.gov.cn/xwfbh/gssxwfbh/xwfbh/neimenggu/Docum-ent/1626101/1626101.htm）。

第二章 中国四个直辖市社会建设指数比较

万山磅礴必有主峰，龙衮九章但挈一领。抓住关键点便可统领全局，甚至一招制胜。在中国全面建成小康社会的道路上，四个直辖城市的社会建设工作可谓重中之重，不容小觑。明确的区位优势与优越的经济、政治优势是中国直辖城市的典型外在，在中国内地31个省（自治区、直辖市）中具有特殊的地位和作用，直辖市的社会建设指数也在一定程度上反映出中国城市的社会建设水平，所以，从全国来讲，直辖市的社会建设水准既有示范作用，也有标杆作用。

基于2017年是四个直辖市经济发展与社会建设的特殊节点这一现状，本章只针对四个直辖市2017年的社会建设指数、社会保障指数、社会服务指数、社会治理指数、社会环境指数做出本年度的数据梳理与分析，不再做出同比与环比的数据对比。

一 中国四个直辖市社会建设指数

从《中国统计年鉴（2016年）》《北京统计年鉴（2016）》《上海统计年鉴（2016）》《天津统计年鉴（2016）》《重庆统计年

鉴（2016）》等统计年鉴中①，笔者采集了全国四个直辖市社会建设的多个指标数据。根据数据，经过计算、对比、分析等多项工作，得出中国四个直辖市的社会建设指数的具体得分及其排序。

（一）社会建设指数得分排序

从整体上看，中国四个直辖市社会建设指数得分平均为81.02分（百分制得分，以下相同），北京和上海略高于中国四个直辖市的平均水平，天津的社会建设指数略低于平均水平，重庆的社会建设指数也与平均水平相差较小。中国四个直辖市社会建设指数得分为：北京83.55分、上海82.12分、天津80.19分、重庆78.22分；排在第一位的北京比排在最后一位的重庆仅高出5.33分，四个直辖市之间整体的水平并无较大差距（见图2—1）。

地区	得分
北京	83.55
上海	82.12
天津	80.19
重庆	78.22
平均值	81.02

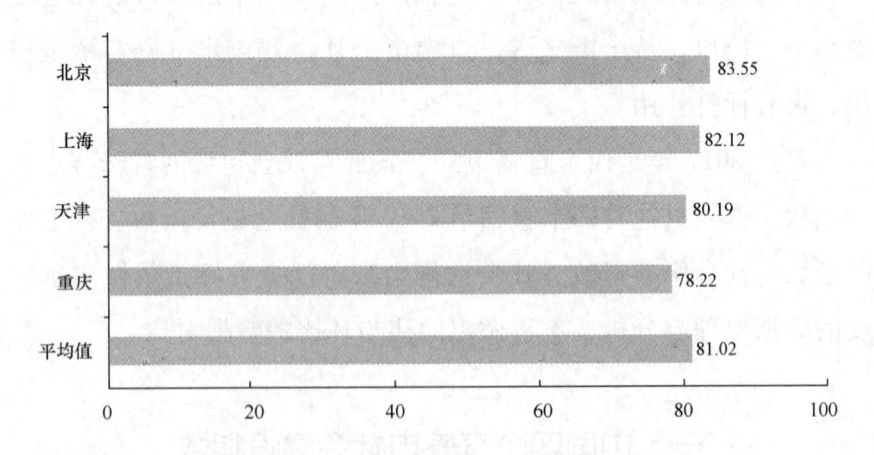

图2—1 中国四个直辖市社会建设指数得分排序（单位：分）

---

① 2017年中国社会建设报告主要以《中国统计年鉴（2016）》等年鉴为依据。所以，在对具体指标的数据做分析时，本书以实际数据的年份来表示。本章对四个直辖市的社会建设指数多倾向于对数据结果的深层分析。

中国四个直辖市社会建设指数得分的具体比较见表2—1。

表2—1　　2017年中国四个直辖市社会建设指数排名

排名	直辖市	社会建设指数得分	社会建设指数百分制得分
1	北京	39.63293490	83.55
2	上海	38.28769886	82.12
3	天津	36.51126922	80.19
4	重庆	34.74287573	78.22
	平均值	37.29369468	81.02
	百分标准值	56.78129023	100

（二）社会建设指数分析

通过对四个直辖城市社会建设指数的梳理，辅以2017年国家政策的具体引导措施，综合分析可以看出，2017年，四个直辖市依据各自的城市定位，社会建设工作总体成效显著，稳步进入新常态。

1. 社会建设工作形成完善的科学体系，各要素间协调推进

在2017中国社会建设报告中，社会建设指数包含四个方面的衡量要素：社会保障指数、社会服务指数、社会治理指数、社会环境指数（见表2—2）。

2017年，中国四个直辖城市按照国家发展战略的总体指导，相继出台并贯彻落实了诸多关于城市发展与社会建设的地方政策。

表2—2   中国四个直辖市社会建设指数中各评价指标

	评价指标
社会保障	城镇居民人均可支配收入（元）
	农村居民人均纯收入（元）
	每千人城镇职工基本养老保险参保人数（人）
	每千人城镇职工基本医疗保险参保人数（人）
	每千人失业保险参保人数（人）
	职工平均工资（元）
	人均公共财政预算支出（元）
社会服务	人均公共财政预算支出中教育支出（元）
	人均城市公共设施用地面积（平方米）
	每千人医院和卫生院床位（张）
	每千人医生数（执业医师+执业助理医师）（人）
	人均直辖市公共管理与公共服务设施用地面积（平方米）
	每百人公共图书馆藏书量（册、件）
社会治理	每万人拥有公共交通车辆（辆）
	公共管理和社会组织从业人员占第三产业从业人员比例（%）
	第三产业年末从业人员占城镇单位就业人员比例（%）
	每万人在校大学生数（人）
	每万人互联网宽带接入用户数（户）
社会环境	建成区绿化覆盖率（%）
	生活垃圾无害化处理率（%）
	人均城市道路面积（平方米）
	人均城市公园绿地面积（平方米）
	人均城市生活垃圾处理量（吨）

在城市的总体规划方面，依据京津冀协同发展的国家战略，2018年1月，北京市政府办公厅组织26个部门编写了《2017年

北京市政府重点工作情况汇编》，总体分为"城市发展深刻转型、京津冀协同发展取得阶段性成效""科技创新能力和经济发展质量稳步提升、改革开放取得新突破""'大城市病'治理力度显著加大"和"人民生活持续改善"四大部分的内容，其中包括全面落实《北京城市总体规划（2016年—2035年）》、全力推进全国科技创新中心建设、对标国际一流加快构建高精尖经济结构、坚决打好蓝天保卫战、提高养老服务能力等24个主题，完整地体现了直辖城市社会建设体系中各个要素的具体要求，内容非常全面。比如，2017年，北京市切实发挥了北京市自身"一核"的辐射带动作用，强化了北京、天津双城在京津冀协同发展中的主要引擎作用，发挥出了节点城市的支撑作用，同时，积极对接支持河北雄安新区规划建设，建立了与河北雄安新区便捷高效的交通联系，支持了在京资源向河北雄安新区的转移疏解，促进了公共服务等方面的全方位合作，形成了北京城市副中心与河北雄安新区比翼齐飞的新格局。

2017年9月15日，全国"双创"活动周在上海市杨浦区长阳创谷拉开序幕，李克强总理发去贺信，张高丽副总理出席启动仪式并作重要讲话。在活动周期间的主会场内，153个"双创"项目通过实物、沙盘、体验等多种形式进行展示，创新创业嘉年华、创新创业七日谈、创客真人秀、创客小达人等主题活动日日更新，中澳"双创"大赛、亚洲智能硬件大赛、slush国际创投大会、复旦—同济—杨浦"双创"论坛等一系列专业化、国际化"双创"活动成功举办，使"双创"成为促进上海市杨浦区国际交流合作的新载体。活动周累计参观人数超过15万，上海市杨浦区浓厚的创新氛围大大增强，得到了上海各界的一致好评。

2016年11月16日，天津市政府出台文件《天津市人民政府办公厅关于印发我市支持快递业加快发展十项措施的通知》（以下简称《通知》），《通知》明确支持快递企业在天津建设面向京津冀和北方地区的快件处理中心、仓储中心、研发中心、运营结算中心等，要求全市加快建设顺丰、圆通、中通、韵达、京东等快递电商企业落户快递专业类园区项目，并将长途客货运、铁路轨道交通等规划纳入天津快递业发展的空间布局，并制定相应的支持政策，充分发挥天津西站等现有大物流站点的功能和集散作用，快速提升了天津快递业的发展水平。

重庆市政府的政策也很鲜明。2017年3月16日，重庆市政府印发《重庆市人民政府办公厅关于进一步加强农村最低生活保障制度与扶贫开发政策有效衔接的实施意见》的文件，为进一步做好重庆市农村最低生活保障制度与扶贫开发政策有效衔接工作带去了政策支持。文件对重庆市符合最低生活保障标准的农村贫困人口实行政策性保障兜底，确保到2018年现行扶贫标准下农村贫困人口全部脱贫。2017年全年，重庆市的1823个贫困村整村脱贫，贫困人口减少194万人。

综观直辖城市在社会建设各个方面的有力举措，均显示出中国四个直辖市的社会建设工作形成了完善的科学体系，各要素之间相互促进、相互影响，同时稳步、协调推进，2017年直辖市的社会建设水平迈上了历史新台阶。

2. 社会建设工作主抓经济发展新动能，民生保障坚实有力

保质保量的经济发展可以为直辖市的社会建设提供基本保障，同时为改善民生铺路架桥。

2017年，在供给侧结构性改革的国策指引下，北京市地区生

产总值年均增长7.1%，达到2.8万亿元；一般公共预算收入年均增长10.4%，达到5430.8亿元；第三产业比重达到80.6%；万元地区生产总值能耗、水耗和二氧化碳排放分别累计下降22.5%、22%和28.2%，能源利用效率位居全国首位。

上海市2017年的生产总值年均增长7.1%，从五年前的2万亿元跃升到3万亿元，迈上历史新台阶，城市就业岗位以每年60万个左右的速度稳步增加，城镇登记失业率稳定在4.1%左右，居民消费价格保持平稳，第三产业增加值占全市生产总值的比重从60.2%提高到69%，战略性新兴产业的制造业部分产值占工业总产值的比重提高6.8个百分点，以现代服务业为主体、战略性新兴产业为引领、先进制造业为支撑的现代产业体系初步形成。

2017年，天津市的全市生产总值年均增长8.9%，一般公共预算收入年均增长8.4%，固定资产投资年均增长10.5%，社会消费品零售总额年均增长7.9%，城乡居民人均可支配收入年均分别增长8.9%和10%，万元地区生产总值能耗累计下降25%以上，节能减排降碳完成国家下达的目标任务。同时，天津市全面落实"三去一降一补"任务，全年压减粗钢产能750万吨，市行政辖区钢铁产能控制在2000万吨以内，处置了一批"僵尸企业"，盘活空置楼宇880万平方米，工业企业资产负债率大幅下降，为企业减轻负担1200亿元，生态环保、农业农村发展等补短板工作得到加强。

而重庆市全市的综合经济实力也有了较大提升，地区生产总值年均增长10.8%，人均生产总值超过全国平均水平，2017年达到63689元，固定资产投资和社会消费品零售总额年均分别增长15.2%和12.9%，进出口总额稳中有升，一般公共预算收入年均增长10.2%,城乡居民人均收入年均分别增长8.9%和10.9%。

通过对四个直辖市2017年经济发展的梳理可以看出,2017年四个城市大力推进供给侧结构性改革,经济保持了持续较快发展,发展新动能已经生成,社会建设结构调整扎实有力,为城市的社会建设提供了有力的物质保障,民生改善工作走出新高度。

二 中国四个直辖市社会保障指数

社会保障机制是社会发展的稳定器,也是维护社会稳定的重要砝码,社会保障水平既反映了社会发展的情况,也有促进社会发展的功能。本章中,社会保障指数的计算主要参考要素包括:城镇居民人均可支配收入、农村居民人均纯收入、每千人城镇职工基本养老保险参保人数、每千人城镇职工基本医疗保险参保人数、每千人失业保险参保人数、职工平均工资、人均公共财政预算支出七个方面。

(一)社会保障指数得分排序

整体来看,2017年中国四个直辖市社会保障指数得分平均水平为73.08分(百分制得分,以下相同),北京和上海高于中国四个直辖市的平均水平,其中北京市的社会保障指数得分较高,天津市的社会保障指数略低于平均水平,重庆市的社会保障指数与平均水平相差14.99分,相对差距较大。中国四个直辖市社会保障指数得分为:北京82.92分、上海79.32分、天津71.99分、重庆58.09分。排在第一位的北京比排在最后一位的重庆高出24.83分,四个直辖市之间整体的差异化水平有一个比较明显的差距(见图2—2)。

第二章 中国四个直辖市社会建设指数比较

```
北京      82.92
上海      79.32
天津      71.99
重庆      58.09
平均值    73.08
```

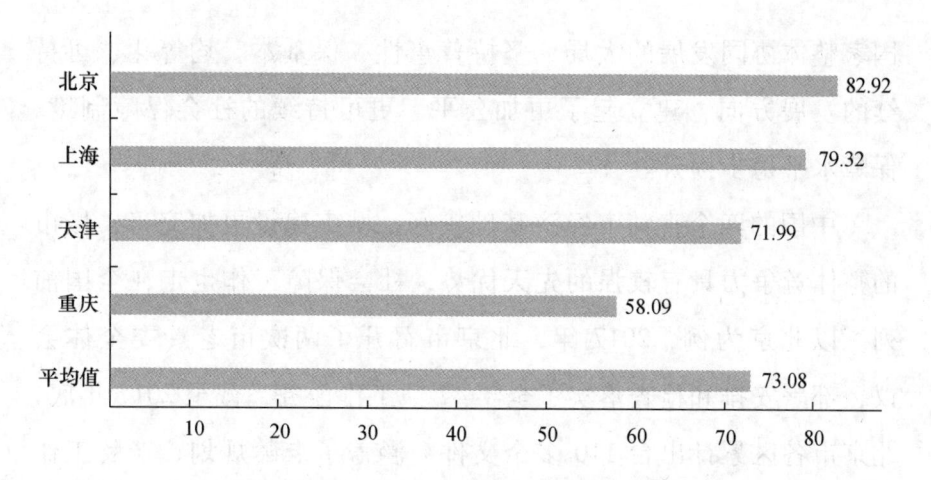

图 2—2 中国四个直辖市社会保障指数得分排序（单位：分）

中国四个直辖市社会保障指数得分的具体比较见表 2—3。

表 2—3　2017 年中国四个直辖市社会保障指数排名

排名	直辖市	社会保障指数得分	社会保障指数百分制得分
1	北京	10.60282285	82.92
2	上海	9.700527453	79.32
3	天津	7.991094635	71.99
4	重庆	5.203307519	58.09
	平均值	8.374438114	73.08
	百分标准值	15.41975490	100

（二）社会保障指数分析

2017 年是中国"十三五"规划的接续之年，同时也是决胜全面建成小康社会的关键之年，四个直辖城市的社会保障工作以全民共享发展成果为目标，发展的质量和效益同步提升，主动服务国家整体协同发展的大局，坚持普惠性、保基本、均等化、可持续的发展方向，建立起了更加公平、更可持续的社会保障制度，保障水平稳步提升。

中国的四个直辖市经济基础较好，城市建设更加完善，城市的整体竞争力具有较强的先天优势，社会保障工作也走在全国前列。以北京为例，2017年，北京市召开了两次市老龄委全体会议，部署安排和检查落实了全年47项工作任务，截至2017年底，北京市各区累计出台110多个文件，涵盖了老龄规划、老龄工作机构调整、驿站建设、适老化改造、服务标准、质量监管、托底保障、老年照护、资金管理等方面，为保障各项养老工作落地奠定了制度基础。同时，城市财政安排养老服务资金预算12.81亿元，较上一年增长17.73%，增幅较大。而且，北京市全面开展养老机构服务质量大检查、大整治活动，全市共有497家养老机构参与整治活动，有49家养老机构自愿注销停业、政府责令关停、搬迁或重建，有448家养老机构正常运营。其中，339家养老机构整治合格，占75.7%；累计整改不合格项目6014项，整改率达到97.3%；累计提升项目16930项，提升率达到68%。2017年12月7日，北京市人民政府印发了《关于进一步激发重点群体活力带动城乡居民增收的若干政策措施》的通知，政策的指引作用立竿见影。2017年，北京市企业最低工资标准由每月1890元提高到2000元，全市企业工资指导线的基准线为8.5%，企业工资指导线的上线（预警线）为14%，企业工资指导线的下线为4%，北京市政府引导企业合理确定工资增长幅度。

借助良好的优势，2017年，上海市的社会保障工作更加注重保障基本民生，着力推进普惠性、基础性、兜底性的民生建设，建立健全了更加公平、更有效率的民生保障制度，上海市的经济活力不断增强，市民的精神面貌焕然一新。表2—4就反映出2017年上海市第四季度消费者的信心指数。

表2—4　　2017年上海市第四季度消费者信心指数　　单位：点

指标	第四季度指数	比上季上升
上海消费者信心指数	123.9	6.7
消费者现状指数	125.7	4.4
消费者预期指数	122.1	9.0
整体经济信心指数	129.8	2.3
现状指数	133.0	-3.2
预期指数	126.6	7.8
就业形势信心指数	123.8	5.2
现状指数	125.4	1.0
预期指数	122.2	9.5
家庭收入信心指数	124.1	3.8
现状指数	126.4	3.1
预期指数	121.8	4.4
生活质量信心指数	125.2	5.0
现状指数	127.0	4.3
预期指数	123.4	5.7
耐用商品购买时机信心指数	116.7	17.5
大件商品购买时机信心指数	122.7	12.9
住房购买时机信心指数	100.3	29.0
家用汽车购买时机信心指数	121.0	15.3

注：（1）统计范围：全市20—70岁的常住居民。

（2）指标解释：上海消费者信心指数是反映消费者信心强弱及变动趋势的指标。消费者信心指数的基数为100，指数介于0—200之间，100为消费者信心强弱的中值，指标值越大，消费者信心越强。

（3）采集渠道：计算机辅助电话调查。

在中国经济发展进入新常态的背景下，2017年，天津市社会事业和群众生活不断改善，全市经济保持平稳增长，社会事业逐步完善，人民生活水平持续提升，表2—5就对天津市2013—2016年的全市国民经济主要指标有一个明确的梳理，天津市的全市人均生产总值四年内稳步提升，2016年比2013年增长了1.33万元，正是基于稳定的发展基础，天津市的社会保障工作才得以稳步向前，均衡推进。

表2—5　天津市国民经济主要指标人均水平（2013—2016年）

指标	单位	2013年	2014年	2015年	2016年
全市生产总值	万元	10.18	10.71	10.99	11.51
一般公共预算收入	万元	1.44	1.60	1.74	1.75
一般公共预算支出	万元	1.77	1.93	2.11	2.38
全社会固定资产投资	万元	7.02	7.80	8.53	9.41
工业总产值	万元	18.91	19.86	19.59	19.09
主要工业产品产量					
天然原油	吨	2.11	2.06	2.28	2.11
天然气	立方米	130	142	134	127
发电量	千瓦时	4325	4180	4058	3963
粗钢	吨	1.60	1.53	1.35	1.16
钢材	吨	4.83	4.89	5.34	5.58
水泥	吨	0.67	0.64	0.51	0.51
布	米	15	15	16	16
纱	公斤	3.5	5.7	7.0	8.1
农林牧渔业总产值	元	2858	2956	3051	3181
主要农产品产量					
粮食	公斤	121	118	119	126

续表

指标	单位	2013年	2014年	2015年	2016年
棉花	公斤	3.4	2.6	1.7	1.5
油料	公斤	0.4	0.3	0.3	1.0
蔬菜	公斤	315	308	288	290
肉类	公斤	32	31	30	29
蛋类	公斤	13	13	13	13
奶类	公斤	48	46	44	44
水产品	公斤	28	27	26	25
鲜果	公斤	19	21	21	21
社会消费品零售总额	万元	3.10	3.17	3.43	3.63
外贸出口总额	美元	3398	3519	3341	2849
社会货物运输量	吨	35.8	34.1	34.7	33.2
年末储蓄存款	万元	5.23	5.28	5.74	5.98

重庆市统计局发布的统计数据显示，重庆市2017年的城乡居民家庭基本情况、恩格尔系数、住户存款、年收入支出及其构成、主要商品购买数量、耐用消费品的拥有量，以及居民消费价格指数、商品零售价格指数、工业生产者价格指数、固定资产投资价格指数、住宅销售价格指数等，都呈现出均衡发展的态势，重庆市全力攻坚18个深度贫困乡镇，5个国家级贫困区县整体脱贫，16万人摆脱贫困，贫困发生率降至1.1%，社会保持和谐，发展步伐稳定。其中，2017年重庆市的全市居民人均可支配收入为24153元，比上年增长9.6%；全市居民恩格尔系数为33.2%，比上年下降1.0个百分点，其中城镇为32.1%，农村为36.5%。截至2017年底，重庆市全市城镇企业职工基本养老保险参保人数989.18万人，比上年增长3.8%；城镇职工基本医疗保险参保人

数640.27万人，增长5.9%；工伤保险参保人数504.61万人，增长10.7%；生育保险参保人数411.33万人，增长12.5%；26.55万人次享受生育保险待遇，增长9.5%。2017年末，重庆市共有33.97万人享受城市居民最低生活保障，60.22万人享受农村居民最低生活保障。数据表明，2017年重庆市的社会救助服务水平持续提升，城市的社会保障工作日趋完善。

综上可以看出，2017年，中国四个直辖市的城乡劳动者工资收入稳步提高，养老保障制度改革扎实推进，城市资金的运行安全平稳，直辖市的公共服务更加方便，各项制度的改革平稳推进，社会保障整体工作取得全新突破。

但是，通过数据梳理，我们也看到了存在的问题，四个直辖市的社会保障工作在取得成效的同时也存在短板。由于目前中国经济下行压力仍然较大，转方式、调结构任务仍然艰巨，城乡发展差距依然存在，农村生产生活方式有待进一步转变，改善民生的抓手还需要进一步加大力度，政府的养老服务能力需要持续提升，教育卫生改革需要深化性突破，历史遗留问题仍需妥善解决。其中，重庆市的城乡区域差距较大、基础设施不完善、部分群众生活还比较困难等问题尚未根本解决，又面临不少新的困难和问题，导致重庆市社会保障指数与直辖市的平均水平存在明显差距，而且社会事业的发展相对另外三个直辖市来说明显滞后，民生保障工作仍需加强，脱贫攻坚长效机制尚待完善，一些重点领域改革任务繁重，尚需进一步攻坚突破，着手解决。

因此，中国四个直辖市需要继续深化社会保障制度改革，稳步提高市民的社会保障待遇，提高社会保障服务的精确化、智能化、网络化水平。

首先，提升直辖城市的社会保障服务效能。推进"互联网＋社保惠民服务"工作，拓展网上经办、手机 APP 等服务平台。同时，按照国家统一部署，加快开展相关政策的衔接、资源共享和项目合作等工作的步伐，提高政府的服务效能。

其次，完善直辖城市的医疗保险制度。加快推动城乡居民基本医保整合，完成城乡居民基本医疗保险制度整合工作。研究医保精准扶贫政策，完善城乡居民大病保险制度，推进分级诊疗工作的进度。

再次，决战决胜直辖城市的脱贫攻坚。整合包括财政资金在内的各类资源，探索完善扶贫开发长效机制，推动制度保障与开发造血、区域扶贫与到户到人的有机结合，巩固脱贫攻坚成果。

最后，加快落地实施直辖城市的各项民生实事。进一步加大财政投入预算，加快推进城乡公共停车位建设、农村人居环境改善、背街小巷治理、城乡居民家庭医生签约服务、贫困人口和困难家庭医保救助等各种民生工程，切实让政府改革发展的成果更多、更公平地惠及人民群众。

三　中国四个直辖市社会服务指数

社会服务水平是衡量政府执政能力的重要因素，也是衡量一个国家现代化水平的有力标杆。在本章中，社会服务指数的计算主要参考的要素包括人均公共财政预算支出中教育支出、人均城市公共设施用地面积、每千人医院和卫生院床位、每千人医生数（执业医师＋执业助理医师）、人均直辖市公共管理与公共服务设施用地面积、每百人公共图书馆藏书量六个方面。

（一）社会服务指数得分排序

关于四个直辖市社会服务指数的计算结果，本章有一个明确的梳理。从具体的分数来看，2017年中国四个直辖市社会服务指数得分平均为77.73分（百分制得分，以下相同），上海、天津和北京高于中国四个直辖市的平均水平，其中上海市的社会服务指数得分最高，为85.58分，天津84.01分，北京78.21分，重庆63.11分；排在第一位的上海比排在最后一位的重庆高出22.47分，四个直辖市之间的差异化水平存在差距（见图2—3）。

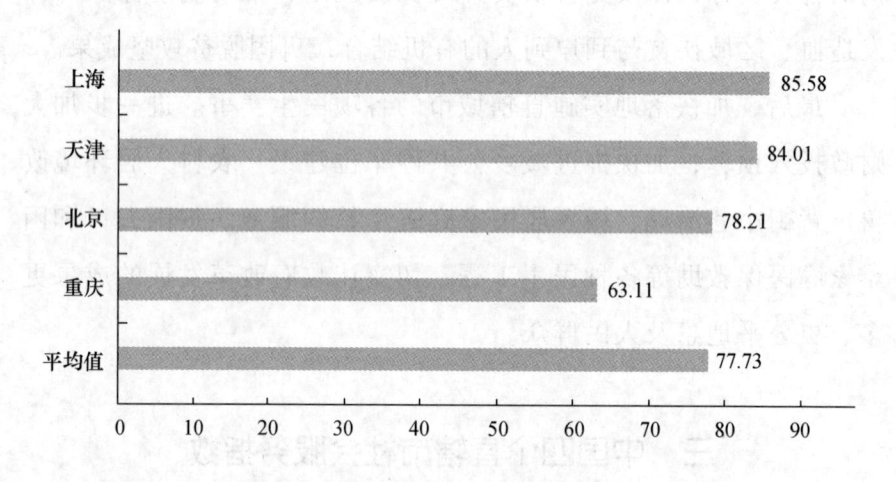

地区	得分
上海	85.58
天津	84.01
北京	78.21
重庆	63.11
平均值	77.73

图2—3 中国四个直辖市社会服务指数得分排序（单位：分）

中国四个直辖市社会服务指数得分的排名见表2—6。

表2—6　　2017年中国四个直辖市社会服务指数排名

排名	直辖市	社会服务指数得分	社会服务指数百分制得分
1	上海	8.964676320	85.58
2	天津	8.638855392	84.01

续表

排名	直辖市	社会服务指数得分	社会服务指数百分制得分
3	北京	7.486872717	78.21
4	重庆	4.874707439	63.11
	平均值	7.491277967	77.73
	百分标准值	12.24021432	100

（二）社会服务指数分析

通过对2017年四个直辖城市社会建设指数的分析，可以看出，直辖城市的社会建设工作是整体推进的，2017年四个直辖城市的社会服务工作在协同发展中稳步向前。四个直辖城市朝着增进市民健康幸福的目标不断前进，坚持完善公共服务政策，政府服务水平不断提升，构建出了市民有序就医的格局。同时，在提升城市文化创新力、增强城市文化服务力、扩大城市文化影响力等方面，取得了良好成效。四个直辖市政府的公共文化服务水平不断提高，公共文化服务供需对接得到明显加强，而且促进了直辖城市社会的公平正义，提高了政府公共服务的效率。

教育、文化与卫生是社会服务指数中占比较大的参考因素。2017年，上海市继续加快推进文化和社会事业的改革进度，推进媒体、国有文艺院团和世纪出版集团改革，并在全国率先实施教育综合改革和高考综合改革试点，首次新高考平稳顺利举行，义务教育学区化集团化办学持续推进，一流大学和一流学科建设成效初显。同时，上海市稳步推进综合医改试点，家庭医生"1+1+1"签约服务惠及340.9万群众，公立医院全部取消药品加成，居民主要健康指标达到世界先进水平，平均期望寿命超过83岁，而且上海市平稳实施了全面二孩政策，妇女儿童、残疾人事业全面发展，上海市的社会服务水平走上了历史新高度。表2—7就对上海市主要年份城市设施水平有一个明确的梳理。从具体的数字信息当中，我们可以看到，上海市的社会服务体系更加均衡，居民的社会服务需求度得到了逐步、合理的满足。

表2—7　　　　　上海市主要年份城市设施水平

指标	2000年	2010年	2015年	2016年
人均日综合生活用水量（升）	241	223	224	231
人均日居民生活用水量（升）	114	117	112	118
自来水普及率（%）	99.97	99.99	99.99	99.99
拥有道路长度（公里/万人）	5.84	7.25	7.53	7.61
人均拥有道路面积（平方米）	7.17	11.12	11.83	12.09
每万人拥有城市排水管道长度（公里）	2.44	4.99	8.83	10.04
每万人拥有公共交通车辆（辆）	12.08	12.46	12.36	12.70
每万人拥有出租汽车（辆）	25.61	21.72	20.53	19.54
人均公园绿地面积（平方米）	4.60	13.00	7.60	7.80
每万人拥有公共厕所（座）	1.67	4.27	4.32	4.31

注：2000年起，每万人拥有城市排水管道长度由原先的根据户籍人口计算调整为根据常住人口计算；2010年起，拥有道路长度和人均拥有道路面积由原先的根据户籍人口计算调整为根据常住人口计算；2014年起，人均公园绿地面积由原先的根据非农户籍人口计算调整为根据常住人口计算。

天津市的公共服务也在2017年得到不断完善。2017年，天津市改造水气热旧管网100公里，解放南路和中新生态城海绵城市试点及17.7公里地下综合管廊建设步伐加快，城市的自来水供水总量为9.17亿立方米，自来水综合生产能力达到454.55万立方米/日。同时，新建改扩建和提升改造幼儿园106所，整体推进了第三轮义务教育学校现代化标准建设，330多所义务教育学校通过达标验收，完成了第二批特色高中建设评估验收，5所高校、12个学科入选国家"双一流"建设项目。在医疗服务体系方面，天津市也实现医保异地就医住院费用直接结算，145家本市医疗机构纳入异地就医机构范围。截至2017年末，全市共有各类卫生机构5538个，卫生机构床位6.84万张，卫生技术人员10.09万人，其中执业（助理）医师4.11万人，注册护士3.82万人。天津市的群众安全感、获得感得到了大幅提升。表2—8就对2016年天津市的卫生技术人员数量做了详细统计，通过前后数据的对比可以看出，天津市的医疗卫生服务体系持续完善，社会服务工作的发展势头一路向好。

表2—8　　　2016年天津市卫生技术人员数　　　单位：人

项目	总计	执业（助理）医师	注册护士	药师（士）	技师（士）
总计	94906	37804	36088	5579	5250
医院	70055	25622	29948	3906	3516
综合类医院	42349	15563	17993	2234	2227
中医类医院	10113	4217	3670	788	426
中西医结合类医院	1432	511	567	71	47
专科医院	16161	5331	7718	813	816
妇产（科）类医院	2074	706	1038	106	125
儿童类医院	1836	506	915	105	111
精神病类医院	1694	440	896	77	49
基层医疗卫生机构	19357	10117	5084	1514	915

续表

项目	总计	分项			
		执业（助理）医师	注册护士	药师（士）	技师（士）
社区卫生服务中心（站）	7062	3077	2135	704	399
卫生院	4469	2332	949	290	224
村卫生室	510	491	19	—	
门诊部	5233	2856	1424	459	278
诊所、卫生所、医务室	2083	1361	557	61	14
专业公共卫生机构	4475	1779	927	125	592
疾病预防控制中心	1327	750	79	12	310
专科疾病防治院（所、站）	884	312	374	64	93
健康教育所（站、中心）	15	14	—		
妇幼保健院（所、站）	1144	551	298	48	120
急救中心（站）	140	62	42	1	1
采供血机构	252	31	117	—	63
卫生监督所（中心）	627	—	—		
计划生育技术服务机构	86	59	17	—	5
其他卫生机构	1019	286	129	34	227
每千人口卫生技术人员	6.11	2.43	2.32	0.36	0.34

再以北京为例，2017年，北京市建成东城区中国社会科学院法学研究所、平谷区委党校等208个"社区之家"示范点，面向社区居民开放图书馆、食堂、体育场馆等内部服务设施；建成朝阳区姚家园社区、丰台区草桥欣园社区等110个"一刻钟社区服务圈"，新建和规范提升西城区国安社区百万庄店、朝阳区京客隆东坝店等1210个便民服务网点，并建成东城区天坛街道东半壁社区、西城区德胜街道新明家园社区等239个食品药品监管联络站，且为每个联络站配备了食品安全快检设备，方便了群众就近

获取食品药品安全信息。

2017年，北京市共计在21842家餐饮服务单位（其中包括871家学生食堂、649家托幼机构、189家养老机构食堂、53家中央厨房、119家集体用餐配送单位和19961家社会餐饮单位）实施了"阳光餐饮"工程建设，完成年度任务的624%，而且西城区、顺义区顺利通过了"北京市食品安全示范区"考核评价。

截至2017年末，北京市建成281个公用充电站、3037个公用充电桩，其中，城市核心区建成307个公用充电桩，东城区东方广场、西城区大栅栏北京坊等重点地区均有充电站建成运营，并在天坛公园、朝阳区国土分局不动产登记服务大厅等651个公共场所建成无线局域网。还在东城、朝阳、海淀等13个区建成509片专项体育活动场地，其中篮球场55片、多功能球场31片、网球场12片、乒乓球长廊48片、门球场19片、棋苑344个，为市民开展全民健身活动提供了便利。同时，北京市持续向群众提供文化消费优惠服务，多批次滚动发放共计5000万元惠民文化电子消费券，涵盖戏剧演出、图书音像、文化体育等七大领域；2017年，全市共扶持北京市外文书店、北京市雨丝书店等71家特色实体书店，发放奖励资金1800万元，用于设备更新、增加图书品种、举办公益阅读活动等。

在医疗卫生方面，2017年，北京市开展"十、百、千社区卫生人才"培养，已建成一支包括1267名社区卫生业务骨干、103名社区健康管理专家、26名社区卫生首席专家在内的优秀人才梯队，同步实施区域联动中医药治未病健康促进工程，由80家服务机构、150个服务团队、2000余名中医骨干和健康管理专家在东城、海淀等7个区治未病服务点实施联动服务，遴选了13万余名慢性病患者参与中医药治未病工程。自2017年4月8日起，北京市全面实施医药分开综合改革，全市3700余所医疗机构参加，改革措施落地后，全市三级医疗机构门急诊量下降12.1%，一级和社区卫生服务中心上升了15.3%，核心城区上升了20%以上；医药费增幅不到3%，为2000年以来最低，共节省医药费用65亿元。北京市的分级诊疗制度建设成效显现，医药费用总体平稳，医疗机构新的补偿机制也得到基本建立，医保患者负担平稳，困难群众得到了有效救助，中医、妇幼等部分短板专业得到发展支撑，居民就医体验得到提升。整体看来，2017年，北京市的社会服务水平显著提升，全市的社会服务事业呈现出持续发展的良好态势。

重庆市在2017年优化教育经费支出结构，稳步提高生均拨款标准，加强了普惠性幼儿园建设，强化中职与高职、应用技术本科衔接，深化产教融合、校企合作，推动一流大学、一流学科建设。同时，不断完善卫生与健康服务，城乡养老、医保参保率超过95%，机关事业单位与企业职工基本养老保险制度实现并轨。截至2017年末，重庆市共建有各级各类医疗卫生机构19682个，其中医院749个，社区卫生服务中心（站）472个，卫生院895个，村卫生室10991个；共有医疗卫生机构床位数20.63万张，其中，医院床位15.05万张，乡镇卫生院床位4.22万张；全市共有卫生技术人员19.05万人，其中执业医师和执业助理医师6.85万人，注册护士8.48万人。2017年，全市共有艺术表演团体15个，博物馆94个，文化馆41个，公共图书馆43个，全年有线广播电视实际用户达到351.47万户，数字电视实际用户317.39万户，广播综合人口覆盖率98.96%；电视综合人口覆盖率达到

99.22%,全市的公共图书馆人均图书拥有量也已经达到0.53册(张)。总的来说,重庆市的社会服务工作结合自身的城市定位持续平稳推进,表2—9就对2015—2016年重庆市图书馆的整体情况做出了数字方面的准确统计,从数字来看,重庆市的文化事业繁荣,城市的社会服务不断取得更高成效。

表2—9　　重庆市公共图书馆情况(2015—2016年)

项目	总计 2015	总计 2016	市级 2015	市级 2016
总藏量(万册、件)	1303.80	1441.80	415.73	434.49
书架总长度(万米)	30.87	31.07	4.43	4.43
有效借书证数(万个)	70.01	72.90	27.76	31.25
图书流通情况				
总流通人次(万人次)	1234.77	1308.50	366.13	345.12
书刊外借册次(万册次)	949.32	1026.17	126.59	153.02
总支出(万元)	24115	27796	7926	9488
#藏量购置费	2301.3	2861.1	736.6	710.8
本年新购藏量(万册)	104.09	152.51	17.53	18.75
实际使用房屋建筑面积(万平方米)	29.43	30.97	5.62	5.62
#书库	5.70	6.04	1.07	1.07
阅览室座席(个)	21363	24575	2379	2379

综上所述,中国四个直辖市的社会服务体系不断优化,整体向好,但是直辖市区域之间社会服务水平仍然存在一定差距,直辖城市需要从自身实际出发,不断优化自身的服务水平。需要继续深化社区卫生服务综合改革,加强全科医生、护理人员、公共卫生人员队伍建设,同时完善公共文化服务体系,实现公共文化

服务配送居村全覆盖，努力使群众文化生活就近就便、多姿多彩。需要立足全人群和全生命周期两个着力点，提供公平可及、系统连续的健康服务，同时加强基层医疗卫生服务能力建设，做实家庭医生签约服务，完善预约挂号系统，严厉打击号贩子，让群众看病更方便。

直辖城市需要发展更高质量更加公平的教育。持续推进素质教育，完善实践育人体系，加快城乡义务教育学校标准化建设，实施乡村教师支持计划和特岗计划，同时大力发展学前教育，新建、改扩建一批公办幼儿园，扶持发展普惠性民办幼儿园。还要深化针对高等院校的改革，引导部分高校向应用型转变。直辖城市也需要进一步提供公平优质的公共服务。积极推进基本公共服务标准化、均等化发展，不断提升教育、文化、卫生、体育和养老事业发展水平，大力发展妇女儿童、老龄、慈善、残疾人、社会福利、法律服务等事业。直辖城市还需要进一步提高城市人民健康水平。以强化基层服务为重点，为广大群众提供全方位、全周期的健康服务，探索建立公立医院现代管理制度，构建亲民、便民、惠民的公共服务体系。

四　中国四个直辖市社会治理指数

2013年11月，中国共产党第十八届中央委员会第三次全体会议通过了《中共中央关于全面深化改革若干重大问题的决定》，该文件首次使用了社会治理概念。本书中，社会治理指数主要通过每万人拥有公共交通车辆、公共管理和社会组织从业人员占第三产业从业人员比例、第三产业年末从业人员占城镇单位就业人员比例、每万人在校大学生数、每万人互联网宽带接入用户数五个指标来计算。

(一) 社会治理指数得分排序

从现有的具体计算结果来看,2017年中国四个直辖市社会治理指数得分平均水平为68.18分(百分制得分,以下相同),中国的四个直辖市中,只有天津市高于中国四个直辖市的平均水平且得分最高,为88.58分,北京64.13分,上海61.28分,重庆58.72分。天津市社会治理指数得分超出平均水平20.4分;北京市的社会治理指数高于上海,排名第二,但是与天津市的得分相差24.45分,差距较大;上海市的社会治理指数比四个直辖市的平均水平低6.9分;重庆市的社会服务指数排名最低,与排名第一的天津市相差29.86分,差距明显(见图2—4)。

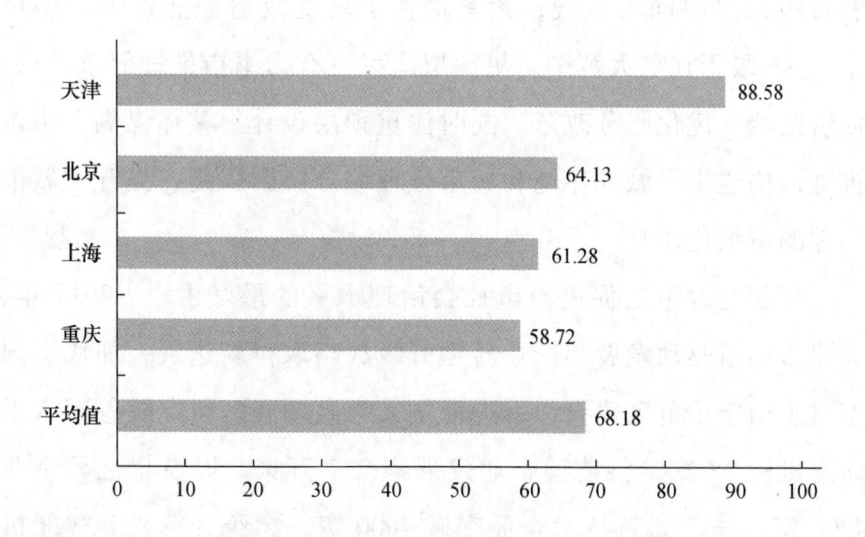

城市	得分
天津	88.58
北京	64.13
上海	61.28
重庆	58.72
平均值	68.18

图2—4 中国四个直辖市社会治理指数得分排序(单位:分)

中国四个直辖市社会治理指数得分的具体比较见表2—10。

表2—10　2017年中国四个直辖市社会治理指数排名

排名	直辖市	社会治理指数得分	社会治理指数百分制得分
1	天津	6.815791739	88.58
2	北京	3.572146287	64.13
3	上海	3.261612669	61.28
4	重庆	2.994969008	58.72
	平均值	4.161129926	68.18
	百分标准值	8.685694206	100

(二) 社会治理指数分析

通过对直辖城市社会治理各要素的分析整合，可以看出，2017年，中国四个直辖城市总体上以疏功能、转方式、治环境、补短板、促协同为主线，紧紧牵住了转变政府职能这个"牛鼻子"，着眼于在更大范围、更深层次以更有力举措推进简政放权、放管结合、优化服务改革。同时注重顶层设计、整体谋划、协调推进，构建出了城乡环境和城市管理综合协调体制，提升了城市治理的精细化水平。

创新与改革是促进城市社会治理水平的最好手段。2017年，天津市创新驱动发展和产业转型升级战略取得新进展，加快了国家自主创新示范区建设，引进清华大学高端装备研究院等高水平研发机构88家，科技型企业发展到9.7万家，规模超亿元企业4200家，国家高新技术企业突破4000家，超级计算机、智能机器人等一批科技重大专项取得突破，全社会研发经费支出占生产总值比重超过3%，知识产权创造、保护和运用进一步加强，万人发明专利拥有量18.3件。产业结构明显优化,超大型航天器、空客A330完成和交付中心等一批重大工业项目竣工投产,高端装备、航空航天等十大优势产业占全市工业比重超过78%,现代金融、科技服务、信息服务、旅游会展、电子商务等提速发展,第三产业比重提高到58%,现代都市型农业发展水平大幅提升,绿色优质农产品供给能力不断增强。表2—11对天津市2013—2016年的互联网主要指标做了详细的梳理,从一定程度上反映出天津市的社会治理具有良好的现代化基础。

表2—11　　天津市互联网主要指标（2013—2016年）

指标	2013年	2014年	2015年	2016年
互联网宽带接入端口（万个）	354.1	415.0	445.0	724.3
国际互联网用户（万户）	943.30	1014.49	1204.50	1409.40
#宽带用户	188.40	208.81	246.40	283.93
#城市	187.90	206.85	244.60	276.12
互联网上网人数（万人）	943.3	1014.3	1204.5	1409.4
域名数（万个）	11.5	15.4	34.9	35.4
网站数（万个）	2.9	3.4	4.2	4.9

2017年,北京市社会治理体系全面升级。就服务业来讲,北京市是全国首个服务业扩大开放综合试点的城市,服务业扩大开放综合试点的根本是要在扩大开放的条件下探索如何进一步提高政府的治理能力,以开放促改革。2017年1—11月,北京市全市共建设提升蔬菜零售、便利店（超市）、餐饮（早餐）、家政、洗染、美容美发、末端配送7类基本便民商业网点1210个,超额完成1000个网点的年度建设任务,累计建设提升基本便民商业网点

3685个。从分业态来看，全市建设提升蔬菜零售421个、超市（便利店）201个、早餐167个，这三类网点占全市建设提升网点数量的65%；从分区域来看，城市的六区建设提升至541个，占全市建设提升网点数量的44.7%，其他区共建设提升网点669个，占55.3%；而从建设提升网点所在区域位置来看，292个是疏解整治促提升补建网点，占全市建设提升网点总量的24.1%，其中城六区补建了222个，占城六区建设提升网点数量的41%。而且北京市坚持向市场和社会放权，转变政府的治理方式，保障了城市经济平稳发展。2017年，北京市对市级政府部门权力事项（除行政处罚外）进行大幅度的精简，事项由原来的3156项缩减至2021项，精简比例达到36.0%；对各区政府部门权力事项进行了规范，事项由原来的5000多项到10000多项不等，规范为10148项（其中行政处罚8727项），北京市的社会治理水平大大提升。

2017年，上海市大力推进了社会治理和城市综合管理工作，建立起职能部门事务下放街镇、居村的准入制度，制定实施创新社会治理、加强基层建设"1+6"文件，全面取消街道招商引资职能，把街道职能切实转到公共服务、公共管理、公共安全上，居委会、村委会减负增能，66个基本管理单元建成运转，社区工作者职业体系基本建立。同时，上海市开展了道路交通违法行为大整治，道路违法行为明显减少，交通秩序明显改善，城市的社会治理体系更加完善，这也大大激活了市民的生产及生活积极性，社会各行业的活力充分涌流，城市发展充满生机。表2—12就针对上海市各行业的从业人员的具体人数做出了具体统计，数据展现了上海市城市发展要素的蓬勃朝气，也彰显出了上海市社会治理工作的潜在优势。

表2—12 上海市全社会各行业从业人员（2015—2016年） 单位：万人

行业	2015年	2016年
总计	1361.51	1365.24
按产业分		
第一产业	46.01	45.45
第二产业	459.74	448.50
第三产业	855.76	871.29
按行业分		
农、林、牧、渔业	49.03	48.30
采矿业	0.04	0.04
制造业	351.03	341.82
电力、热力、燃气及水的生产和供应业	4.76	4.83
建筑业	108.33	106.36
批发和零售业	238.31	239.06
交通运输、仓储和邮政业	88.20	89.73
住宿和餐饮业	51.91	52.22
信息传输、软件和信息技术服务业	46.26	48.60
金融业	35.07	36.42
房地产业	49.84	50.01
租赁和商务服务业	130.65	133.18
科学研究和技术服务业	44.97	45.75
水利、环境和公共设施管理业	20.16	20.82
居民服务、修理和其他服务业	34.98	36.06
教育	36.13	37.41
卫生和社会工作	27.71	28.70
文化、体育和娱乐业	10.67	11.42
公共管理、社会保障和社会组织	33.46	34.51

2017年，重庆市也同样大力实施了创新驱动发展战略，聚焦战略性新兴产业，扶持汽车智能制造、机器人、页岩气等高端研发机构建设，建成3D打印、物联网、新药创制等协同创新联盟，并加强对创投引导基金的政策支持和管理运营，推动技术供给、创新生态、科技平台多管齐下，全社会研发经费支出增长19.1%，新增科技型企业3465家，在物联网、智能网联汽车等行业建成了一批技术创新联盟和研发平台，同步改革了科技成果分配和股权激励机制，设立科技要素交易中心，股权投资、债权融资等创新金融支撑体系初步建立，而且设立了北斗导航产品质检中心和国家（重庆）商标审查协作中心，成为国家功率半导体封装测试、工业机器人等高新技术产业化基地。所以，重庆市的精细化、智能化治理工作持续推进，各区县城面貌得到了进一步改善。表2—13也从2015—2016年重庆市民用车辆、船舶拥有量方面对重庆市社会治理指标做了具体的数字整理，反映了重庆市社会治理工作的基础稳定，要素优质。

表2—13 重庆市民用车辆、船舶拥有量（2015—2016年）

指标	2015年	2016年
民用车辆拥有量（辆）	4623231	5102500
私人民用车辆拥有量	4133418	4590198
#载客汽车	2118172	2579547
#载货汽车	194085	202349
汽车	2789703	3280703
#载客汽车	2394274	2868498
#载货汽车	374163	388565
#其他汽车	21266	23640

续表

指标	2015 年	2016 年
摩托车	1797144	1783454
民用船舶拥有量（艘）	3566	3368
私人船舶拥有量	1071	985
#机动船	1063	977
#客船	555	477
#货船	505	498
#驳船	8	8
机动船	3512	3323
客船	1028	910
货船	2457	2389
驳船	54	45

综上所述，四个直辖城市应在不同方向分别着力，以此推动城市的社会治理水平不断进步，并逐渐缩小直辖城市之间的水平差距。

天津市应该坚定不移推进安全稳定工作，全面提升社会治理能力，坚持"安全第一、预防为主、综合治理"的方针，以更大的决心抓好安全生产和社会治理工作，营造和谐稳定的社会环境，严格落实部门监管责任、属地责任和企业主体责任，严肃考核问责，坚决防范和遏制重特大事故，同步加快建设市、区、街镇、社区（村）综治中心，推进综合治理重心下移、关口前移。

北京市应当继续推进"放管服"改革，持续精简审批事项，大幅减少审批前置条件，进一步提升政府服务水平，同时逐步完善政务服务中心实体平台服务功能，深入推进执法建设以提升城市治理水平，持续改善城市环境，还要充分发挥市场在资源配置中的决定性作用,激活要素供给,畅通要素自由流动,优化要素资源配置,提升全要素生产率,促进城市的社会治理体系走向科学化、现代化。

上海市需要进一步加强社会治理,完善居住证制度,严控人口规模,强化基层基础,加强居村委会能力建设,规范居村委会服务群众制度,并强化城市综合治理和精细化治理,制定一批城市治理新标准,健全常态长效机制,同时加强综合交通管理,落实新修订的道路交通管理条例,健全整治长效机制。

重庆市必须全面加强社会治理,坚持专项治理、系统治理、综合治理、依法治理、源头治理相结合,推动政府治理、社会自我调节、居民自治良性互动,促进社区、社会组织、社会工作者联动,依托区县、镇街、村社三级公共服务中心,完善一体化工作平台和大综治格局,推进治安防控网格化信息化建设,促进跨部门信息资源共享,深化平安重庆建设,坚决防控重特大事故,不断提升社会治理水平。

五 中国四个直辖市社会环境指数

中国四个直辖市的社会环境指数,主要通过建成区绿化覆盖率、生活垃圾无害化处理率、人均城市道路面积、人均城市公园绿地面积、人均城市生活垃圾处理量五个指标来计算。

(一)社会环境指数得分排序

从得分数据与排名结果来看,2017年中国四个直辖市社会环境指数得分平均水平为82.50分(百分制得分,以下相同),四个直辖城市的得分总体相差不大。中国的四个直辖市中，北京85.01分、重庆82.62分、上海81.36分、天津81.02分；北京市与重庆市的得分高于中国四个直辖市的平均水平，排名第一与第二，上海市的社会环境指数高于天津市，排名第三，与天津市的得分相差仅为0.34分，差距甚微。从得分的结果可以看出，四个直辖城市的社会环境指数处在同一水平，总体得分较高（见图2—5）。

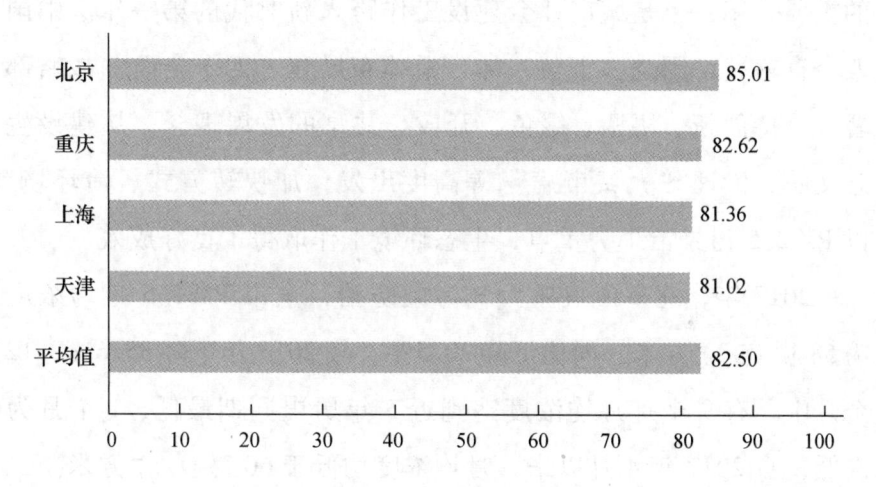

图2—5 中国四个直辖市社会环境指数得分排序（单位：分）

中国四个直辖市社会环境指数得分的具体比较见表2—14。

表2—14　2017年中国四个直辖市社会环境指数排名

排名	直辖市	社会环境指数得分	社会环境指数百分制得分
1	北京	27.50406297	85.01
2	重庆	25.97394713	82.62
3	上海	25.19249312	81.36
4	天津	24.98294929	81.02
	平均值	25.91336313	82.50
	百分标准值	38.05458896	100

(二) 社会环境指数分析

社会环境既有广义的概念，也有狭义的指向；既包含生态环境，又包含政治、经济、文化等具体范畴，本章中社会环境指数主要围绕城市生态环境进行。2017年是中国实施"十三五"规划的重要一年，也是城市社会建设工作跨入新时代的第一年。中国四个直辖城市围绕"五位一体"总体布局和"四个全面"战略部署，秉持创新、协调、绿色、开放、共享的发展理念，从建设生态文明、治理"大城市病"等高度出发，加快转方式、治环境，以PM2.5污染治理为重点，生态环境工作取得了良好成效。

2017年，北京市狠抓大气污染防治，全市PM2.5年均浓度为58微克/立方米，同比下降20.5%，较2013年下降35.6%；12个月中，有9个月月均浓度达到近5年历史同期最低，1个月为次低；自2017年4月以来，月均浓度均低于60微克/立方米。二氧化硫、二氧化氮和PM10年均浓度分别为8微克/立方米、46微克/立方米和84微克/立方米，同比分别下降20.0%、4.2%和8.7%，较2013年分别下降了70.4%、17.9%和22.2%。2013—2017年，北京市空气质量达标（优和良）天数显著增加，2013年达标天数为176天，2017年达标天数为226天，增加了50天。其中，1级优天数从2013年的41天，增加到2017年的66天，增加了25天。2013—2017年，北京市空气重污染天数分别为58天、47天、46天、39天、23天，呈现逐年减少特征；重污染天数五年减少35天，重污染发生率明显降低。同时，北京市相继建成四大燃气热电中心，替代燃煤电厂，累计完成3.9万蒸吨燃煤锅炉清洁能源改造或拆除，基本淘汰全市 10 蒸吨及以下、建成区 35 蒸吨及以下燃煤锅炉，实现工业领域基本无燃煤，并将"煤改电"低谷电价延长 3 小时，"煤改气"一档阶梯气量增加 1000 立方米，让老百姓可以负担、自发使用。截至 2017 年底，全市优质能源比重提高到 90% 以上，二氧化硫浓度保持北方重点城市中最低水平，城市的生态环境得到全面改善。

重庆市在 2017 年同样狠抓生态保护和环境治理，城乡生态环境持续改善。重庆市落实了长江经济带"共抓大保护、不搞大开发"的要求，加强了三峡库区生态屏障建设、水土流失预防和综合治理，推动了新一轮退耕还林还草工程的建设，库区生态涵养功能不断增强，而且全市空气优良天数达到 303 天，PM2.5 浓度下降 16.7%，黑臭河段和船舶码头污染等环境突出问题得到解决。

2016 年，上海市深入推进强化资源节约和环境保护的相关工作，全力推进"五违四必"区域环境综合治理，基本消除"五违"问题集中成片区域，区域环境显著改善，1864 条段、1756 公里城乡中小河道综合整治也得到全面完成，全市中小河道基本消除黑臭，生活垃圾处置设施"一主多点"布局基本形成。同时，上海市的森林覆盖率从 13.1% 提高到 16.2%，绿色建筑面积达到 1.1 亿平方米。而且，上海市的生态保护红线、永久基本农田、城镇开发边界完成划示，城市有机更新全面推开，低效建设用地减量 22.7 平方公里。

2017 年，天津市坚持依法铁腕治理环境污染，累计压减燃煤 1000 万吨，关停取缔"散乱污"企业 9081 家，完成"煤改电" 17.6 万户、"煤改气" 14.8 万户，综合治理河道 688 公里，提标改造污水处理厂 105 座，建成美丽村庄 765 个、美丽社区 791 个，营造林 215 万亩，PM2.5 年均浓度 2017 年比 2013 年下降 35.4%，天津市的城市环境质量明显提高。

综上所述，中国四个直辖城市社会环境工作坚实有力，城市环境得到了彻底改善。"十三五"期间，四个直辖城市仍要深入推进污染防治攻坚战，进一步强化法治建设，健全公共治理体系，坚守生态保护红线，综合运用法律、经济、技术、行政等手段，推进大气污染科学治理、综合治理，加大环境污染治理和防控力度，强化科学治污、依法治污、铁腕治污，切实解决环境污染突出问题。同时，要严格管控生态空间，加强资源节约集约利用，认真落实差异化环保政策，努力改善环境质量，打好大气、水、土壤污染防治攻坚战，加强污染土壤治理修复和安全利用，并加快建设美丽宜居乡村，加强农村生态环境治理，保护生物的多样性。还要全面推进城市的绿色低碳循环发展，大力发展节能环保产业、清洁生产产业、清洁能源产业，树立绿水青山就是金山银山的强烈意识，推进建设生态宜居城市的速度，提高改善城市环境的效率。

第三章 中国超大城市社会建设指数

国务院2014年11月20日发布的《关于调整城市规模划分标准的通知》（国发〔2014〕51号），对原有城市规模的划分标准进行了调整，明确了新的城市规模划分标准，以城区常住人口为统计口径，将城市划分为五类七档。根据这一规定，城区常住人口500万以上1000万以下的城市为特大城市；城区常住人口超出1000万人口的为超大城市。目前，北京、上海、天津、重庆、广州、深圳、武汉7座城市的城区人口为1000万以上。为此，2017年中国社会建设报告分别对上述7个超过1000万人口的城市单独考量评价。

一 中国超大城市社会发展的新特点

中国的城市化进程将成为21世纪影响世界的重要趋势。改革开放以来，用40年时间完成了西方发达国家一二百年的城市化进程。相比西方发达资本主义国家，中国早期的城镇化特点是起步低，发展慢。一直到了1978年改革开放以后，中国的城镇化速度才有了一个较为明显的提升。进入21世纪之后，中国的城镇化速度迎来了增长的黄金时期。纵观整个中国城市化的进程,可以大致分为1949—1957年起步发展、1958—1965年曲折发展、1966—1978年停滞发展、1979—1984年恢复发展、1985—1991年稳步发展、1992年至今快速发展六个阶段。

改革开放40年,也是中国城市崛起波澜壮阔的40年。"改革开放40年中最炫目的是城市化,中国城市人口目前也超过了8亿人。"[①] 根据《1949—2017年中国城镇化人口大数据》可以看出,在过去的68年间,中国的人口总量由5.4亿增至13.9亿,增长了大约157%。而同期的中国城镇人口数量,却从5763万上升到了81347万,增长了大约1312%。其中,2016年城市总人口为79298.42万人,2017年为81347.48万人,新增人口2049.06万人,城市化率达到58.52%。[②] 并以每年增加2000万城市人口的速度继续发展(尽管此刻城市化速度或已达到顶峰,2020年,该速度或将回落至每年1500万)。预计到2020年,城市化率将达到60%,其中45%的居民拥有城市户口。由此,巨大且密集的都市区是未来的发展趋势:这样的城市更具进步性,市场更自由、紧凑而且高效。但自由增长的同时也会面临巨大的阻碍:交通拥挤、环境污染、物价过高、竞争过度、风险加剧、社会稳定性差以及公共服务不足等。

客观评价中国超大城市的发展现状,必须抓住当前超大城市社会发展的新特点。中国超大城市社会发展呈现出以下几个方面

[①] 参见徐豪《改革开放40年,中国城市大崛起》,2018年8月7日,搜狐网《中国报道》(http://www.sohu.com/a/245732272_714642)。

[②] 参见《大国崛起:1949年—2017年,中国人口5.4亿—13.9亿,城镇化率10.64%—58.52%》,2018年2月16日,搜狐网(https://www.sohu.com/a/222927490_99964340)。

的特点。

（一）控制人口有效避免"城市病"

随着中国城市化进程的不断加快，人口不断向大城市涌动，造就了一批特大城市和超大城市。纵观中国特大城市数量的演变历史，自20世纪50年代到2017年为期60多年的时间里，中国特大城市的数量变化呈现出极为明显的规律：在新中国成立后漫长的一段时间内，中国的城镇化率提升速度很慢。

1990年以前，特大城市数量保持长时间不变。超大城市亦是如此，只有北京一座超大城市。从1949年到1999年这50年间，中国的城镇化率只从10.64%提升到了30.89%，增幅为20.25%。然而，1990年至2005年，特大城市的数量突飞猛进，迅速增加到10个。超大城市的数量则在2005年至2015年期间急剧上升，数量达到6个。整体看来，从1999年至2017年这18年间，中国的城镇化率从30.89%提升到了58.52%，增幅为27.63%。为什么改革开放40年来，特别是20世纪90年代以后特大、超大城市的数量会激增？应当说与1993年党的十四届三中全会中国提出建立社会主义市场经济体制的决定有着较大关系。这一决定意味着中国在初次分配领域将实现市场化改革，标志着以往一次分配定终身的时代即将结束，很多人进入劳动力市场，越来越多的人开始到东南沿海城市淘金，直接导致了500万—1000万人口级别的特大城市数量快速增加。人口流动出现了向超大城市集聚的新特征。

党的十九大报告指出，中国特色社会主义进入新时代，中国社会主要矛盾已经转化为人民日益增长的美好生活需要和不平衡不充分的发展之间的矛盾。对此，我们要铭记 2013 年 12 月习近平总书记在中央城填化工作会议上所强调的：在我们这样一个拥有 13 亿多人口的发展中大国实现城镇化，粗放扩张、人地失衡、举债度日、破坏环境的老路不能再走了，也走不通了，必须走出一条新型城镇化道路，有效避免"城市病"和"公共地的悲剧"。人口调控成为现代城市治理的一项重要内容。

（二）超大城市空间发展的选择

美国著名城市理论家刘易斯·芒福德曾将城市形象地比作一种"容器"，认为其魅力就在于可容纳诸多要素与丰富多元的文化。伴随着中国经济的快速增长以及城市化进程的加快，具有明显规模经济优势的大城市在文化向心力方面的巨大优势尤为明显，无论在就业岗位、公共服务水平上，还是发展机会、文化资源上，都具有十足的吸引力，继而集聚了大量的外来人口与经济活动。然而集聚也是有一定极限的，超大城市与资源环境承载力之间的矛盾逐渐涌现。

近年来，为了缓解中心城区的拥挤压力，同时考虑到发展的需要，北上广深等国内主要大城市借鉴了西方城市规划思想及理论，在总体规划中均提出建设多中心空间结构的目标，打造以郊区新城为支撑的多中心式的空间格局。事实证明，多中心式的空间集聚结构能够提高经济、交通、生态等方面的绩效，是未来中国超大城市空间发展的重要选择。

城市发展是经济规律和政策共同作用的结果，多中心格局的形成是一个长期的过程，不可能一蹴而就。多中心战略的成功不仅需要搞清楚城市发展规律，而且要尊重市场规律这一基础。与此同时，为了避免实践中的多中心战略达不到预期效果，降低由多中心结构形成的时滞性造成的城市利益损失，政府应发挥作为城市整体利益最大化代表的作用，在尊重经济运行规律的基础上及时做出空间转型的决策，并发挥政策聚焦和资源调动优势，促进外围有初始优势的地区迅速发展成为次中心城市，积极主动地推进多中心空间结构的形成，从而实现城市空间布局的最优化和城市整体利益的最大化。[①]

（三）超大城市谋划新发展规划

超大城市地区是全球化时代引领一个国家经济社会发展的核心空间载体，特别是在一个人口众多、土地资源相对稀缺的国度里，超大城市地区的发展具有不可替代的作用。近年来，中国超大城市面临的人口快速增长、生态环境压力、公共服务短缺等诸多问题，要求针对城市的定位和发展方向做出新的思考和谋划。特别是以京津冀为代表的大城市地区，出现了人口增长过快、环境严重污染等问题。当前中国借鉴西方经验，结合自身实际，与时俱进，于21世纪初提出了"科学发展观"，主要内涵就是以人为本、全面协调可持续发展。习近平总书记在谈到京津冀协同发展时也特别强调，要走出一条内涵集约发展的新路子，探索出一种人口经济密集地区优化开发的模式，促进区域协调发展，形成新增长极。中国超大城市依据科学发展观特别是习近平总书记重要讲话思想，制订出了适合自身特点的一系列发展规划。

2016年8月，上海市政府为上海市城市总体发展制定了《上

---

① 参见王旭辉、孙斌栋《特大型城市多中心空间结构的经济绩效——基于城市经济模型的理论探讨》，《城市规划学刊》2011年第6期。

海市城市总体规划（2016—2040）》（以下简称《总体规划》），《总体规划》提出上海将在2040年建成卓越的全球城市，国际经济、金融、贸易、航运、科技创新中心和文化大都市，成为令人向往的创新之城、人文之城和生态之城，并对人口、建设用地等指标进行进一步约束。《总体规划》提出，坚守土地、人口、环境和安全四大底线。此前上海提出到2020年将常住人口控制在2500万以内，到2040年，要将常住人口控制在2500万左右。2017年9月13日，中共中央、国务院正式批复《北京城市总体规划（2016年—2035年）》，明确了"一核一主一副"的城市空间布局。强调坚持符合实际的发展思路，包括坚持城乡一体化发展、坚持减量提质发展、坚持突出首都历史文化特色、坚持先进城市建设方式、坚持城市多元治理等，谋划出首都未来可持续发展的新蓝图。广州2016年11月正式发布实施的《城市更新总体规划（2015—2020年）》提出了三个"一"的城市更新中长期战略构想，即明确一条主线——以提升城市发展竞争力与可持续发展能力为主线；制定一套目标——包含经济、社会、环境、文化等多方面的更新目标；设计一套制度——建立"法规体系+行政体系+运作体系"的常规制度。《城市更新总体规划（2015—2020年）》明确了城市更新实施规模，计划到2020年，实施完成城市更新41—50平方公里。

综上可以看出，中国超大城市的复杂系统特性，决定了城市规划是随城市发展与运行状况长期调整、不断修订，持续改进和完善的复杂的连续决策过程。

（四）超大城市依托城市群协同发展

随着城镇化、城市化进程的不断推进，"城市社会"的到来，中国城市的数量与规模均快速扩大,城市规模的壮大,特大型乃至超大城市的数量也在持续增加,城市发展形态也进一步发生变化,分工协作的都市圈和城市群正在逐步形成。2017年8月,中国发展研究基金会课题组发布研究结果:2015年,长三角、珠三角、京津冀、海西、山东半岛、中原、武汉、长株潭、关中、成渝、辽中南、哈长12个城市群聚集了中国经济总量的80%。而这12个城市群的总面积只占了中国国土面积的不到20%,人口占60%多。① 然而,当前现有超大城市人口的急剧增长和城市规模的迅速扩大,已经带来了城市资源耗竭、产业同构、环境污染和生态破坏等诸多社会矛盾及潜在风险,给经济发展和社会治理带来了前所未有的压力。

城市群是新型城镇化的主体形态,是经济社会发展的重要载体,是承载国家经济实体的最重要平台。城市群一体化发展阶段,城市群沿发展主轴与两侧地区建立起密切的社会经济联系,中心城市与外围区域依靠具有密切联系的功能性区域网络,产业整合和功能整合有效促进货物、服务、人才、技术、资金的自由流动和相互补充,发育成为相对成熟的城市群。国内较为接近城市群一体化发展的如长三角城市群与上海。2016年6月,国家发改委公布的长三角城市群规划显示,长三角城市群规划范围包括江浙沪皖三省一市。长三角城市群发展目标:中期目标是到2020年,基本形成经济充满活力、高端人才会聚、创新能力跃升、空间利用集约高效的世界级城市群框架,人口和经济密度进一步提高,在全国2.2%的国土空间上集聚

---

① 参见徐豪《改革开放40年,中国城市大崛起》,2018年8月7日,搜狐网《中国报道》(http://www.sohu.com/a/245732272_714642)。

11.8%的人口和21%的地区生产总值。远期目标是到2030年，长三角城市群配置全球资源的枢纽作用更加凸显，服务全国、辐射亚太的门户地位更加巩固，在全球价值链和产业分工体系中的位置大幅跃升，国际竞争力和影响力显著增强，全面建成全球一流品质的世界级城市群。

当然，超大城市由于所在城市群的特点不同，其发展路径也应有所不同。上海所在的长三角城市群，基本处于城市群趋于成熟的发展阶段，因此，上海应加快推进在区域一体化导向下实施产业功能提升策略；北京所在的京津冀城市群，偏向扩散效应增强的城市群化发展阶段，因此，北京应加快推进非首都功能疏解，合理确定产业的淘汰、升级或转移疏解。

（五）超大城市社会治理体系日趋现代化

改革开放40年来，中国城镇数量随着改革浪潮快速增长、规模急剧扩张，城市群、城市人口快速聚集，城乡人口结构急剧变化，城市经济和产业结构升级高速发展，城市的社会治理体系日趋迈向现代化。超大城市的社会治理是推进国家治理现代化的重要内容。社会治理所面对的主要是社会领域的制度安排与能力建设问题，包括完善社会政策、培育社会力量、发展社会事业、改善社会服务、解决社会问题、化解社会矛盾等，对于其"城市病"、社会服务短缺等问题的解决，其实最终都可以归结到社会治理层面上来。

在实施执行中应讲究科学规划和循序渐进，力求成为合法有效的"善治"。

一要改革城市治理结构。政府在公共事务的管理中应更注重利用正式权威之外的管理方法和技术，尽可能由社会组织来治理社会，建立公共生活领域的"多元共治"治理结构。二要提高公共服务能力。政府扮演着公共服务的生产者安排者的双重角色。要以需求为导向，搭建有制度保证的服务交易平台，主抓协调、指导和监督等宏观工作，同时要坚持市场对公共资源配置的决定性作用。三要提高公众参与意识，鼓励社会公众积极参与社会政策的制定过程，与政府、社会组织共同分享权力和承担风险。

除此之外，还要注意积极培育社会组织。社会组织作为政府、社会和公民之间的润滑剂和黏合剂，可以回应城市居民的多元需求，化解政府与公众的矛盾，保证社会稳定。适合社会组织提供的公共服务和决议的事项交由社会组织承担，完善社会组织层面的法律法规，推进其自主性和自治化发展，真正使社会组织成为民众表达意愿和参与社会治理的有效平台，实现社会多方力量共同参与公共事务的目标，积极顺畅地推动城市治理结构的转型。

二 中国超大城市社会建设总指数

中国超大城市社会建设总指数中包含了社会保障、社会服务、社会治理、社会环境四个一级指标，反映了超大城市社会建设的总体状况。2017年，中国超大城市社会建设总指数平均得分为82.05分。2017年排名前三位的是深圳、北京、上海。北京、上海在2013年、2014年、2015年、2016年、2017年连续5年社会建设总指数得分名列前两位。

（一）中国超大城市社会建设总指数排位的比较

中国超大城市社会建设总指数为：深圳 87.41 分、北京 83.55 分、上海 82.12 分、广州 81.99 分、武汉 80.60 分、天津 80.19 分、重庆 78.22 分（见图 3—1）。

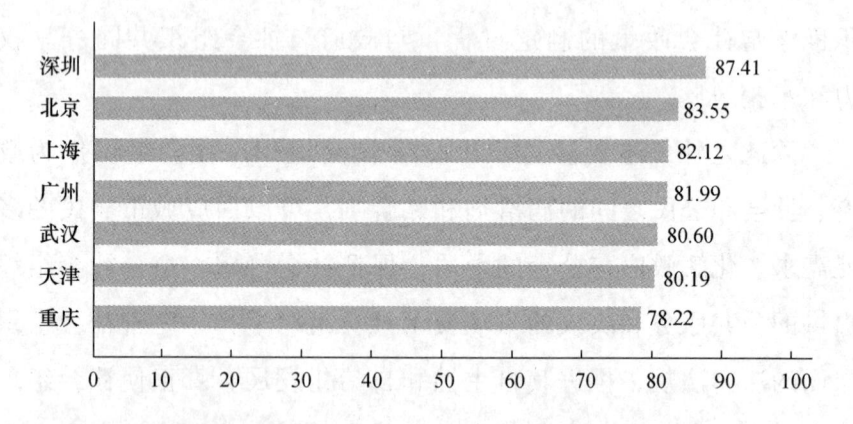

图 3—1 中国超大城市社会建设总指数比较（单位：分）

2017 年中国超大城市社会建设总指数排名及得分如表 3—1 所示。

表 3—1　2017 年中国超大城市社会建设总指数排名

排名	城市	社会建设总指数得分	社会建设总指数百分制得分
1	深圳	43.38479316	87.41
2	北京	39.63293490	83.55
3	上海	38.28769886	82.12
4	广州	38.16589523	81.99
5	武汉	36.88408793	80.60
6	天津	36.51126922	80.19

续表

排名	城市	社会建设总指数得分	社会建设总指数百分制得分
7	重庆	34.74287573	78.22
	平均值	38.22993643	82.05
	百分标准值	56.78129023	100

(二) 中国超大城市社会建设水平的比较

在 2017 年对 7 个超大城市社会建设水平得分的排名中，深圳超过了北京，名列第一。

根据 2017 年北京市统计局、国家统计局北京调查总队公布的数据，2017 年北京全年实现地区生产总值 28000.4 亿元，按可比价格计算，比上年增长 6.7%，增速为近五年来最低一年。全市人均地区生产总值为 12.9 万元，按年平均汇率折合为 19106 美元。全市居民人均可支配收入 57230 元，实际增长 8.9%。按常住地分，城镇居民人均可支配收入 62406 元，增长 9.0%；农村居民人均可支配收入 24240 元，增长 8.7%。[1]

而据 2017 年深圳市统计局、国家统计局深圳调查总队公布的数据，深圳 2017 年全年全市实现地区生产总值 22438.39 亿元，比上年增长 8.8%。人均生产总值 183127 元，增长 4.0%，按 2017 年平均汇率折算为 27123 美元。全年全市居民人均可支配收入 52938.00 元，比上年增长 8.7%，扣除价格因素实际增长 7.2%。[2]

---

[1] 《北京市 2017 年国民经济和社会发展统计公报》，2018 年 2 月 27 日，首都之窗——北京市人民政府网（zhengwu.beijing.gov.cn/sj/tjgb/t1509890.htm）。

[2] 《深圳市 2017 年国民经济和社会发展统计公报》，2018 年 4 月 17 日，深圳政府在线（http://www.sztj.gov.cn/xxgk/zfxxgkml/tjsj/tjgb/201804/t20180416_11765330.htm）。

据 2017 年上海市统计局、国家统计局上海调查总队公布的数据，上海市全年实现生产总值 30133.86 亿元，比上年增长 6.9%，增速与上年持平。按常住人口计算的上海市人均生产总值为 12.46 万元，全年全市居民人均可支配收入 58988 元，比上年增长 8.6%，扣除价格因素，实际增长 6.8%。其中，城镇常住居民人均可支配收入 62596 元，增长 8.5%，扣除价格因素，实际增长 6.7%；农村常住居民人均可支配收入 27825 元，增长 9.0%，扣除价格因素，实际增长 7.2%。[1]

随着经济全球化和国家城镇化进程的加快，国家竞争力和综合国力的提高越来越依赖于以中心城市为核心的城镇群实力的壮大。京津冀城镇群处于中国城镇体系中的核心区域，是参与全球竞争的重要节点。国家"十三五"规划明确要求，以区域发展总体战略为基础，以"一带一路"建设、京津冀协同发展、长江经济带建设为引领，形成沿海沿江沿线经济带为主的纵向横向经济轴带。而同属京津冀经济圈的如天津，在中国超大城市社会建设总指数中的表现却不尽如人意，只列第 6 位。

三 中国超大城市社会保障指数的比较

中国超大城市社会保障指数，主要通过城镇居民人均可支配收入、农村居民人均纯收入、基本养老保险参保人数年均增长率、

---

[1] 《2017 年上海市国民经济和社会发展统计公报》，2018 年 3 月 8 日，上海市人民政府网（www.shanghai.gov.cn/nw2/nw2314/nw2318/nw26434/u21aw1335625.html）。

基本医疗保险参保人数年均增长率、失业保险参保人数年均增长率、城镇单位就业人员平均工资、公共财政预算支出中社会保障和就业支出7个指标来计算。需要说明的是，在2017年中国超大城市社会保障的得分赋值上，结合新时代社会保障的需求，对结合历年的指标，做了适度调整。

（一）中国超大城市社会保障指数排位的比较

2017年，中国超大城市社会保障指数平均值为75.78分。中国超大城市社会保障指数排在前三名的是：深圳86.32分、北京82.92分、广州81.07分。排在最后一名的是重庆58.09分。排在第一名的深圳比排在最后一名的重庆高28.23分。深圳、北京、广州和上海4个城市指数得分都在平均值以上（见图3—2）。

城市	分数
深圳	86.32
北京	82.92
广州	81.07
上海	79.32
天津	71.99
武汉	66.71
重庆	58.09

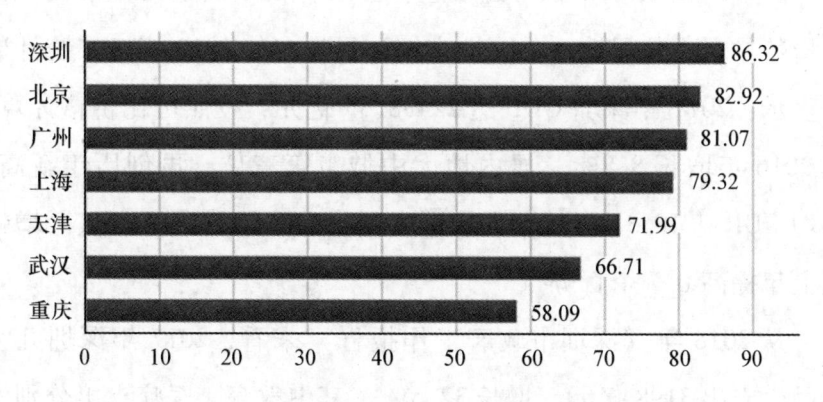

图3—2 中国超大城市社会保障指数排名的比较（单位：分）

2017年中国超大城市的社会保障指数得分及排名情况见表3—2。

表 3—2　　2017 年中国超大城市社会保障指数排名

排名	城市	社会保障指数得分	社会保障指数百分制得分
1	深圳	11.48821181	86.32
2	北京	10.60282285	82.92
3	广州	10.13342126	81.07
4	上海	9.700527453	79.32
5	天津	7.991094635	71.99
6	武汉	6.862871836	66.71
7	重庆	5.203307519	58.09
	平均值	8.854608195	75.78
	百分标准值	15.41975490	100

（二）中国超大城市社会保障水平的比较

2017 年，深圳市社会建设进步显著，在中国超大城市社会保障指数排名中位居第一。深圳市统计局发布的 2017 年经济统计数据显示：2017 年深圳 GDP 达 22438.39 亿元，按照可比价格计算，比 2016 年增长 8.8%，居内地大中城市第三位，再创历年新高。人均 GDP 达 18.31 万元，人均可支配收入 52938.00 元，实际增幅比上年提高 0.7 个百分点。

从 2018 年《深圳市政府工作报告》来看，2017 年深圳九大类民生支出 3198 亿元，增长 32.5%。其中教育、医疗支出分别增长 22.8%、21.3%。新增普惠型幼儿园 126 所，新改扩建公办中小学 34 所，高考一本录取率居全省第一、全国前列，深圳北理莫斯科大学、深圳技术大学（筹）招收首批本科生，教育事业有新提升。实施健康深圳行动计划，新引进高水平医学团队 100 个，新增执业医师2300名，建成运营孙逸仙心血管医院新院区、深圳大学总医院、萨米医疗中心，医疗卫生事业有新成绩。社会民生事业再上新水平，新增登记就业10万人，城镇登记失业率在3%以下；新增幼儿园学位2万个、公办中小学学位4.7万个；增加10家三甲医院和三级医院，新增病床3000张、养老床位1000张；新开工及筹集人才住房和保障性住房10.2万套，建成住房租赁监管和服务平台；最低工资标准由2030元/月提高至2130元/月，最低生活保障标准由800元/月提高至900元/月；119项年度民生实事完成118项。[①]

重庆在超大城市中居第7位，北京、上海也在深圳之后，究其原因，在于深圳在过去的一年里高度重视社会建设，统筹推进就业、教育、医疗、社保、文化等各项社会事业，不断提升基本公共服务共建能力和共享水平，群众的获得感和幸福感进一步增强。在社会保障方面采取了种种措施，稳步提高社保待遇水平惠民生、促发展。而重庆、天津等地在需求更加多元、结构更加复杂、矛盾更加凸显、空间更加有限的约束和挑战面前，没有很好地处理经济发展与社会建设之间的关系。

四 中国超大城市社会服务指数的比较

中国超大城市社会服务指数，主要通过城市社区服务设施覆盖率、城市社区服务中心（站）覆盖率、每千人口医院和卫生院床位、每千人口医生数（执业医师+执业助理医师）、城市公共

[①] 参见《深圳市2018年政府工作报告》，《深圳特区报》2018年2月2日。

管理与公共服务设施用地面积 5 个指标来计算。

（一）中国超大城市社会服务指数排位的比较

2017 年，中国超大城市社会服务指数平均值为 75.26 分。中国超大城市社会服务指数排在前三名的是：上海 85.58 分、天津 84.01 分、北京 78.21 分；各城市指数得分都在平均值以上。排在最后一名的是重庆 63.11 分。排在第一名的上海比排在最后一名的重庆高 22.47 分（见图 3—3）。

城市	得分
上海	85.58
天津	84.01
北京	78.21
广州	74.99
深圳	69.58
武汉	68.62
重庆	63.11

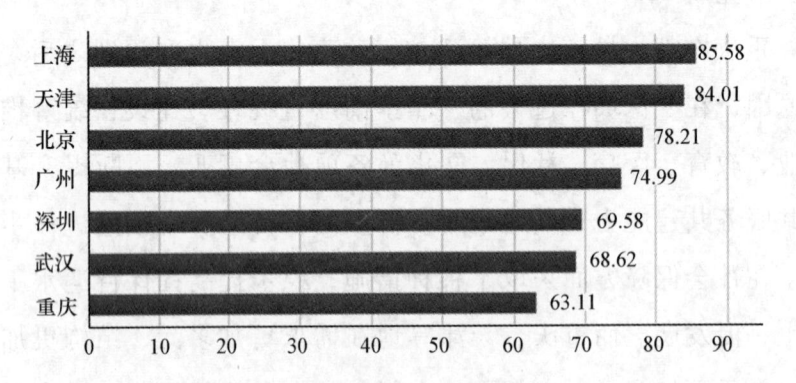

图 3—3 中国超大城市社会服务指数的比较（单位：分）

2017 年中国超大城市社会服务指数得分与排名情况见表 3—3。

表 3—3　　2017 年中国超大城市社会服务指数排名

排名	城市	社会服务指数得分	社会服务指数百分制得分
1	上海	8.964676320	85.58
2	天津	8.638855392	84.01
3	北京	7.486872717	78.21
4	广州	6.883499745	74.99
5	深圳	5.925106629	69.58

第三章　中国超大城市社会建设指数　　　　　　　　　　103

续表

排名	城市	社会服务指数得分	社会服务指数百分制得分
6	武汉	5.763183342	68.62
7	重庆	4.874707439	63.11
	平均值	6.933843084	75.26
	百分标准值	12.24021432	100

上述排名中，上海市社会服务指数排名第一，得分为85.58分。中国超大城市社会保障指数平均值为75.26分，上海与平均值相比，高出10.32分；天津市社会服务指数得分为84.01分，比中国超大城市社会服务指数平均值高出8.75分；北京市社会服务指数得分为78.21分，比中国超大城市社会服务指数平均值高出2.95分；广州市社会服务指数得分为74.99分，比中国超大城市社会服务指数平均值低0.27分；深圳市社会服务指数得分为69.58分，比中国超大城市社会服务指数平均值低5.68分；武汉市的社会服务指数得分为68.62分，比中国超大城市社会服务指数平均值低6.64分；重庆市的社会服务指数得分为63.11分，比中国超大城市社会服务指数平均值低12.15分，排名最后。

(二) 中国超大城市社会服务水平的比较

在2017年中国超大城市社会服务指数排名前三名中，上海市社会服务指数得分为85.58分，与2017年中国超大城市社会服务指数平均值75.26分相比，仍高出10.32分。究其原因，与其切实加强民生保障工作，进一步提高人民生活水平关系甚大。2017年，上海市面对"十三五"规划实施的关键之年和特殊的时间节点，面对经济增长压力加大、发展型民生需求突出、社会风险和不确定性增强等诸多挑战，在更高的发展基础上，更加重视社会建设，进一步守牢底线、改善民生，维护社会和谐稳定，推动社会共享发展，稳步提高社会事业发展水平，为上海城市转型发展提供了强有力的支持保障。具体而言，主要表现在大力推动实现基本公共服务制度化、标准化、均等化，积极推进教育综合改革，出台"健康上海2030"规划纲要，社区卫生服务中心全面开展"1＋1＋1"医疗机构组合签约，公立医院全部取消药品加成，跨省异地就医住院费用直接结算和医保个人账户资金购买商业保险工作平稳推进，完善公共文化三级配送体系，新建市民健身步道75条，新建改建市民球场65片、益智健身苑点210个。全力抓好"菜篮子"工程建设，推进军民融合深度发展，国防动员、双拥共建、优抚安置工作进一步加强。①

天津市2017年的社会服务指数得分为84.01分，比中国超大城市社会服务指数平均值（75.26分）也高出了8.75分，与其他中国超大城市比较，可谓进步很大。与其在2017年千方百计保障和改善民生，大力发展社会事业，扎实推进20项民心工程，稳步提高群众生活质量有着很大关系。②

北京市社会服务指数得分为78.21分，比中国超大城市社会

---

① 参见上海市发展和改革委员会《关于上海市2017年国民经济和社会发展计划执行情况与2018年国民经济和社会发展计划草案的报告》，2018年2月1日，上海市人民政府网（http：//www.shanghai.gov.cn/nw2/nw2314/nw2319/nw11494/nw12330/nw12337/u21aw1286710.html）。

② 参见天津市发展和改革委员会《关于天津市2017年国民经济和社会发展计划执行情况与2018年国民经济和社会发展计划草案的报告》，2018年4月8日，天津人大网（www.tjrd.gov.cn/tjsrmdbdh/system/2018/04/08/030010334.shtml）。

服务指数平均值（75.26分）高出2.95分，位列第三；广州、深圳分别位列第四和第五。

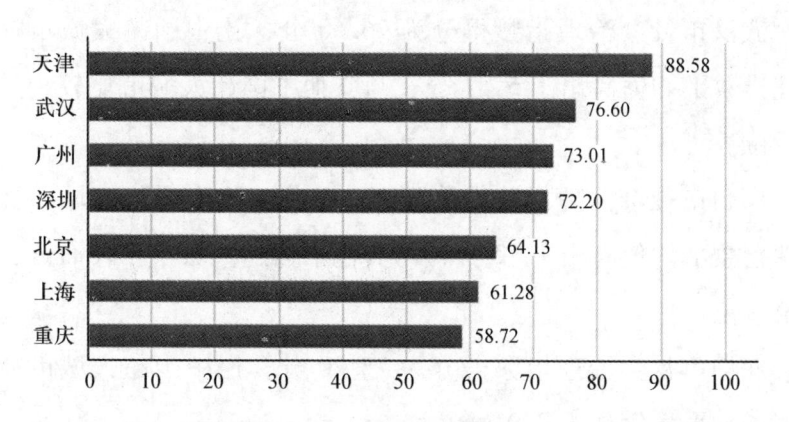

五 中国超大城市社会治理指数的比较

中国超大城市社会治理指数，主要通过公共管理、社会保障和社会组织法人单位、公共管理和社会组织从业人员、第三产业年末从业人员、每万人在校大学生数、互联网宽带接入用户数5个指标来计算。

（一）中国超大城市社会治理指数排位的比较

2017年，中国超大城市社会治理指数平均值为71.29分。中国超大城市社会治理指数排在前三名的是：天津88.58分、武汉76.60分、广州73.01分。排在最后一名的是重庆58.72分。排在第一名的天津比排在最后一名的重庆高29.86分。天津、武汉、广州和深圳四个城市指数得分都在平均值以上（见图3—4）。

城市	指数
天津	88.58
武汉	76.60
广州	73.01
深圳	72.20
北京	64.13
上海	61.28
重庆	58.72

图3—4 中国超大城市社会治理指数的比较（单位：分）

2017年中国超大城市社会治理指数排名和分数见表3—4。

表3—4　　2017年中国超大城市社会治理指数排名

排名	城市	社会治理指数得分	社会治理指数百分制得分
1	天津	6.815791739	88.58
2	武汉	5.096102113	76.60
3	广州	4.630376267	73.01
4	深圳	4.527235927	72.20
5	北京	3.572146287	64.13
6	上海	3.261612669	61.28
7	重庆	2.994969008	58.72
	平均值	4.414033430	71.29
	百分标准值	8.685694206	100

由图3—4、表3—4可知，在中国超大城市社会治理指数2017年排名中，社会治理指数得分为88.58分，与其他中国超大城市比较，天津市处于第1位。中国超大城市社会治理指数平均值为71.29分，天津与平均值相比，高出17.29分。

武汉市社会治理指数得分为76.60分，比中国超大城市社会治理指数平均值高出了5.31分，与其他中国超大城市比较，处于第2位。

广州市社会治理指数得分为73.01分，比中国超大城市社会治理指数平均值高出1.72分，与其他中国超大城市相较而言，处于第3位。

深圳市社会治理指数得分为72.20分，比中国超大城市社会治理指数平均值高出0.91分。

北京市社会治理指数得分为 64.13 分，比中国超大城市社会治理指数平均值低 7.16 分。

上海市社会治理指数得分为 61.28 分，比中国超大城市社会治理指数平均值低 10.01 分。

重庆市社会治理指数得分为 58.72 分，比中国超大城市社会治理指数平均值低 12.57 分，与其他中国超大城市比较，处于最后一名。

（二）中国超大城市社会治理水平的比较

在 2017 年中国超大城市社会治理指数综合排名中，天津市社会治理指数得分为 88.58 分，高出平均值 17.29 分，跃升至第一位。而上海、重庆位列第六和第七。

天津之所以能够取得这样的好成绩，究其原因，在于其长期以来特别是自 2017 年以来坚持创新社会治理，创建平安社区，打造平安天津，造福一方百姓。自 2016 年 8 月印发《健全落实社会治安综合治理领导责任制实施办法》后，在全面落实社会治安综合治理领导责任制的基础上，强力推进三级综治平台建设，特别强化了基层综治办组织、硬件、职责任务、工作要求、日常工作制度、业务能力 6 个方面的规范化建设，使抓手向基层延伸，责任向基层传导。同时，加强了警务室、检察室、司法所、公安派出所队伍建设和力量整合，提高了联合作战能力。全新建一类高清视频监控点位 9.5 万个，电子卡口 1000 处，二类、三类视频监控点 48 万个，整合公共区域二类、三类视频监控点 2 万个。

在全域覆盖的基础上，充分运用新一代互联网、物联网、大数据、云计算和智能传感、遥感、卫星定位、地理信息系统等技术，创新社会治安防控手段，全面推进被动警务向主动警务转变，实现多部门联动，多警种合成作战，确保信息及时掌握、出警及时有效、治安防控到位、便民服务延伸。通过推进"访调对接"试点工作，成立市、区、乡镇（街道）三级调委会34个，导入疑难信访事项346件，化解311件，成功率89.9%。将平安社区、村达标创建工作纳入20项民心工程，彰显以人民为中心的理念。截至目前，天津创建平安社区1335个、平安村3268个，创建率达92.9%。①

尤为重要的是，在2017年10月党的十九大胜利闭幕后，天津创新党建引领，及时出台了与报告中"加强社区治理体系建设，推动社会治理重心向基层下移"相应的包括全面加强城市基层党建工作的意见、社区工作者管理办法、街道工委会工作规则的配套措施，夯实了以街道社区党组织为核心，实现组织共建、资源共享、机制衔接、功能优化的基层治理"一核多元"的基层治理模式，打通了社会治理的"最后几米"。通过用基层党建引领基层治理，较好地解决了过去统不好、管不了、兜不住的诸多难题。②

六 中国超大城市社会环境指数的比较

中国超大城市社会环境指数，主要通过建成区绿化覆盖率、

---

① 参见《天津：创新社会治理，创建平安社区，打造平安天津》，2017年6月12日，中国长安网（http://www.chinapeace.gov.cn/zixun/2017-06/12/content_11415027.htm）。

② 参见胡果等《让水流到地头——天津创新党建引领，打通社会治理"最后几米"》，《人民日报》2018年1月7日第1版。

生活垃圾无害化处理率、人均城市道路面积、环保重点城市区域环境噪声等效声级、空气质量达到二级天数、亿元地区生产总值生产安全事故死亡率6个指标来计算。

（一）中国超大城市社会环境指数排位的比较

2017年，中国超大城市社会环境指数平均值为83.89分。中国超大城市社会环境指数排名前三名的城市是：深圳87.59分、广州85.33分、北京85.01分。排在最后一名的是天津81.02分。排在第一名的深圳比排在最后一名的天津高6.57分。深圳、广州、北京和武汉4个城市指数得分都在平均值以上（见图3—5）。

城市	得分
深圳	87.59
广州	85.33
北京	85.01
武汉	84.06
重庆	82.62
上海	81.36
天津	81.02

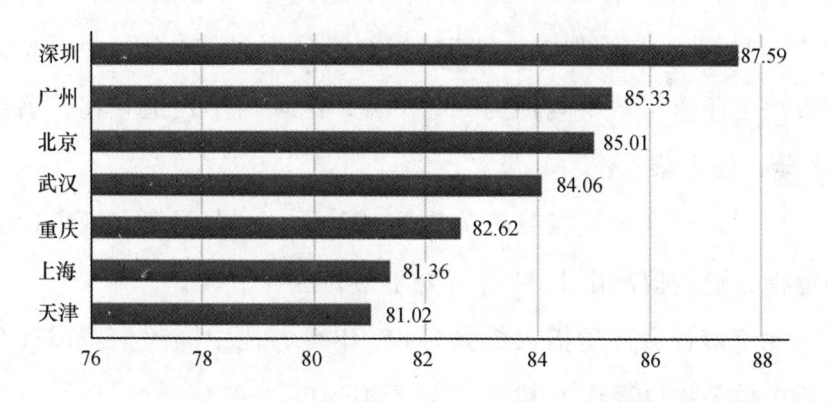

图3—5 中国超大城市社会环境指数的比较（单位：分）

2017年中国超大城市社会环境指数排名与得分情况见表3—5。

表3—5　　2017年中国超大城市社会环境指数排名

排名	城市	社会环境指数得分	社会环境指数百分制得分
1	深圳	29.19392684	87.59

续表

排名	城市	社会环境指数得分	社会环境指数百分制得分
2	广州	27.71013989	85.33
3	北京	27.50406297	85.01
4	武汉	26.89133389	84.06
5	重庆	25.97394713	82.62
6	上海	25.19249312	81.36
7	天津	24.98294929	81.02
平均值		26.77840759	83.89
百分标准值		38.05458896	100

由图3—5、表3—5可知，在中国超大城市社会环境指数2017年排名中，深圳市社会环境指数得分为87.59分。中国超大城市社会环境指数平均值为83.89分，深圳与平均值相比，高出3.7分，处于第1位。

广州市社会环境指数得分为85.33分，比中国超大城市社会环境指数平均值高出1.44分，处于第2位。

北京市社会环境指数得分为85.01分，比中国超大城市社会环境指数平均值高出1.12分，处于第3位。

武汉市社会环境指数得分为84.06分，比中国超大城市社会环境指数平均值高出0.17分。

重庆市社会环境指数得分为82.62分，比中国超大城市社会环境指数平均值低1.27分。

上海市社会环境指数得分为81.36分，比中国超大城市社会环境指数平均值低2.53分。

天津市社会环境指数得分为81.02分，比中国超大城市社会环境指数平均值低 2.87 分，与其他中国超大城市比较，处于最后一位。

（二）中国超大城市社会环境水平的比较

深圳市 2017 年中国超大城市社会环境指数得分之所以排名第一位，在于深圳社会环境 5 个指标数据均名列前茅，深圳的"生活垃圾无害化处理率""人均城市道路面积""环保重点城市区域环境噪声等效声级""空气质量达到二级天数""亿元地区生产总值生产安全事故死亡人数"5 个指标在全国 7 个超大城市中都排名第一位。

深圳市在常住人口超千万的超大城市中，环境质量独占鳌头，几乎囊括了所有国家级及国际上城市的环境质量荣誉。深圳市 GDP 连续多年稳居全国大中城市第 4 位，同时还是空气主要质量指标全部达标的 8 个城市之一。生态优先作为一种科学的规划思路，在深圳市的第一个总体规划——《深圳经济特区总体规划（1985—2000）》中就已确立。2011 年，深圳建立城市绿线管理制度，使"生态优先"理念落地实施。2014 年，深圳市发布了《深圳市委市政府关于进一步加强一流国际化城市环境建设的决定》，从 2011 年至 2014 年，全市生态园林城市创建共投入 136 亿元，开展了"美丽深圳"绿化提升行动。[①] 2017 年，全市环境质量总体保持良好水平。空气中二氧化硫、二氧化氮、可吸入颗粒物（PM 10）和细颗粒物（PM 2.5）年平均浓度均符合国家环境空气质量二级标准；空气质量综合指数在全

---

① 参见陈卫国《以生态文明为导向建设美丽深圳 深圳市园林建设 35 周年》，《风景园林》2015 年第 8 期。

国74个重点城市中排名第七。主要饮用水源水质良好，符合饮用水源水质要求，水质达标率保持100%；主要河流中下游氨氮、总磷等指标超标，其他指标达到国家地表水Ⅴ类标准；东部近岸海域海水水质达到国家海水水质Ⅰ类标准，西部近岸海域海水水质劣于Ⅳ类标准。城市区域环境噪声处于一般（三级）水平。辐射环境处于安全状态。[1]

多年来，深圳在城市绿地中积极推广风光互补照明系统和"月光化"生态照明，减少了城市光污染，建成了园林绿化废弃物处置中心，促进枯枝落叶的循环利用，对城市弃置地进行了100%恢复利用，建成了公园、绿地，既节约了城市土地资源，又提升了城市生态环境。

2017年中国超大城市社会环境指数中，北京排名第三，而上海、天津分别排在第6、第7位。2017年，北京重污染天数明显减少，优良天数持续增加，南北差距明显减小，水环境质量改善明显，优质清洁能源比例达90%以上。全市新增城市绿化面积695公顷。但据北京市环保局发布《2017年北京市环境状况公报》，全年空气质量达标天，即优、良天数为226天，比2013年增加50天。[2] 北京市政府关于全市2017年环境状况和环境保护目标完成情况的报告指出，按照国家技术规范评价，2017年北京生态环境状况指数为67.8，属于"良"的等级。

2017年长三角区域大气污染联防联控取得明显成效。水污染

---

[1] 参见深圳市人居环境委员会《2017年度深圳市环境状况公报》，2018年4月2日，深圳市人居环境网（http://www.szhec.gov.cn/xxgk/tjsj/ndhjzkgb/201804/t20180427_11796213.htm）。

[2] 参见《北京市发布2017年环境公报》，2018年5月18日，中国环境新闻网（https://www.cfej.net/2018/0518/1683.html）。

防治行动计划有力有效推进，河长制实现全覆盖，上海市中小河道基本消除黑臭。土壤污染防治行动计划启动实施。生活垃圾处置设施"一主多点"布局基本形成，生态环境持续改善。但人口资源环境的协调性有待加强，大气环境、水环境和垃圾综合治理需要持续用力，生态环境保护任务依然艰巨。①

总体来看，京津冀地区以及上海等东部发达地区的超大城市在环境建设上面临严峻考验，要兼顾环境保护和经济发展，给社会环境建设提出了重大挑战，任重而道远。

---

① 参见应勇《2018年上海市政府工作报告》，2018年3月2日，中国发展门户网（cn. china gate. cn/reports/2018. 03/02/content_50637687. htm）。

第四章　中国特大城市社会建设指数

党的十九大报告指出，社会主要矛盾已经由"人民日益增长的物质文化需要同落后的社会生产之间的矛盾"转化为"人民日益增长的美好生活需要和不平衡不充分的发展之间的矛盾"。并且指出，人民群众对美好生活的需要日益广泛，不仅对物质文化生活提出了更高要求，而且在民主、法治、公平、正义、安全、环境等方面的要求日益增长。为了有效回应这些新需要，解决社会的新矛盾，十九大报告在加强和创新社会治理领域，提出要建立共建共治共享的社会治理格局，并且提出了社会治理的制度建设、提高四化水平和加强四个体系建设。加快中国的城市化进程是21世纪影响世界的重大事件和重要趋势。根据2017年中国官方公布的数据，中国城市化率超过52%，并以每年增加2000万城市人口的速度继续发展（尽管此刻城市化速度或已达到顶峰，2020年，该速度或将回落至每年1500万）。2020年，城市化率将达到60%，其中45%的居民拥有城市户口。当前，中国的城市化进程仍处于高速发展阶段。

2014年11月，国务院发布《关于调整城市规模划分标准的通知》，根据"城区常住人口500万以上1000万以下的城市为特大城市"的标准，2017年中国共有特大城市13个。这些特大城市不但人口数量庞大，而且人群聚集密度很高，每平方公里人口密度动辄上万人甚至数万人，社会治理和社会建设任务复杂而艰巨。

2017年中国社会建设报告有关特大城市社会建设指数，选取10个特大城市作为范本进行评价。分别是：东莞市、苏州市、杭州市、成都市、佛山市、南京市、沈阳市、汕头市、西安市、哈尔滨市。

一 中国特大城市社会发展的新特点

2017年，中国特大城市在社会保障、社会服务、社会治理和社会环境等领域取得显著成绩，呈现出一些新特点。

（一）完善的社会保障体系基本建立健全，但地区差异明显

建立健全同经济发展水平相适应的城市社会保障体系是社会稳定和国家长治久安的重要保证，也是国家经济社会事业健康、协调发展的重要体现。目前，中国特大城市已基本建立起相对完善的城市社会保障体系。2016年以来中国特大城市总体就业局势持续稳定，社会保险覆盖范围持续扩大；社会保障制度体系进一步完善，机关事业单位养老保险制度改革积极推进，城乡居民基本医疗保险制度整合取得积极进展；保障水平进一步提高。企业退休人员基本养老金水平实现连调，企业和机关事业单位退休人员基本养老金同步调整；城乡居民医保补助标准不断提高；经办管理服务进一步提升；基金投资运营稳步

开展。

但也应该看到，特大城市在社会保障体制普遍建立健全的同时，社会保障发展呈现出发展不平衡的特点，总体来说，东部沿海发达地区总体社会保障发展水平高于中西部地区特大城市。

（二）社会服务事业得到全面发展，服务品质有待提升

随着中国社会主义现代化进程的深入和市场经济的进一步发展，政府在公共服务方面职能作用的重要性日益显现。2017年，全国特大城市不断推进政府管理方式创新，提高服务质量和行政效率，切实履行保障基本民生、加强和创新相关社会治理、积极履行相关基本公共服务职责，各项重点工作扎实推进，社会服务事业得到新发展，服务了党和国家工作大局，促进了社会生产力发展，增强了社会活力，增进了发展成果更多更公平地惠及全体人民。

但必须承认，全国特大城市社会服务事业得到全面发展的同时，也存在一定不足。如政府较多偏重于管制而忽视服务，公共服务意识不强；服务人员素质偏低，社会组织承接公共服务能力较弱，服务评价和监督体系缺失，现有评估体系对服务对象的意见重视不够，缺少以服务对象为主体的绩效评估，这些状况的存在使社会服务的供给与老百姓的需求还有差距，影响着人民群众对社会服务的满意度和幸福感。

（三）社会治理水平逐步提高，新问题新挑战不断涌现

2017年，全国特大城市不断提升社会治理能力，增强社会发展活力，强化依法治理，运用法治思维和法治方式解决城市治理

顽症难题，强化智能化管理，提高城市管理标准，提高城市科学化、精细化、智能化管理水平。加快补好短板，发挥社会各方面作用，激发全社会活力。总体来说，各特大城市社会治理改革有序推进，基层队伍实力进一步加强。城市公共服务、公共管理和公共安全等工作职能得到强化，城市管理水平逐步提高，城市网格化综合管理进一步深化，基本实现城市社会组织服务中心全覆盖。

但也应该看到，随着经济社会的高速发展，特大城市社会治理也面临着如社区硬件建设亟待完善、社区治理纵向脱节、管理缺位、人户分离现象严重、社区治理和服务无法满足居民的需求、社区工作存在日趋行政化现象、社工人员流动性大、专业化水平不高的许多新问题新挑战。这些状况的存在，一定程度地影响着城市社会治理的质量。

（四）社会环境整治成果显著，城市之间个体差异较为明显

2017年全国特大城市社会环境工作职能部门充分发挥职能作用，齐抓共管，多举措全面推进社会环境整治工作。各级政府推进政府职能转变，深化行政审批制度改革，围绕体制机制改革创新，加强研究内部运行，整合审批资源事项，拓展服务领域，提升硬件软件水平，提高审批效率和服务水平，优化城市面貌，打造整洁化、秩序化、绿化美化的城市环境。不断提升城市形象，改善居住环境。同时，各城市政府在城市交通、食品药品安全监管、公共安全保障、突发公共事件应急处理等方面也取得了令人满意的成果。

但需要指出的是，虽然社会环境取得一定成就，但特大城市之间这一方面的指数差异较为明显，表明在这一领域不同地区，不同城市之间存在一定差距。

二 中国特大城市社会建设总指数

中国特大城市社会建设总指数中包含了社会保障、社会服务、社会治理、社会环境4个一级指标，反映了特大城市社会建设的总体状况。2017年，中国特大城市社会建设指数平均值为63.00分。2017年排名前三位的是东莞、苏州、杭州三个城市。排名后三位的是哈尔滨、西安、汕头。

（一）中国特大城市社会建设总指数排位前后三名的比较

中国特大城市社会建设总指数排在前三名的是：东莞87.53分、苏州71.72分、杭州66.40分；排在后三名的是：哈尔滨54.09分、西安54.07分、汕头45.13分（见图4—1）。

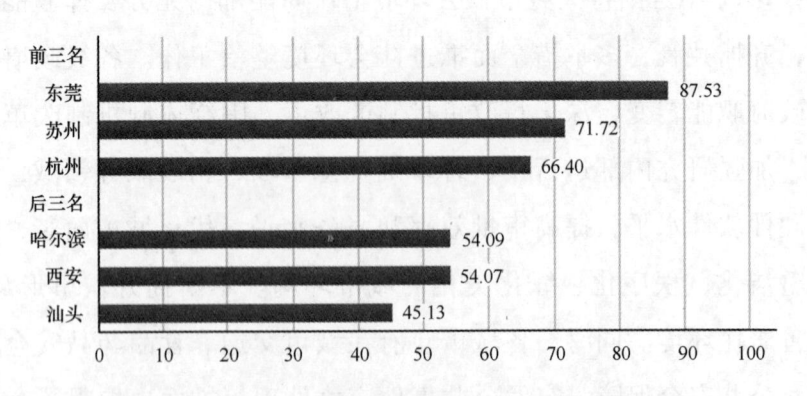

图4—1 中国特大城市社会建设总指数前后三名的比较（单位：分）

2017年中国特大城市社会建设总指数排名与分值见表4—1。

表4—1 2017年中国特大城市社会建设总指数排名与分值

排名	城市	社会建设总指数得分	社会建设总指数百分制得分
1	东莞	17.86982346	87.53
2	苏州	11.99809799	71.72
3	杭州	10.28524471	66.40
4	成都	9.280488065	63.08
5	佛山	8.737622606	61.20
6	南京	8.611900280	60.76
7	沈阳	7.417322863	56.39
8	哈尔滨	6.823510577	54.09
9	西安	6.818152368	54.07
10	汕头	4.749818940	45.13
	平均值	9.259198187	63.00
	百分标准值	23.32518521	100

（二）中国特大城市社会建设总指数比较分析

2017年中国特大城市社会建设总指数第一名为东莞。2017年，东莞市加快全面小康社会建设步伐，民生福祉进一步改善，经济社会健康发展，再创佳绩。2017年东莞市优质教育供给能力进一步提升，基本实现标准化学校全覆盖。医疗服务质量进一步提高，社会保障能力进一步增强。公共文化服务水平进一步提高，公共文化服务标准化试点通过国家验收，社会治安进一步改善。社会治安综合治理改革首获全国综治最高荣誉奖项

"长安杯"称号。再次蝉联全国文明城市称号,实现"四连冠"。①

排名第二位的苏州,2017年社会事业全面进步,民生福祉持续增进,实现全国文明城市"四连冠"。社会治理网格化全覆盖,社会信用体系建设步伐加快,综合信用指数继续位居全国地级市首位。立体化信息化社会治安防控体系逐步完善,治安形势持续向好,民生质量继续提高。城镇职工社会保险、城乡居民养老保险和医疗保险保持全覆盖。国家"公交都市"创建工作积极开展,食用农产品批发市场销售质量安全监管体系基本建立,物价水平保持稳定。②

杭州市以66.40分排名第三。2017年,杭州市年度10件民生实事项目全部完成。推进市域优质教育资源共建共享,文化建设和文艺创作蓬勃发展。强化安全生产责任体系建设。持续打击"盗抢骗"、"黄赌毒邪"和环境、食品药品等领域违法犯罪行为。积极防范化解企业"两链"风险等金融风险。持续推进城乡社区治理和服务创新,获得"法治政府建设典范城市"称号。国防动员和后备力量建设、双拥优抚、外事、港澳台侨事务、民族宗教、地方志、气象、残疾人、慈善、红十字、老龄、妇女儿童、关心下一代等工作,都取得新的进展。③

---

① 《东莞市2017年国民经济和社会发展计划执行情况与2018年计划草案的报告全文发布》,2018年1月30日,东莞时间网(http://news.timedg.com/2018-01/30/20642971.shtml)。

② 《2018年苏州市人民政府工作报告(全文)》,2018年1月18日,知县网(http://www.ahmhxc.com/gongzuobaogao/9015_2.html)。

③ 《2018年杭州市政府工作报告》,2018年3月5日,杭州市人民政府网(http://www.hangzhou.gov.cn/art/2018/2/10/art_1256298_15708299.html)。

中国特大城市社会建设总指数排在后三名的是：哈尔滨54.09分、西安54.07分、汕头45.13分。2017年，哈尔滨发展历程中困难多、任务重，经济下行压力加大，经济社会发展局面复杂。2017年哈尔滨市以深化全国文明城市创建为牵动，持续加大规划建设管理力度，突出城市规划引领。城市开发建设更加规范有序。完善城市交通体系。加强基础设施建设。提高城市管理水平。重点落实长效管理机制，持续加大环境卫生、交通"三乱"等专项整治力度，改善城市生态环境。①

2017年西安市民生保障持续增强。社会保障不断加强。高标准建成区就业和社会保障服务中心，服务能力全面提升，贫困群众生产生活、精神面貌得到了极大改善。社会事业协调推进。文体事业健康发展。社会大局和谐稳定，加强城市安全监管。社会治安防控得到全方位的加强。②

2017年，汕头市民生福祉显著改善，教育事业均衡发展。扎实推进现代公共文化服务体系建设。全民健身活动广泛开展，全面落实基本殡葬公共服务普惠政策。加大社保扩面征缴工作力度。农村留守儿童关爱服务体系基本建立。交通服务进一步优化，平安汕头建设扎实推进。安全生产责任制全面落实，完成2017年确定的10件民生实事年度任务。③

总体来说，特大城市在社会建设指数方面体现出明显的差

---

① 《2018年哈尔滨市政府工作报告要点解读》，2018年12月21日，高考升学网（http：//www.creditsailing.com/GongZuoBaoGao/484308.html）。

② 《2018年西安市政府工作报告》，2018年1月29日，西安市新城区人民政府网（http：//www.xincheng.gov.cn/xxgk/open/news/show - 86526.html）。

③ 《2018年汕头市政府工作报告》，2018年1月20日，汕头市人民政府网（http：//www.shantou.gov.cn/00000/0500/201801/bc133f5e560e4673beab4e4d6effb9e2.shtml）。

异性，排名靠后的几个特大城市与靠前的城市相比，经济发展质量和效益还不高，结构调整步伐还不够快，财政和城乡居民收入及社会保障标准在同类城市中仍处于较低水平，社会事业存在不少短板。医疗、教育、公共交通、文化体育等公共服务规模不足、水平不高，城乡区域资源配置不均衡，经济社会发展不平衡不充分问题亟待解决，满足人民日益增长的美好生活需要任重道远。

三 中国特大城市社会保障指数的比较

中国特大城市社会保障指数，主要通过城镇居民人均可支配收入、农村居民人均纯收入、基本养老保险参保人数年均增长率、基本医疗保险参保人数年均增长率、失业保险参保人数年均增长率、城镇单位就业人员平均工资、公共财政预算支出中社会保障和就业支出7个指标来计算。2017年，中国特大城市社会保障指数平均值为64.07分。在抽取的10个特大城市中，东莞、苏州、杭州和佛山4个城市这一指标在平均值以上。而南京、成都、沈阳、西安、哈尔滨和汕头6个城市低于平均值。

（一）中国特大城市社会保障指数排位前后三名的比较

中国特大城市社会保障指数排在前三名的是：东莞85.98分、苏州76.18分、杭州70.43分；排在后三名的是：西安53.79分、哈尔滨52.06分、汕头44.84分（见图4—2）。

第四章 中国特大城市社会建设指数

```
前三名
东莞     ████████████████  85.98
苏州     ██████████████    76.18
杭州     █████████████     70.43
后三名
西安     █████████         53.79
哈尔滨    █████████         52.06
汕头     ████████          44.84
       0    20    40    60    80   100
```

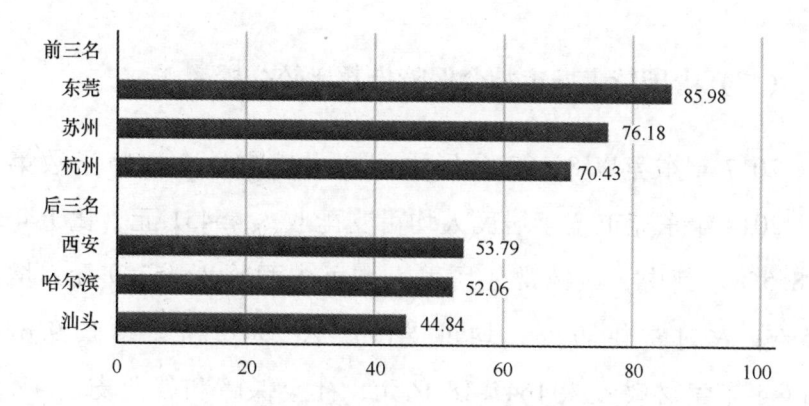

图4—2 中国特大城市社会保障指数前后三名的比较（单位：分）

2017年中国特大城市社会保障指数排名与分值见表4—2。

表4—2　2017年中国特大城市社会保障指数排名

排名	城市	社会保障指数得分	社会保障指数百分制得分
1	东莞	10.60915838	85.98
2	苏州	8.329286708	76.18
3	杭州	7.117985937	70.43
4	佛山	6.429806624	66.94
5	南京	5.798266323	63.56
6	成都	5.147803893	59.89
7	沈阳	4.552561982	56.32
8	西安	4.152951305	53.79
9	哈尔滨	3.889170822	52.06
10	汕头	2.885801575	44.84
	平均值	5.891279355	64.07
	百分标准值	14.35089822	100

（二）中国特大城市社会保障指数比较分析

2017年东莞以85.98分居中国特大城市社会保障指数第一名。2017年东莞市全年居民人均可支配收入45451元,比上年增长8.5%。其中,城镇常住居民人均可支配收入46739元,增长8.5%;农村常住居民人均可支配收入29078元,增长9.6%。2017年东莞财政收入1647.18亿元,社会保障和就业支出45.57亿元。全市参加各类社会保险总人次为2561.28万人次,其中基本医疗保险566.09万人次,失业保险404.01万人次,工伤保险430.55万人次。[①]

2017年中国特大城市社会保障指数排名第二的是苏州,总计76.18分。2017年苏州市实现地区生产总值1.73万亿元,按可比价计算比上年增长7.1%。民生领域财政支出占一般公共预算支出的比重达76.2%。全市常住居民人均可支配收入50603元,比上年增长8.6%。其中城镇常住居民人均可支配收入58806元,比上年增长8.2%;农村常住居民人均可支配收入29977元,比上年增长8.3%。企业职工养老保险缴费人数505.98万人,比上年增加27.52万人;企业养老保险享受人数154.42万人。城乡居民社会养老保险参保人数44.88万人,领取基础养老金人数41.97万人。城镇职工基本医疗保险参保人数688.31万人,失业保险参保人数464.58万人,工伤保险参保人数469.13万人,生育保险参保人数486.21万人,分别比上年增加53.22万人、17.94万人、

[①]《东莞市2017年国民经济和社会发展统计公报》,2018年4月18日,中国统计信息网(http://www.tjcn.org/tjgb/19gd/35455.html)。

29.82万人和35.45万人。①

杭州以70.43分排名第三。2017年杭州全年财政总收入2921.30亿元，其中民生类支出1213.09亿元，增长11.9%，民生类支出占比78.7%，比上年提高1.5个百分点。全年居民人均可支配收入49832元，增长8.1%，扣除价格因素实际增长5.5%。其中城镇居民人均可支配收入56276元，增长7.8%，扣除价格因素实际增长5.2%；农村居民人均可支配收入30397元，增长8.9%，扣除价格因素实际增长6.2%。职工基本养老保险参保人数和职工基本医疗保险参保人数分别为628.32万人和580.50万人，比上年末增加52.34万人和51.18万人；年末失业和生育保险参保人数分别为416万人和390.73万人，增加42万人和41.4万人。②

中国特大城市社会保障指数排在后三名的是：西安53.79分、哈尔滨52.06分、汕头44.84分。

2017年西安市全年财政总收入1364.71亿元，比上年增长12.6%。全年全市居民人均可支配收入32597元，比上年增长8.5%。其中，城镇常住居民人均可支配收入38536元，比上年增长8.2%；农村常住居民人均可支配收入16522元，比上年增长8.8%。年末全市城镇基本医疗保险参保人数467.33万人；城镇企业职工养老保险参保人数360.45万人；失业保险参保人数154.96万人；工伤保险参保人数172.04万

---

① 《苏州市2017年国民经济和社会发展统计公报》，2018年5月3日，中国统计信息网（http://www.tjcn.org/tjgb/10js/35558.html）。

② 《杭州市2017年国民经济和社会发展统计公报》，2018年3月28日，中国统计信息网（www.tjcn.org/tjgb/11zg/35353_2.html）。

人；职工生育保险参保人数151.16万人。年末农村新型合作医疗参保人数393.65万人，实际参合率99.72%。年末城镇登记失业率为3.32%。①

2017年哈尔滨市城镇居民家庭年人均可支配收入35546.0元，比上年增长7.1%；人均生活消费支出25678.8元，增长5.5%。农村居民家庭年人均可支配收入15614.2元，增长8.1%。年末全市城镇企业基本养老保险在职参保人数为137万人，比上年增长3%。享受养老保险离退休人员91万人，增长4.6%。城乡居民基本养老保险参保217.0万人，其中享受养老保险待遇89.5万人。参加失业保险97.4万人，增长0.4%。参加城镇基本医疗保险的人数375万人，新增3万人。②

汕头市2017年全市全体居民人均可支配收入22521元，比上年增长8.7%。其中：城镇常住居民人均可支配收入27175元，增长8.2%；农村常住居民人均可支配收入14905元，增长9.1%。全市参加社会保险人数524.98万人，比上年下降1.5%。参加基本养老保险人数（含企业职工养老、机关事业职工养老和城乡居民养老保险参保人数）320.94万人，下降5.4%。参加失业保险人数79.99万人，增长10.6%。参加医疗保险人数502.27万人，增长0.2%。参加工伤保险人数78.25万人，增长11.8%。参加生育保险人数50.15万人，增长0.5%。全年城镇新增就业人员6.18万人，增长12.8%。

---

① 《西安市2017年国民经济和社会发展统计公报》，2018年4月13日，中国统计信息网（www.tjcn.org/tjgb/27sx/35493.html）。

② 《哈尔滨市2017年国民经济和社会发展统计公报》，2018年4月26日，哈尔滨统计局网站（http://www.stats-hlheb.gov.cn/xw! detaPage.action? tid=47024）。

全市城镇登记失业人数 1.84 万人，城镇登记失业率为 2.41%。[①]

综上比较可以看出，特大城市在社会保障方面存在明显差异，随着经济社会的发展进步，广大人民群众要求更高水平的社会保障服务的需求与服务产品、服务供给不足以及服务特色、服务精细不够的矛盾越来越突出，也对新时代各特大城市社会保障提出了新的要求和任务。

四 中国特大城市社会服务指数的比较

中国特大城市社会服务指数，主要通过城市社区服务设施覆盖率、城市社区服务中心（站）覆盖率、每千人口医院和卫生院床位、每千人口医生数（执业医师+执业助理医师）、城市公共管理与公共服务设施用地面积 5 个指标来计算。中国特大城市社会服务指数平均值为 61.98 分。在抽取的 10 个特大城市中，东莞、苏州、成都和杭州 4 个城市社会服务指数高于平均值，而南京、佛山、沈阳、西安、哈尔滨和汕头 6 个城市低于平均值。

（一）中国特大城市社会服务指数排位前后三名的比较

2017 中国特大城市社会服务指数排在前三名的是：东莞 89.26 分、苏州 72.15 分、成都 67.92 分；排在后三名的是：西安

[①]《汕头市 2017 年国民经济和社会发展统计公报》，2018 年 3 月 23 日，汕头统计信息网（http://sttj.shantou.gov.cn/tjgb/201803/t20180323_382717.html）。

50.12 分、佛山 49.78 分、汕头 35.84 分（见图 4—3）。

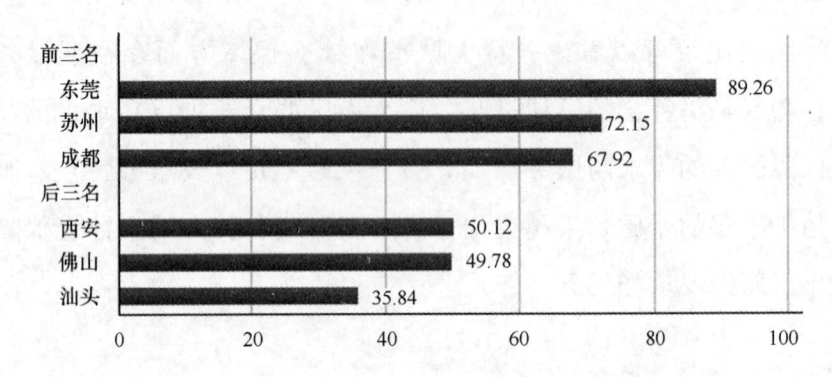

图 4—3 中国特大城市社会服务指数前后三名的比较（单位：分）

2017 年中国特大城市社会服务指数排名与分值见表 4—3。

表 4—3 2017 年中国特大城市社会服务指数排名与分值

排名	城市	社会服务指数得分	社会服务指数百分制得分
1	东莞	9.288869570	89.26
2	苏州	6.070099235	72.15
3	成都	5.378988247	67.92
4	杭州	5.274510718	67.26
5	哈尔滨	4.017325107	58.70
6	南京	3.920045125	57.98
7	沈阳	3.529346873	55.02
8	西安	2.928867493	50.12
9	佛山	2.889201508	49.78
10	汕头	1.497944087	35.84
	平均值	4.479519796	61.98
	百分标准值	11.65908942	100

(二) 中国特大城市社会服务指数比较分析

2017年中国特大城市社会服务指数排名第一的是东莞89.26分。2017年东莞市城市社区养老服务设施覆盖率达到100%，年末东莞市有医疗机构2407个，卫生技术人员5万人，全市医院总编制床位34282张，每千常住人口拥有编制床位数4.1张。①

苏州市以72.15分列2017年中国特大城市社会服务指数排名第二位。2017年苏州城乡社区卫生服务普及率、人口覆盖率保持100%，年末卫生机构床位数6.66万张，医生3.03万人、注册护士3.45万人，分别比上年增长9.4%、12.6%。②

2017年，成都市在社会服务指数方面进步显著，以67.92分排名第三位。成都2017年末有卫生机构10183个。各类卫生机构床位数13.5万张。卫生技术人员15.8万人，其中执业（助理）医师5.8万人。③

2017年中国特大城市社会服务指数排在后三名的是：西安50.12分、佛山49.78分、汕头35.84分。

西安全市2017年末共有各类卫生机构5879个。各类卫生技

---

① 《东莞市2017年国民经济和社会发展统计公报》，2018年4月12日，东莞市政府网（www.dg.gov.cn/007330010/0600/201804/c13535ad13ee42d5bb634a37e3cf358d.shtml）。

② 《苏州市2017年国民经济和社会发展统计公报》，2018年5月3日，中国统计信息网（http://www.tjcn.org/tjgb/10js/35558.html）。

③ 《成都市2017年国民经济和社会发展统计公报》，2018年7月23日，中国统计信息网（http://www.tjcn.org/tjgb/23sc/35652.html）。

术人员 9.11 万人，其中，执业（含助理）医师 3.03 万人。各类卫生机构床位 6.22 万张。①

佛山 2017 年末共有卫生机构 1715 个，其中医院 110 个，妇幼保健院 4 个，卫生院 9 个。卫生机构实有病床 35273 张，每千常住人口实有病床数 4.61 张。各类卫生技术人员 51314 人，其中执业医师和执业助理医师 18134 人。每千常住人口拥有执业（助理）医师 2.37 人。②

汕头全市共有卫生机构（含个体）1435 个，比上年增加 58 个；实有病床位 18075 张，比上年增加 932 张；卫生工作人员 28263 人，执业医师和执业助理医师 9741 人，增加 400 人；注册护士 9454 人，增加 822 人。③

综合来看，在社会服务方面，特大城市间尽管都取得不同程度的发展进步，但存在发展不平衡、差异明显等问题，具体表现为公共服务建设投入不平衡，部分城市公共设施不完善，供给不足，公共服务供给不充分等。需要进一步解放思想，转变观念，加大投入，促进发展。

五 中国特大城市社会治理指数的比较

中国特大城市社会治理指数，主要通过公共管理、社

---

① 《西安市 2017 年国民经济和社会发展统计公报》，2018 年 4 月 23 日，中国统计信息网（http://www.tjcn.org/tjgb/27sx/35493.html）。
② 《佛山市 2017 年国民经济和社会发展统计公报》，2018 年 4 月 17 日，中国统计信息网（http://www.tjcn.org/tjgb/19gd/35445.html）。
③ 《汕头市 2017 年国民经济和社会发展统计公报》，2018 年 3 月 23 日，中国统计信息网（http://www.tjcn.org/tjgb/19gd/35444_5.html）。

会保障和社会组织法人单位，公共管理和社会组织从业人员，第三产业年末从业人员，每万人在校大学生数，互联网宽带接入用户数5个指标来计算。中国特大城市社会治理指数平均值为64.65分。本章抽取的10个特大城市中，南京、西安、东莞、成都、杭州和哈尔滨6个城市这一指数在平均值以上，沈阳、苏州、佛山和汕头4个城市低于平均值。

（一）中国特大城市社会治理指数排位前后三名的比较

中国特大城市社会治理指数排在前三名的是：南京85.58分、西安79.39分、东莞71.86分；排在后三名的是：苏州55.38分、佛山46.15分、汕头19.17分（见图4—4）。

排名	城市	分值
前三名	南京	85.58
	西安	79.39
	东莞	71.86
后三名	苏州	55.38
	佛山	46.15
	汕头	19.17

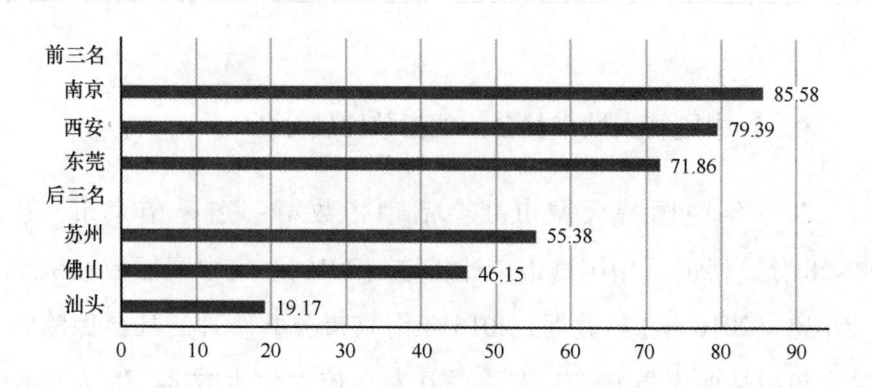

图4—4 中国特大城市社会治理指数前后三名的比较（单位：分）

2017年中国特大城市社会治理指数排名与分值见表4—4。

表4—4　　2017年中国特大城市社会治理指数排名

排名	城市	社会治理指数得分	社会治理指数百分制得分
1	南京	4.789721699	85.58
2	西安	4.121690469	79.39
3	东莞	3.377286697	71.86
4	杭州	3.064661542	68.46
5	成都	2.990738218	67.63
6	哈尔滨	2.962491088	67.31
7	沈阳	2.391153914	60.47
8	苏州	2.005293054	55.38
9	佛山	1.392781746	46.15
10	汕头	0.240237676	19.17
	平均值	2.733605610	64.65
	百分标准值	6.539370350	100

（二）中国特大城市社会治理指数比较分析

2017年中国特大城市社会治理指数第一名是南京市，达85.58分。根据《中国城市统计年鉴（2016）》《中国区域经济统计年鉴（2016年）》数据，2016年南京市公共管理、社会保障和社会组织从业人员96271人，每万人在校大学生数82.78人，互联网宽带接入用户339.18万户。2016年末，南京市从业人员496.8万人，其中第三产业从业人员299.5万人，占比60.3%。

西安以79.39分名列2017年中国特大城市社会治理指数第二名。根据《中国城市统计年鉴（2016）》《中国区域经济统计年鉴（2016年）》数据，2016年西安市公共管理、社会保障和社会组织单位9037个，从业人员12.81万人，每万人在校大学生数83.10人，互联网宽带接入用户335.83万户。2016年末，西安市第三产业从业人员306.18万人。

2017年中国特大城市社会治理指数第三名的是东莞，分数为71.86分。根据《中国城市统计年鉴（2016）》《中国区域经济统计年鉴（2016年）》数据，2016年东莞市公共管理、社会保障和社会组织单位2533个，在校大学生数11.26万人，互联网宽带接入用户185.27万户。2016年末，东莞市第三产业从业人员241085人。

2017年中国特大城市社会治理指数排在后三名的是：苏州55.38分、佛山46.15分、汕头19.17分。

根据《中国城市统计年鉴（2016）》《中国区域经济统计年鉴（2016年）》数据，2016年苏州市在校大学生数21.9347万人，互联网宽带接入用户47.35246万户。2016年末，苏州市第三产业从业人员255.70万人，占比达37%。

2016年佛山市在校大学生数49994人，互联网宽带接入用户235万户，比2015年减少3.4%。2016年末，佛山市第三产业从业人员452189人。

2016年汕头市公共管理、社会保障和社会组织单位3878个，比2015年的3865个略有增加。在校大学生数1.02万人，互联网宽带接入用户47.35246万户。2016年末，汕头市第三产业从业人员67.28万人。

综上所述，由于有的城市这一方面的数据缺失较多，2017中国特大城市社会治理指数排名差异较大，第一名与最后一名差距达60多分。需要进一步加强工作，协调发展。

六 中国特大城市社会环境指数的比较

中国特大城市社会环境指数,主要通过建成区绿化覆盖率、生活垃圾无害化处理率、人均城市道路面积、人均城市公园绿地面积、人均城市生活垃圾处理量5个指标来计算。中国特大城市社会环境指数平均值为76.29分。

(一)中国特大城市社会环境指数排位前后三名的比较

2017年中国特大城市社会环境指数平均值为76.29分,在10个特大城市中,社会环境指数在平均值以上的城市有3个,即排在中国特大城市社会环境指数排名前三名的城市:东莞88.72分、苏州77.38分、南京77.13分;有7个城市这一指数平均值低于平均值,它们是沈阳、佛山、杭州、汕头、成都、西安和哈尔滨。其中排在后三名的是:成都73.46分、西安73.43分、哈尔滨71.08分(见图4—5)。

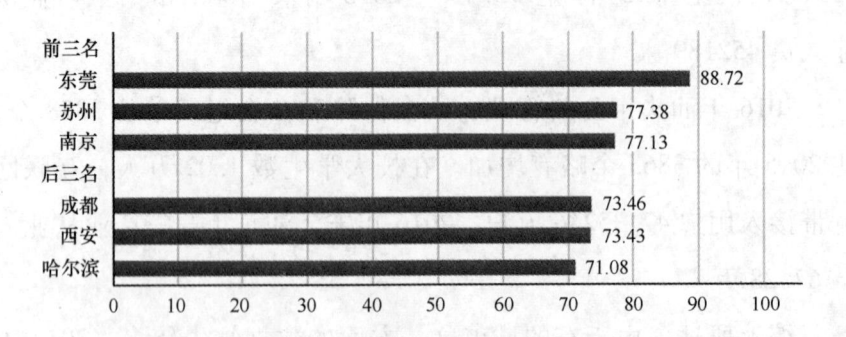

图4—5 中国特大城市社会环境指数前后三名的比较

(单位:分)

2017年中国特大城市社会环境指数排名与分值见表4—5。

表4—5　2017年中国特大城市社会环境指数排名与分值

排名	城市	社会环境指数得分	社会环境指数百分制得分
1	东莞	15.36651899	88.72
2	苏州	11.68943566	77.38
3	南京	11.61376058	77.13
4	沈阳	11.33175901	76.19
5	佛山	11.11641305	75.46
6	杭州	10.89344943	74.70
7	汕头	10.68368236	73.97
8	成都	10.53494785	73.46
9	西安	10.52632221	73.43
10	哈尔滨	9.864080912	71.08
	平均值	11.36203700	76.29
	百分标准值	19.52334721	100

（二）中国特大城市社会环境指数比较分析

东莞市以88.72分名列2017年中国特大城市社会环境指数排名第一。根据《东莞市统计年鉴（2017）》数据，2016年末东莞建成区绿化覆盖率43.68%，人均城市公园绿地面积22.87平方米；全市生活垃圾每日产生量约1.2万吨，城乡生活垃圾无害化处理率达100%，人均处理量0.53吨。

苏州市以77.38分名列2017年中国特大城市社会环境指数排名第二。根据《苏州市统计年鉴（2017）》数据，2016年末苏州市建成区绿化覆盖率41.99%，生活垃圾无害化处理427.41万吨，人均城市道路面积34.21平方米，人均城市公园绿地面积15.01平方米，人均城市社会垃圾处理量0.40吨。

南京市以77.13分名列2017年中国特大城市社会环境指数排名第三。根据《南京市统计年鉴（2016）》数据，2016年末南京建成区绿化面积34624.90平方米；全年生活垃圾清运量212.73万吨，人均城市道路面积23.26平方米，人均城市公园绿地面积14.50平方米，人均城市社会垃圾处理量0.32吨。

排在中国特大城市社会环境指数排名后三名的城市是成都73.46分、西安73.43分、哈尔滨71.08分。

根据《成都市统计年鉴（2017）》数据，2016年成都建成区面积837平方公里，绿化面积31084公顷，建成区绿化覆盖为41.39%；全年生活垃圾清运量350.97万吨；人均拥有道路面积13.89平方米；人均城市公园绿地面积14.23平方米；人均城市社会垃圾处理量0.45吨。

根据《西安市统计年鉴（2017）》数据，西安市2016年末建成区面积565.75平方公里，市区人均公园绿地面积11.87平方米，建成区绿化覆盖率43.15%；年末城市污水处理厂日处理能力261.1万吨；人均城市公园绿地面积11.87平方米；人均城市社会垃圾处理量0.296吨。

根据《哈尔滨市统计年鉴（2017）》数据，哈尔滨市2016年年末建成区绿化覆盖率33.6%；全年生活垃圾清运量179万吨，生活垃圾无害化处理率达到87%，城市污水集中处理率达到94.2%；人均拥有道路面积5.63平方米，人均城市公园绿地面积9.2平方米，人均城市社会垃圾处理量0.19吨。

综上所述，2017年中国特大城市社会环境指数由于各大城市在社会环境治理方面重视程度、经济投入、治理水平等多方面的影响，呈现出较为明显的差异性。总体来说，华东华南城市在这一数据方面表现整体好于中西部地区城市。

第五章 中国与 G20 其他国家社会建设若干指标的比较

中国社会建设是具有中国特色的社会发展事业。党的十八大以来，中国政府将财力集中用于补足民生短板，在教育、卫生、科技、文化等人民群众普遍关注的公共服务核心领域支出不断增加，民生福祉得到了巨大改善，为经济高质量发展打下坚实基础，确保了发展成果全民共享。

中国特色社会主义进入新时代之后，社会矛盾发生了新变化，战略目标有了新安排，中国社会建设事业也面临着新任务新要求。以习近平总书记为核心的党中央秉持以人民为中心的发展思想，把改善人民生活、增进人民福祉作为一切工作的出发点和落脚点，领导中国人民取得了巨大经济社会发展成就，在世界舞台上也是引人注目的。中国的社会建设与国际比较究竟取得哪些成绩，到底处于什么样的水平？本书坚持拿数据来说话，用评价指标体系衡量。鉴于中国的社会建设与国外基本无相同的评价指标体系，为了能放在国际坐标的背景下评价中国社会建设的绩效，所以按照评价指标的数据客观性、可采集、可比较、可跟踪分析研究的原则，笔者从《2016 年国际统计年鉴》、各国议会联盟（IPU）、《2016 年人类发展报告》（UNDP）、*Global Study on Homicide 2017*（UNODC）中搜集 18 个指标，对中国与 G20 其他国家的社会建设做比较分析。

一 人均 GDP

人均 GDP 作为衡量经济发展状况的指标是最重要的宏观经济指标之一，它是人们了解和把握一个国家或地区的宏观经济运行状况的有效工具。近年来，世界经济的发展处于艰难的复苏进程中，面临更多的风险和挑战，全球经济增速持续放缓。

从人均 GDP（美元）数据看（见图 5—1），G 20 各国 2016 年的人均 GDP 超过 50000 美元的国家有 2 个，分别是澳大利亚（56328 美元）、美国（55837 美元）；在 40000—50000 美元的国家有 3 个，分别是英国（43734 美元）、加拿大（43249 美元）和德国（41219 美元）。在 30000—40000 美元的国家有 2 个，分别是法国（36248 美元）和日本（32477 美元）。有 3 个国家人均 GDP 在 20000—30000 美元，它们是意大利（29847 美元）、韩国（27222 美元）和沙特阿拉伯（20482 美元）。这 10 个国家在 G 20 国家中，人均 GDP 处于中高层次。

剩下的 9 国，人均 GDP 都在 10000 美元以下，其中 9000—10000 美元的国家有土耳其、俄罗斯和墨西哥 3 国。8000—9000 美元的为巴西 1 个国家。7000—8000 美元的国家 1 个：中国。5000—6000 美元的国家 1 个：南非。3000—4000 美元的国家为印度尼西亚。1000—2000 美元的国家为印度，只有 1582 美元。阿根廷无这方面数据。

G 20 各国 2016 年的人均 GDP 居于前三名的国家是澳大利亚、美国和英国。居于后三名位置的国家分别是南非、印度尼西亚和印度。最后一名的印度人均 GDP 仅相当于排名第一的澳大利亚的约 1/35，差距悬殊。

国家	人均GDP
澳大利亚	56328
美国	55837
英国	43734
加拿大	43249
德国	41219
法国	36248
日本	32477
意大利	29847
韩国	27222
沙特阿拉伯	20482
土耳其	9130
俄罗斯	9057
墨西哥	9009
巴西	8539
中国	7925
南非	5692
印度尼西亚	3347
印度	1582
阿根廷	0

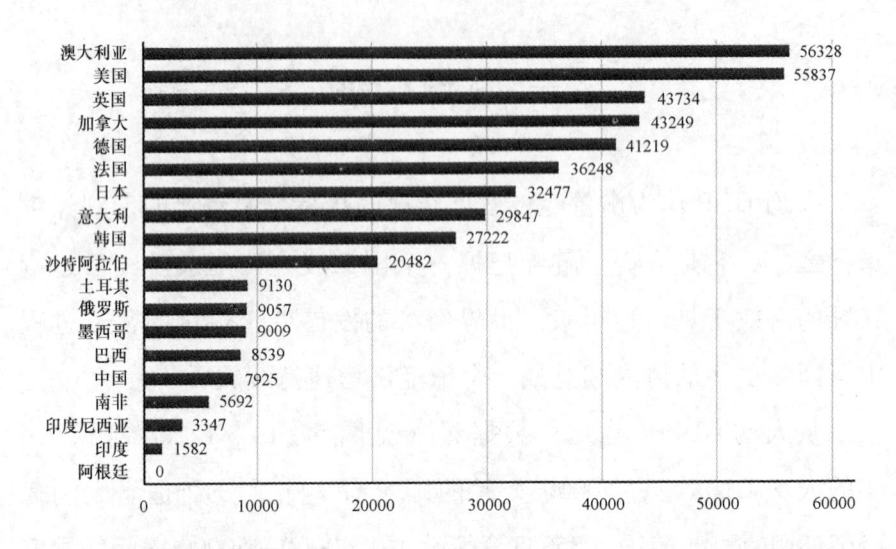

图 5—1　2016 年 G 20 人均 GDP 的比较（单位：美元）

注：因欧盟并非独立国家，本书中所述 G 20，均特指其他 19 个国家。后不再赘述。

中国近年来经济增速稳定，实力快速提高，经济总量位居世界第二。特别是党的十八大以来，在世界经济持续低迷的背景下，尽管面临下行压力，中国经济仍保持中高速增长。过去五年年均经济增速超过 7%，对世界经济增长平均贡献率超过 30%，成为世界经济增长的主要动力源和稳定器。2013—2016 年国内生产总值年均增长 7.2%，高于同期世界 2.6% 和发展中经济体 4% 的平均增长水平，平均每年增量 44413 亿元（按 2015 年不变价计算）。经济的健康快速增长使得人均 GDP 连年增长，居民生活水平不断提高，2016 年中国人均 GDP 为 7925 美元，年均实际增长 7.4%；① 位

---

① 统计局：《2013—2016 年国内生产总值年均增长 7.2%》，2017 年 10 月 10 日，中证网（http：//www.cs.com.cn/sylm/jsbd/201710/t20171010_5505874.html？from＝singlemessage&isappinstalled＝0）。

列G20各国的第15位。但不可否认的是，受人口基数大的影响，尽管中国GDP总量排名靠前，然而就人均GDP而言，中国和发达国家相比差距还很大，与发达国家相比依然有不小的差距，例如与第一名澳大利亚相比，相当于澳大利亚的约1/7，依然处于G20各国中下水平。

为了使中国与G20其他国家社会建设指标的数据具有可比性，本章选用《2016年国际统计年鉴》中的指标数据做比较。个别指标还是2013年和2014年的数据。

二 GDP增速

2016年全球经济增速持续放缓，经济增长率相比2015年有所下降。近年来，世界经济处于深度调整期，全球经济增速与贸易增速继续下行，长期性停滞格局继续维持。2016年全球经济增速约为3.1%，低于2015年的3.2%。与2015年相比，在2016年，美国、欧元区、英国、日本、中国、印度等经济体增速都有所下滑，欧、美、日等主要经济体对世界经济增长的带动作用明显减弱。印度等国虽然增速较快，但由于经济规模不大，还不能成为带动世界经济增长的主力，而巴西、俄罗斯等国尚未走出衰退的阴影。

从2016年G20的数据看（见图5—2），G20各国的GDP增速差别较大。经济增速超过5%，中高速增长的国家有印度和中国两个国家。在4%—5%的国家有两个：印度尼西亚和土耳其。3%—4%的国家是沙特阿拉伯。2%—3%的国家有5个：韩国、墨西哥、美国、英国和澳大利亚。在1%—2%增长区间的国家有

4个：德国、南非、法国和加拿大。日本和意大利的增速在0—1%；阿根廷增长处于停滞，增速为0。而负增长的国家有两个：俄罗斯和巴西。

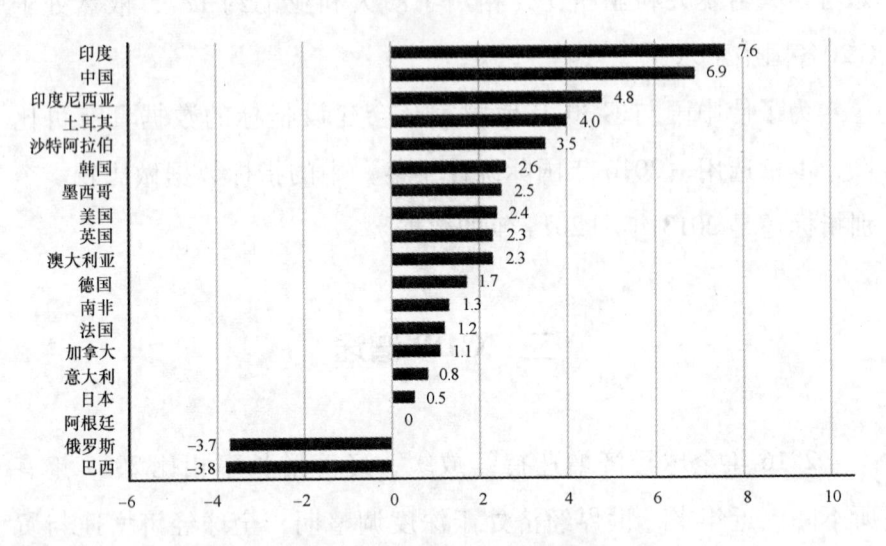

国家	增速
印度	7.6
中国	6.9
印度尼西亚	4.8
土耳其	4.0
沙特阿拉伯	3.5
韩国	2.6
墨西哥	2.5
美国	2.4
英国	2.3
澳大利亚	2.3
德国	1.7
南非	1.3
法国	1.2
加拿大	1.1
意大利	0.8
日本	0.5
阿根廷	0
俄罗斯	-3.7
巴西	-3.8

图5—2　2016年G20 GDP增速的比较（单位:%）

从2016年G20各国增速可以看出，各国经济增速差异较大，第一名国家印度和最后一名国家巴西增速差距达到11.4个百分点。但总体来说，新兴经济体国家群体发展较快，增速普遍高于世界平均水平。而发达国家经济增速缓慢、回落明显。这表明，全球经济增长率下降主要是由发达经济体经济增速明显回落造成的。

2016年G20国家GDP增速排在前三位的是印度（7.6%）、中国（6.9%）、印度尼西亚（4.8%），排在后三位的是阿根廷（0）、俄罗斯（-3.7%）、巴西（-3.8%）；排在第一位的印度比排在最后一位的意大利高出11.4%。

近年来，中国经济发展进入新常态，增速虽然有所放缓，但仍保持了中高速增长,速度继续位居世界主要经济体最前列。目前,中国对世界经济增长的年均贡献率超过30%,超过美国、欧元区和日本贡献率的总和,居世界第一位,成为世界经济增长的第一引擎。2013—2016年,中国GDP年均增长7.2%,高于同期世界2.6%和发展中经济体4%的平均增长水平。2016年,在世界各国GDP增速放缓的情况下,中国经济表现依然醒目,经济增速达到6.9%,占世界经济总量的14.8%,比2012年提高3.4个百分点,稳居世界第二位。经济的快速稳定增长表明中国经济供给侧改革初见成效。

三 出生时预期寿命

此数据来自《2016年国际统计年鉴》,内容为2014年统计数据。

人均预期寿命即人口平均预期寿命,简称"平均寿命",指0岁年龄组人口的预期平均生存年数,是国际上用来评价一国人口的生存质量和健康水平的重要参考指标,是一种公认的预期寿命计算方法,联合国和很多国家的政府部门将这一指标作为未来发展规划的重要标准。平均寿命数据是国际通用的评价居民健康水平的指标,反映了一国国民是否长寿的情况和一个社会生活质量的高低。

近年来,随着世界各国经济社会的发展,医疗卫生服务水平的提高,全球人口健康状况发展良好,人口出生时预期寿命从1995年的66.4岁上升至2013年的70.9岁。世卫组织数据显示,2014年全球婴儿出生时预期寿命为72.0岁(女性为74.2岁,男性为69.8岁)。

从 2014 年 G20 的数据看（见图 5—3），2016 年婴儿出生时的人均预期寿命（life expectancy at birth）绝大部分都有不同程度提升。在这指标体系中，人均预期寿命在 80—89 岁的国家有 8 个，分别为日本（83.6 岁）、意大利（82.7 岁）、法国（82.4 岁）、澳大利亚（82.3 岁）、韩国（82.2 岁）、加拿大（82.0 岁）、英国（81.1 岁）、德国（80.8 岁）。人均预期寿命在 70—79 岁的国家有 7 个，分别为美国（78.9 岁）、墨西哥（76.7 岁）、阿根廷（76.2 岁）、中国（75.8 岁）、土耳其（75.2 岁）、巴西（74.4 岁）、俄罗斯（70.4 岁）。人均预期寿命在 60—69 岁的国家有 2 个，它们是印度尼西亚（68.9 岁）、印度（68.0 岁）。人均预期寿命在 50—59 岁的国家有 1 个，即南非（57.2 岁）。沙特阿拉伯无此项数据，故不作分析。

2014 年婴儿出生时预期寿命排在前三位的是日本（83.6 岁）、意大利（82.7 岁）、法国（82.4 岁），排在后三位的是印度尼西亚（68.9 岁）、印度（68.0 岁）、南非（57.2 岁）；排在第一位的日本比排在最后一位的南非高出 26.4 岁。中国排在第 12 位，为 75.8 岁，处于中下水平。

"十二五"期间特别是党的十八大以来，中国卫生与健康事业取得巨大成就，人民群众健康水平显著提高。20 世纪 50 年代初期，中国人均期望寿命只有 35 岁。2016 年中国居民人均预期寿命达到 76.4 岁，男性和女性的均寿都在 70 岁以上，比 2010 年提高 1.57 岁。其中女性人均预期寿命达到 79.4 岁，孕产妇死亡率下降到 20.1/10 万，婴儿死亡率和 5 岁以下儿童死亡率分别下降到 8.1‰和 10.7‰，[1] 这些指标总体上处于中高收入国家水平，

---

[1] 《李克强在第六次全国妇女儿童工作会议上的讲话》，2016 年 11 月 21 日，人民网（http://cpc.people.com.cn/n1/2016/1121/c64094-28882469.html）。

中国用了发达国家一半的时间就取得这样的成绩，提前实现了"十二五"规划和联合国千年发展目标。居民健康水平总体处于中高收入国家平均水平，为确保全面建成小康社会打下了坚实的健康基础。中国用较少的投入获得了较高的健康绩效，创造了巨大的"健康红利"，赢得广泛的国际赞誉。但应该承认，目前中国人均平均预期寿命虽然高出世界平均水平5岁左右，说明中国社会经济条件、医疗卫生水平状况都有比较大的进步，但与发达国家相比，还有一定差距。

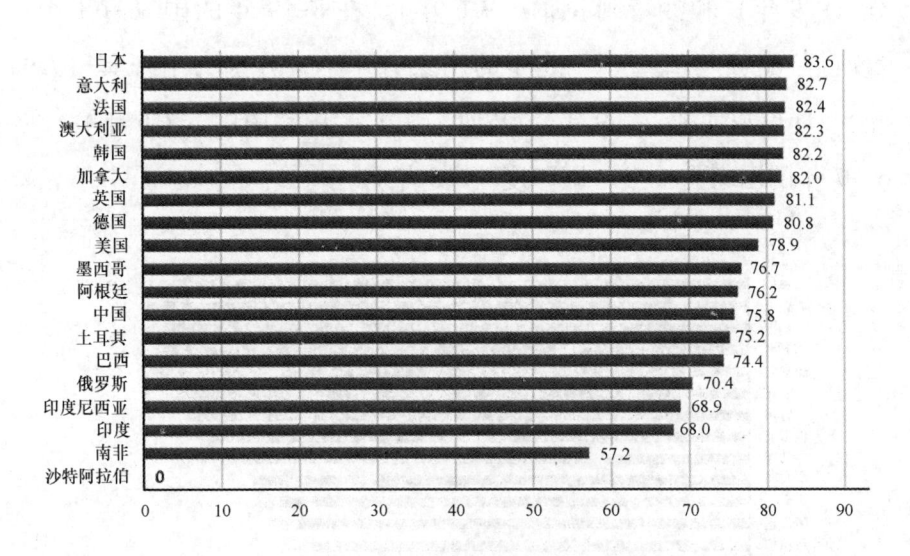

国家	预期寿命
日本	83.6
意大利	82.7
法国	82.4
澳大利亚	82.3
韩国	82.2
加拿大	82.0
英国	81.1
德国	80.8
美国	78.9
墨西哥	76.7
阿根廷	76.2
中国	75.8
土耳其	75.2
巴西	74.4
俄罗斯	70.4
印度尼西亚	68.9
印度	68.0
南非	57.2
沙特阿拉伯	0

图5—3 2014年G20出生时预期寿命的比较（单位：岁）

四 平均受教育年限

人口平均受教育年限是社会发展的重要标志之一，人均受教育年限是反映人口文化素质的综合指标。人口的受教育程度和水平是一个国家或地区人口素质的重要指标，也是反映教育发展状况的基本内容。近年来,世界各国在教育方面加大投入,根据数据,2016年世界平均受教育年限为12年,在G20各国中(见图5—4),平均受教育年限超过13年的国家有5个,分别是英国(13.3年)、美国(13.2年)、德国(13.2年)、澳大利亚(13.2年)和加拿大(13.1年)。在12—13年的国家有3个,分别是日本(12.5年)、韩国(12.2年)和俄罗斯(12.0年)。在11—12年的国家有1个,为法国(11.6年)。在10—11年的国家有2个,分别为意大利(10.9年)和南非(10.3年)。在9—10年的国家共有2个,分别是阿根廷(9.9年)和沙特阿拉伯(9.6年)。在8—9年的国家有1个:墨西哥(8.6年)。在7—8年的国家有4个,分别为土耳其(7.9年)、印度尼西亚(7.9年)、巴西(7.8年)和中国(7.6年)。在6—7年的国家有1个,即印度(6.3年)。

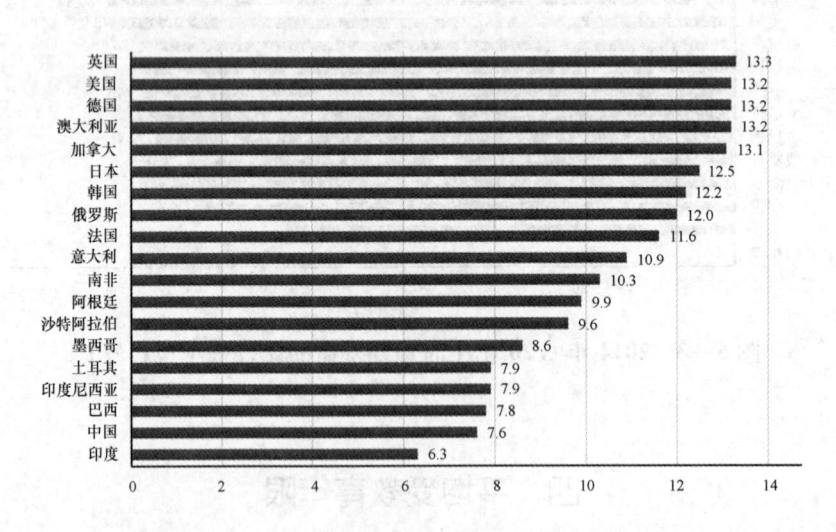

图5—4 2016年G20平均受教育年限的比较(单位:年)

从数据看,G20中的发达国家的平均受教育年限基本相近,普遍高于新兴经济体国家。其中,2016年G20国家平均受教育年限居前三名的国家为英国、德国和美国。后三名的国家为巴西、中国和印度。第一名英国和最后一名印度在这一数据上的差距达7年，表明差距悬殊。

2016年，中国平均受教育年限为7.6年，排在所有G20国家的第18位，比排在并列第一位的英国少5.7年，处于靠后的位置，表明中国民众受教育年限较发达国家甚至一些如南非等新兴经济体国家还有不小差距。

提高人口平均受教育年限是提升国家人力资源总量（根据联合国教科文组织的标准，一国的人力资源总量等于劳动力人口总量乘以人口平均受教育年限）的重要途径，能够为建设国际化创新型国家提供强大的人力资源支撑。随着中国教育现代化取得重要进展，劳动年龄人口受教育年限明显增加。"十三五"时期，中国加大了国民教育工作力度，推动义务教育均衡发展，普及高中阶段教育，提升高等教育大众化水平，大力发展继续教育。预计到2020年，九年义务教育巩固率、高中阶段教育毛入学率和高等教育毛入学率将分别提高到95%、90%和50%左右，带动"十三五"时期劳动年龄人口平均受教育年限的年均增幅略快于"十二五"时期。

五 CPI指数

CPI指数指居民消费价格指数，是一个反映居民家庭一般所购买的消费品和服务项目价格水平变动情况的宏观经济指标。近年来，世界各国的经济复苏和平稳增长，促使居民消费价格指数（CPI）缓慢地增长。

从2016年数据看（见图5—5），G20各国的CPI指数以2010年=100计量，各国这一数据均在100以上，表明各国国家居民消费价格都在不同程度地上涨。具体来说，增长指数在100—110温和增长的国家有日本、法国、德国、意大利、美国、加拿大和韩国共计7个国家。在110—120的国家有英国、澳大利亚和墨西哥3国。在130—140的国家有南非、印度尼西亚和巴西3个国家。在140—150的国家有中国、土耳其和印度3个国家。超过150的有俄罗斯1国。沙特阿拉伯和阿根廷无此项数据，故不作分析。

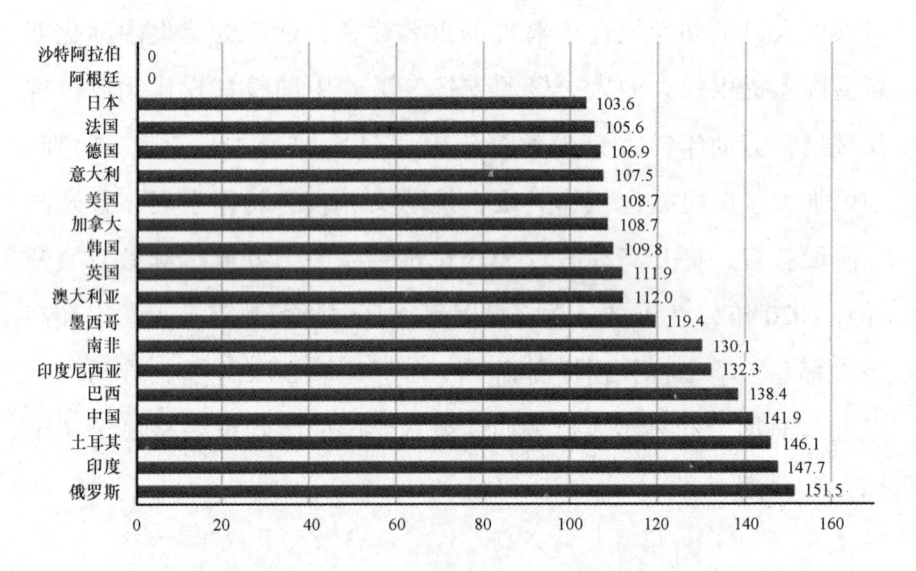

国家	数值
沙特阿拉伯	0
阿根廷	0
日本	103.6
法国	105.6
德国	106.9
意大利	107.5
美国	108.7
加拿大	108.7
韩国	109.8
英国	111.9
澳大利亚	112.0
墨西哥	119.4
南非	130.1
印度尼西亚	132.3
巴西	138.4
中国	141.9
土耳其	146.1
印度	147.7
俄罗斯	151.5

图5—5　2016年G20消费者价格CPI指数（2005年=100）的比较

从2016年G20的数据看，CPI指数（2010年=100）涨幅最低的三国是日本（103.6）、法国（105.6）、德国（106.9），涨幅最高的三国是土耳其（146.1）、印度（147.7）、俄罗斯（151.5）；排在第一位的日本比排在最后一位的俄罗斯低47.9，差异明显。

2016年中国CPI指数是141.9，在所有G20国家中排在第14位，在G20中涨幅处于较高水平，表明总体上居民消费价格温和上涨，物价水平保持平稳。

2016年中国CPI保持温和上涨态势，涨幅略高于2015年。2016年中国房地产价格保持上涨态势，涨幅超过2015年，以北、上、深为代表的一线城市和部分热点二线城市住房价格呈现大幅上涨态势，热点二线城市住房价格上涨趋势明显，部分三线、四线城市住房价格出现不同程度的上涨，带动了CPI的上涨。加之国内货币环境宽松，保增长、去产能的政策环境，以及食品、服务、居住等生活必需品价格的刚性上涨推动了CPI温和上涨。

六　失业率

此项指标的数据来源为《2016年国际统计年鉴》，统计的是2013年数据。

全球经济疲软对劳动力市场产生重大影响。据国际劳工组织统计，2013年，全球失业率为6%，失业人口为2.02亿，较2012年增加500万人。2013年发达经济体和欧盟地区失业率为8.7%，东亚为4.5%，东南亚和太平洋地区、南亚分别为4.5%和3.9%，拉美和加勒比海地区为6.7%。以上地区失业率都比2012年增长0.1个百分点，北非和撒哈拉以南的非洲地区失业率分别为10.3%和7.5%，与2012年的水平相当，中东地区失业率则达到全球最高的11.1%。

全球目前有3.97亿劳动者处于极度贫困状态，另有4.72亿劳动者无法满足自身基本生活需求。此外，2013年全球15—24

岁青年失业人数达到 7420 万人。①

从 2013 年 G20 的数据看（见图 5—6），失业率在 3%—4% 的国家有 2 国，分别是韩国（3.5%）和日本（3.6%）。在 4%—5% 的国家是中国（4.1%）和印度（4.9%）共 2 个国家，均为亚洲国家。在 5%—6% 的国家有 4 个：俄罗斯（5.2%）、墨西哥（5.3%）、沙特阿拉伯（5.7%）和印度尼西亚（5.9%）。失业率在 6%—7%（含）的国家有 5 个，分别是：澳大利亚（6.1%）、美国（6.2%）、巴西（6.8%）、加拿大（6.9%）和阿根廷（7.0%）。在 9%—10% 的国家为土耳其（9.9%）。南非 24.9% 的失业率为最高。英国、意大利、德国和法国无此项数据，故不作分析。

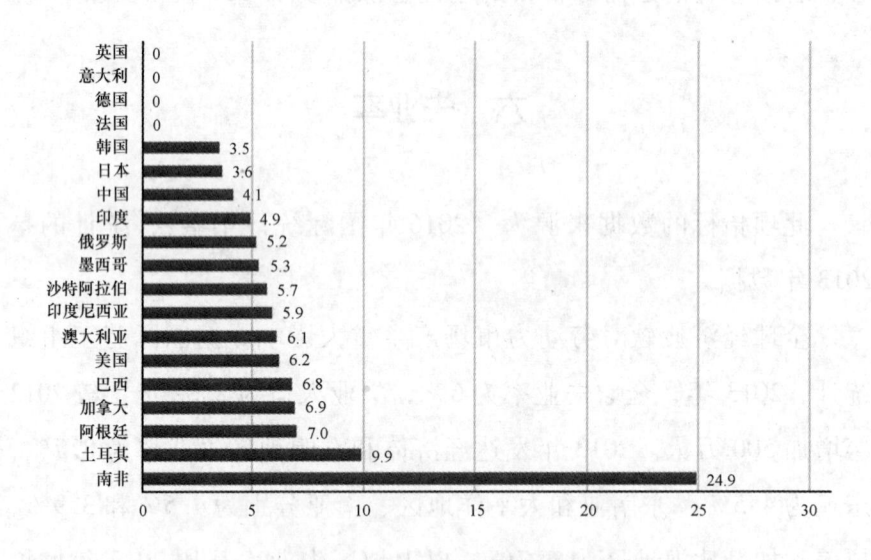

图 5—6 2013 年 G20 失业率的比较（单位:%）

失业率最低的前三位的国家是韩国（3.5%）、日本（3.6%）、中国（4.1%），显示东亚三国经济形势向好。失业率最高的后三位的国家是阿根廷（7.0%）、土耳其（9.9%）、南非

---

① 国际劳工组织：《全球就业趋势报告》，2013 年 1 月 22 日。

（24.9%）。其中南非失业率达到24.9%，比失业率最低的韩国高出了20多个百分点，经济形势不容乐观。

在G20失业率指标中，中国失业率低，排名第三，与排名第一的韩国相差0.6%。体现出随着中国供给侧结构性改革深入推进、新动能加快成长、新兴服务业蓬勃发展以及不断打造"双创"升级版等经济运行中的活跃因素，产生了较强的吸纳就业人口的能力。说明中国就业稳中向好，中国经济总体平稳、稳中向好的发展态势。

2013年中国人力资源市场供求基本平衡，市场求人倍率（即市场岗位空缺与求职人数的比率）延续了往年"求略大于供、保持基本平稳"的态势。2013年，中国实现城镇新增就业1310万人，比2012年增多44万人。城镇登记失业率保持在4.1%左右的较低水平，完成了2013年初政府工作报告提出的全年城镇新增就业900万人以上，城镇登记失业率低于4.6%的预期目标。不过，据对全国21736户企业的失业动态监测显示，2013年末企业提供岗位1672.08万个，比2012年末减少了1.33%。

七 教育开支占GDP比重

该指标用《2016年国际统计年鉴》中的数据。年鉴中统计的是2014年数据。

教育事业作为推动提高各国国民素质、劳动力水平及科技创新水平的重要因素越来越受到世界各个国家的重视，其中教育支出作为政府支出的重要组成部分，教育支出规模和机构对各国教育事业的发展至关重要。世界各国公共教育支出占国民生产总值

（GNP）的百分比按地区划分，北美和西欧最高，其次为拉美和加勒比海及撒哈拉以南的非洲地区。根据世界银行的统计，早在2001年，澳大利亚、日本、英国和美国等高收入国家，公共教育支出占GDP的均值就已达到4.8%，哥伦比亚、古巴等中低收入国家，公共教育支出占GDP的均值更是达到5.6%。

从2014年G20的数据看（见图5—7），教育开支占GDP比重超过6%的国家有1个，南非（6.1%）。在5%—6%的国家有8个，分别是巴西（5.9%）、英国（5.7%）、法国（5.5%）、加拿大（5.3%）、澳大利亚（5.3%）、阿根廷（5.3%）、美国（5.2%）、墨西哥（5.2%）。在4%—5%的国家共计4个，分别是德国（4.9%）、韩国（4.6%）、俄罗斯（4.2%）、意大利（4.1%）。在3%—4%的国家有3个，分别是日本（3.8%）、印度（3.8%）和印度尼西亚（3.3%）。2014年，中国、沙特阿拉伯、土耳其这三个国家没有数据。

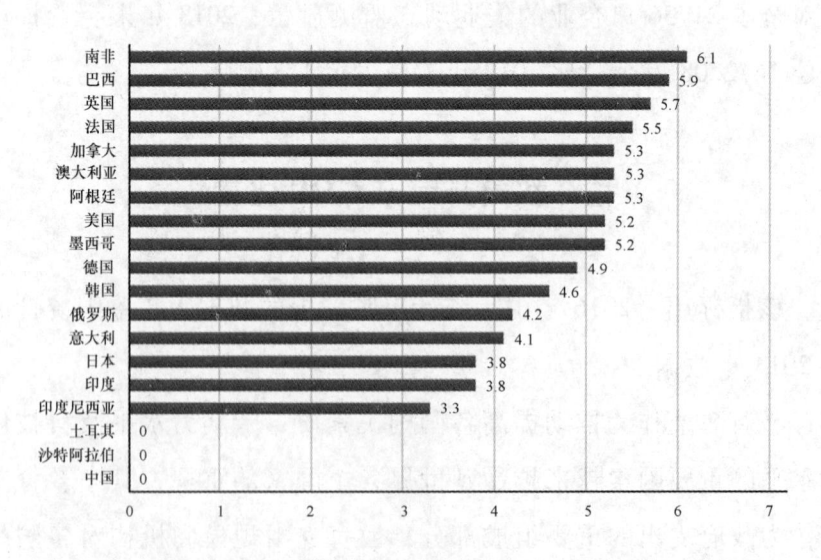

图5—7　2014年G20公共教育开支占GDP比重的比较（单位:%）

2014年G20教育开支占GDP比重排在前三位的是南非（6.1%）、巴西（5.9%）、英国（5.7%），排在后三位的是意大利（4.1%）、日本/印度（3.8%）、印度尼西亚（3.3%）；排在第一位的南非比排在最后一位的印度尼西亚高出2.8%。教育投入的差距，既体现了教育在各个国家受重视的程度，同时也反映了教育在国家经济社会发展中的不同地位。

需要强调的是，国家财政性教育经费支出占国内生产总值4%的指标是世界衡量教育水平的基础线。早在1993年，中国就发布《中国教育改革和发展纲要》，提出国家财政性教育经费支出占GDP比例要在20世纪末达到4%。但由于多种原因，这一目标未能如期实现。2010年7月发布的《国家中长期教育改革和发展规划纲要（2010—2020年）》再次明确提出，提高国家财政性教育经费支出占国内生产总值比例，2012年财政性教育经费支出占国内生产总值比重达到4%。2014年，中国教育开支占GDP比重虽然没有收入统计之中，但自2012年占国内生产总值比例达到4%这个世界衡量教育水平的国际标准后，中国教育投入连年增长，这是中国从教育大国向教育强国挺进的一个新起点。在全球经济危机、各国纷纷削减教育投入的背景下，中国国家财政性教育经费支出却大幅增加，显示了中央加强教育事业的坚定决心。

党的十八大以来，以习近平总书记为核心的党中央始终坚持把教育作为财政支出重点领域予以优先保障。《国家教育事业发展"十三五"规划》进一步明确了"一个不低于、两个只增不减"要求：保证国家财政性教育经费支出占国内生产总值的比例一般不低于4%，确保财政一般公共预算教育支出逐年只增不减，确保按在校学生人数平均的一般公共预算教育支出逐年只增不减，这充分体现了党中央、国务院坚定实施教育优先发展战略的决心。同时，伴随着教育投入的增加，教育经费支出结构也在不断优化，各级各类教育财政保障程度不断提高。国家财政性教育经费支出占国内生产总值的比例，2012年如期实现4%的目标后一直保持在4%以上，伴随4%目标的实现和教育经费支出结构的不断优化，近年来，中国学前教育加快普及、义务教育进入优质均衡发展新阶段、高中阶段教育基本普及、高等教育大众化水平显著提升、现代职业教育框架体系基本确立、精准资助全面推进，中国的教育公平取得了长足进步。

八 医疗开支占 GDP 比重

该指标数据来源为《2016年国际统计年鉴》。年鉴中统计的是2014年的数据。

一个国家的医疗卫生费用是实现社会公平，保障公民健康的重要手段，也是医疗科技水平发展的重要保障。医疗卫生支出在GDP中的比重是衡量一个国家的社会保障水平的重要指标。世界银行的数据显示，2014年全世界平均卫生费用支出占GDP比重为9.9%。从2014年G20的数据看（见图5—8），医疗开支占GDP比重超过10%的国家有5个，分别是日本（10.2%）、美国（17.1%）、加拿大（10.5%）、法国（11.5%）、德国（11.3%）。其中排在前三位的是美国（17.1%）、法国（11.5%）、德国（11.3%）；排在后三位的是阿根廷（4.8%）、印度（4.7%）、印度尼西亚（2.9%）；排在第一位的美国比排在最后一位的印度尼

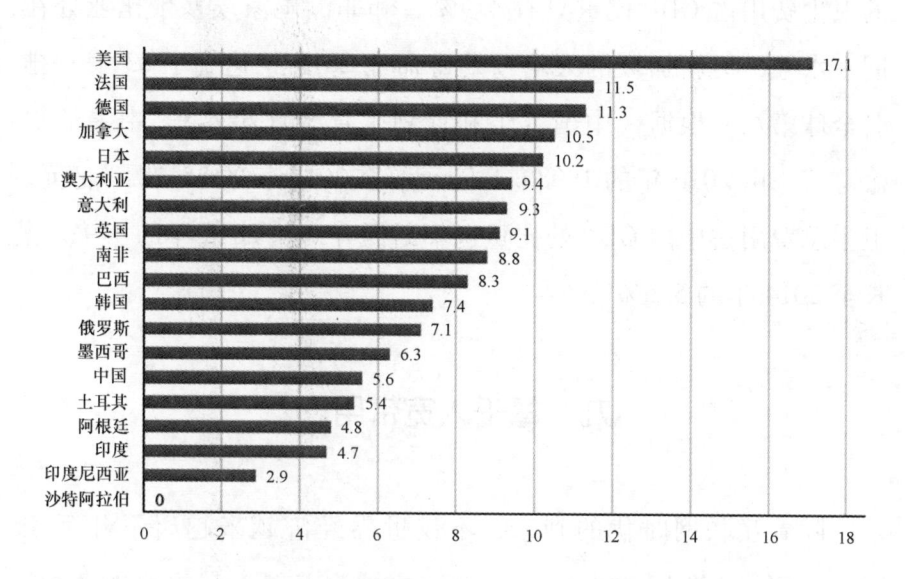

西亚高出14.2%。沙特阿拉伯无此项数据，故不作分析。

国家	%
美国	17.1
法国	11.5
德国	11.3
加拿大	10.5
日本	10.2
澳大利亚	9.4
意大利	9.3
英国	9.1
南非	8.8
巴西	8.3
韩国	7.4
俄罗斯	7.1
墨西哥	6.3
中国	5.6
土耳其	5.4
阿根廷	4.8
印度	4.7
印度尼西亚	2.9
沙特阿拉伯	0

图5—8　2014年G20医疗开支占GDP的比较（单位:%）

2012年，原卫生部组织研究发布的《"健康中国2020"战略研究报告》提出"到2020年，主要健康指标基本达到中等发达国家水平"。近年来，中国的卫生总费用保持持续上升趋势，显示医疗卫生支出在国民经济中的重要性提升。但也应看到2014年的中国卫生总费用占GDP比重为5.6%，排在第14位，较为落后，比排在第一位的美国低11.5%。目前中国医疗开支占GDP的比重与其在中国国民经济中的重要性和中国作为经济大国是不相符的，需要不断持续提升医疗卫生支出。

作为国际通行指标，卫生总费用被认为是了解一个国家卫生状况的有效途径之一，按照世界卫生组织的要求，发展中国家卫生总费用占GDP总费用的比重不应低于5%。不过需要强调一点，卫生总费用虽然能体现一国医疗卫生筹资水平，但并不一定能体现一国医疗卫生体系的效率高低。例如,在亚洲,新加坡2014年的卫生费用占GDP比重只有4.9%,和非洲国家埃塞俄比亚处在同一水平,但新加坡的人均预期寿命在2015年达到了83岁,排名全球第八。根据《中国卫生和计划生育统计年鉴》,中国的卫生总费用由2010年的19980.4亿元增至2014年的35378.9亿元。卫生总费用占中国GDP的比重也不断提升,从2010年的4.9%增长至2014年的5.6%。

九 每千人宽带用户

随着互联网时代的到来,不仅世界经济越来越离不开互联网,而且,互联网在当今社会生活中扮演着越来越重要的角色。来自Point Topic的数据显示,截至2016年底,全球固网宽带用户接近8.56亿,相比2015年底时的数据增加7840万。该年增数创下历史新高。目前移动互联网在发展中国家的增速达到两位数,普及率2018年已达到41%,发达国家的比例已经高达90%。

从2016年的数据看(见图5—9),G20各国的每千人宽带用户均有不同程度的增长。G20国家中,2016年每千人宽带用户最多的三个国家是法国(413.5个)、韩国(402.5个)、英国(377.2个);最少的三个国家为印度尼西亚(10.9个)、印度(13.4个)、南非(52.5个)。第一名的法国和最少的印度尼西亚在这一数据上相差了402.6个,显示出新型经济体与发达国家在互联网普及率上的差距。具体来说,G20国家中每千人宽带用户超过400个的有2个,分别是法国(413.5个)、韩国(402.5个);在300—400个的国家有6个,分别是英国(377.2个)、德国(371.9个)、加拿大(364.1

个)、美国(315.3个)、日本(304.9个);在200—300个的国家有2个,分别是澳大利亚(278.5个)、意大利(238.0个);在100—200个的国家有6个,分别是俄罗斯(187.8个)、中国(185.6个)、阿根廷(160.8个)、土耳其(123.9个)、巴西(122.4个)、墨西哥(116.5个);100个以下的国家有3个,分别是南非(52.5个)、印度(13.4人)、印度尼西亚(10.9人);沙特阿拉伯没有数据,故不作分析。

国家	数值
法国	413.5
韩国	402.5
英国	377.2
德国	371.9
加拿大	364.1
美国	315.3
日本	304.9
澳大利亚	278.5
意大利	238.0
俄罗斯	187.8
中国	185.6
阿根廷	160.8
土耳其	123.9
巴西	122.4
墨西哥	116.5
南非	52.5
印度	13.4
印度尼西亚	10.9
沙特阿拉伯	0

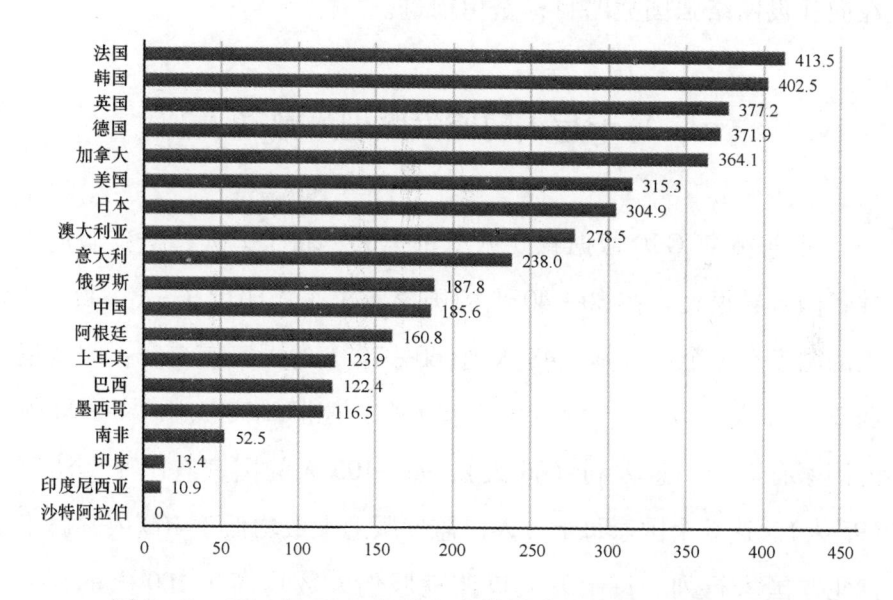

图 5—9 2016 年 G20 每千人宽带用户的比较(单位:个)

中国每千人宽带用户 2016 年是 185.6 个,在 G20 国家中居第 11 位,处于 G20 的中游水平。近年来,中国固定宽带普及率迅猛增长,是亚太地区主要增长点。2016 年,中国三家基础电信企业固定互联网宽带接入用户净增 3774 万户,总数达到 2.97 亿户。宽带城市建设继续推动光纤接入的普及,其中光纤接入用户净增 7941 万户,总数达 2.28 亿户,占宽带用户总数的比重比 2015 年提高19.5个百分点，达到76.6%。2016年中国宽带用户接近3亿，几乎是排名第二的美国的3倍。当前，中国互联网用户、宽带接入用户规模位居全球第一。由于中国地广人多，因此人均互联网资源还是相对较少的，未来还有很大发展空间。党中央、国务院高度重视互联网发展，全面提升信息基础设施，大力发展互联网经济，繁荣丰富网络文化，普遍惠及百姓生活，积极推进国家治理体系和治理能力现代化，取得了举世瞩目的巨大成就，正在向建设网络强国战略目标奋勇前进。

十 每十万人口监狱服刑人数（人）

从2016年G20数据看（见图5—10），每十万人口监狱服刑人数各国差异很大。在30—40人的国家有1个：印度33人，40—50人的国家有1个：日本（48人），60—70人的国家有1个：印度尼西亚（64人），70—80人的国家有1个：德国（78人），80—90人的国家有1个：意大利（86人），90—100人的国家有1个：法国（95人）。这6个国家每十万人口监狱服刑人数均低于100人，属于低犯罪国家行列。每十万人口监狱服刑人数均高于100人的，在100—200人的国家有7个，分别是韩国（101人）、加拿大（106人）、中国（119人）、英国（146人）、澳大利亚（151人）、阿根廷（160人）和沙特阿拉伯（161人）；在200—300人的国家有墨西哥（212人）、土耳其（220人）和南非（292人）；300—400人的国家有巴西（301人）；400—500人的国家有俄罗斯（445人）。美国以698人排名第一。

从2016年G20的数据看，每十万人口监狱服刑人数最低的前三位是印度（33人）、日本（48人）、印度尼西亚（64人），均为亚洲国家；服刑人数最高的三位的是巴西（301人）、俄罗斯（445人）、美国（698人）。但是，对于每十万人口监狱服刑人数指标的解读，不能单纯认为数值低就是犯罪率低，如每十万人口监狱服刑人数指标最低的印度与最高的美国相比，低665人，但这并不是说美国的犯罪率就是印度的200多倍。事实上还要综合考虑各个国家量刑政策的严厉程度，以及释放标准的严格程度。总体而言，亚太国家服刑人数低于欧美国家。

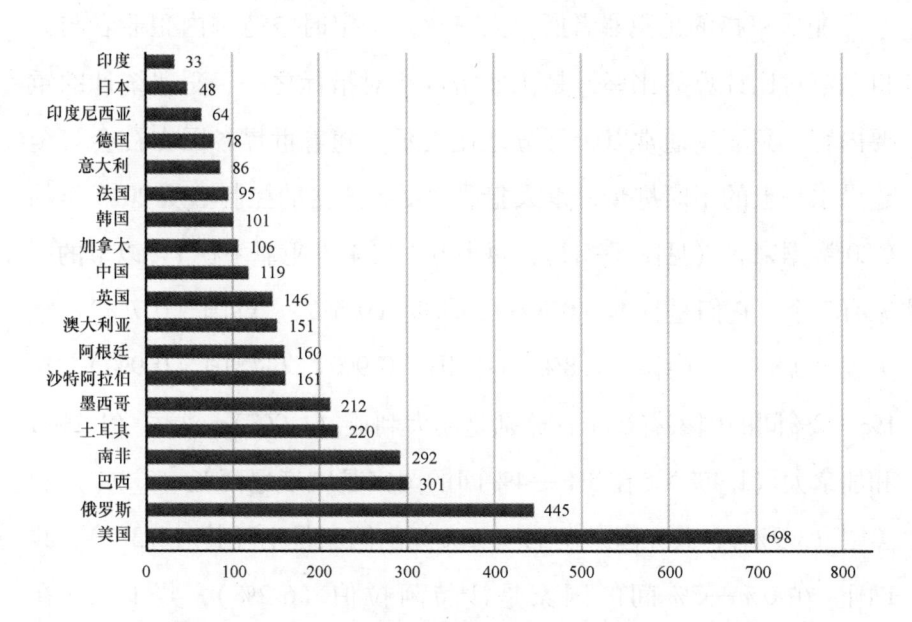

图5—10 2016年G20每十万人口监狱服刑人数的比较（单位：人）

党的十八大以来，中国司法行政改革扎实推进，取得新进展、新成效。党的十八届四中全会明确提出，推进狱务公开，依法及时公开执法依据、程序、流程、结果和生效法律文书，杜绝暗箱操作。中国监狱系统统筹惩罚改造、教育改造和劳动改造，坚持分类施教、因人施教，不断创新教育改造内容和方式方法，监狱教育改造工作取得显著成效。2016年中国每十万人口监狱服刑人数119人，在G20中排在第9位，处于G20的中上水平。据北京大学的国际监狱研究中心分析，中国人口数量较多，加之处于社会转型期，这是犯人多的重要原因之一。

十一　每十万人口杀人犯罪率

犯罪率指的是犯罪者所占人口比。一定时空范围内犯罪者与人口总数对比计算的比率，是犯罪密度相对指标之一、犯罪统计的重要内容。犯罪率通常以十万分之比表示。随着世界各国在社会安全建设水平上的不断进步，杀人犯罪率受到严格的控制。从2016年的G20数据来看（见图5—11），每十万人口杀人犯罪率在1%以下的国家有7个，它们是日本（0.3%）、印度（0.5%）、韩国（0.7%）、意大利（0.8%）、中国（0.8%）、英国（0.9%）和德国（0.9%）。在1%—2%间的国家有3个，分别是澳大利亚（1.0%）、法国（1.2%）和加拿大（1.4%）。在3%—4%间的国家是印度尼西亚（3.2%）和美国（3.9%），共2国。在4%—5%间的国家是土耳其（4.3%），共1国。在6%—7%间的国家是沙特阿拉伯（6.2%），共1国。在7%—8%间的国家是阿根廷（7.6%）。在9%—10%间的国家是俄罗斯（9.5%）。在10%—20%的国家有1个：墨西哥（15.7%）。在20%—30%间的国家是巴西（24.6%）。南非这一方面的数据最高，达到33.0%，位列榜首。

从2016年G20的数据看，每十万人口杀人犯罪率最低的前三位是日本（0.3%）、印度（0.5%）、韩国（0.7%）；最高的后三位的是墨西哥（15.7%）、巴西（24.6%）、南非（33.0%）；最低的日本比最高的南非低32.7%。

国家	数值
日本	0.3
印度	0.5
韩国	0.7
意大利	0.8
中国	0.8
英国	0.9
德国	0.9
澳大利亚	1.0
法国	1.2
加拿大	1.4
印度尼西亚	3.2
美国	3.9
土耳其	4.3
沙特阿拉伯	6.2
阿根廷	7.6
俄罗斯	9.5
墨西哥	15.7
巴西	24.6
南非	33.0

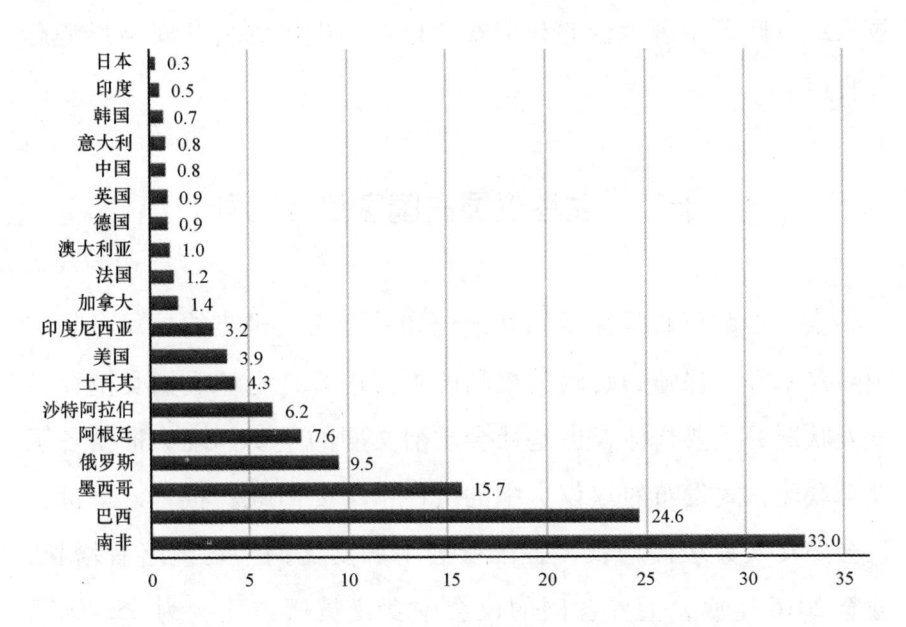

图5—11　2016年G20每十万人口杀人犯罪率的比较（单位:%）

2016年中国全国政法机关联合各相关部门持续加大对黑恶势力、拐卖妇女儿童、涉枪涉爆、盗窃、抢夺、抢劫、诈骗、涉黄、赌毒犯罪、食品药品安全犯罪和环境犯罪等突出犯罪的打击力度，综合整治电信网络诈骗犯罪、金融证券犯罪、侵犯公民个人信息犯罪等涉众型犯罪。这一年，中国犯罪数量变化不大，犯罪态势平稳，社会治安形势总体稳定。全国公安机关刑事案件立案数基本持平，但破案数量大幅增加。2016年全国检察机关共批准逮捕各类刑事犯罪嫌疑人828618人，同比上升0.5%；提起公诉1402463人，略有下降。全国人民法院刑事一审审结案件111.6万件，同比上升1.5%；判决生效被告人122万人，同比下降1%。

2016年中国每十万人口杀人犯罪率为0.8%，相对也较低，在G20中与意大利并列排名第5位，好于美国、法国、英国等发达国家，反映了中国社会的和谐安全稳定，中国的公共安全形势总体良好。

十二 女性议员占国家议会比例

女性参政议政是衡量妇女地位和社会文明进步的标尺，是实现男女平等、保障妇女政治权利的重要内容，是体现妇女生存与发展状况的重要指标，也是社会政治文明的重要体现。根据各国议会联盟正式发布的《议会中的女性：年度回顾》报告，全世界议会妇女人数缓慢增长，各国议会中妇女比例平均值略有增长，截至2016年底，世界各国的议会中女议员所占比例为25.40%，与2013年的23.89%相比增加了1.51个百分点，显示了全球女性在参政议政方面取得的进展。妇女议长人数大幅增加，达到19.1%的历史最高点。但不可否认的是，在女性参政议政方面要实现性别平衡仍存在很大距离。

从2016年G20的数据来看（见图5—12），女性议员占国家议会比例在40%—50%间的国家有2个，分别是墨西哥（41.40%）和南非（41.02%）；在30%—40%的国家有6个国家，分别是阿根廷（39.51%）、德国（37.20%）、法国（34.59%）、澳大利亚（32.74%）、意大利（30.11%）和加拿大（30.11%）；在20%—30%的国家有2个，分别是英国（28.52%）和中国（24.25%）；在10%—20%的国家共9个，分别是沙特阿拉伯（19.87%）、印度尼西亚（19.82%）、美国（19.70%）、韩国（17.00%）、俄罗斯

(16.13%)、土耳其（14.57%）、日本（13.11%）、印度（11.58%）和巴西（11.28%）。

从2016年G20的数据看，女性议员占国家议会比例排在前三位的是墨西哥（41.40%）、南非（41.02%）、阿根廷（39.51%），排在后三位的是日本（13.11%）、印度（11.58%）、巴西（11.28%）；排在第一位的墨西哥比排在最后一位的巴西高出30.12%。

国家	比例（%）
墨西哥	41.40
南非	41.02
阿根廷	39.51
德国	37.20
法国	34.59
澳大利亚	32.74
意大利	30.11
加拿大	30.11
英国	28.52
中国	24.25
沙特阿拉伯	19.87
印度尼西亚	19.82
美国	19.70
韩国	17.00
俄罗斯	16.13
土耳其	14.57
日本	13.11
印度	11.58
巴西	11.28

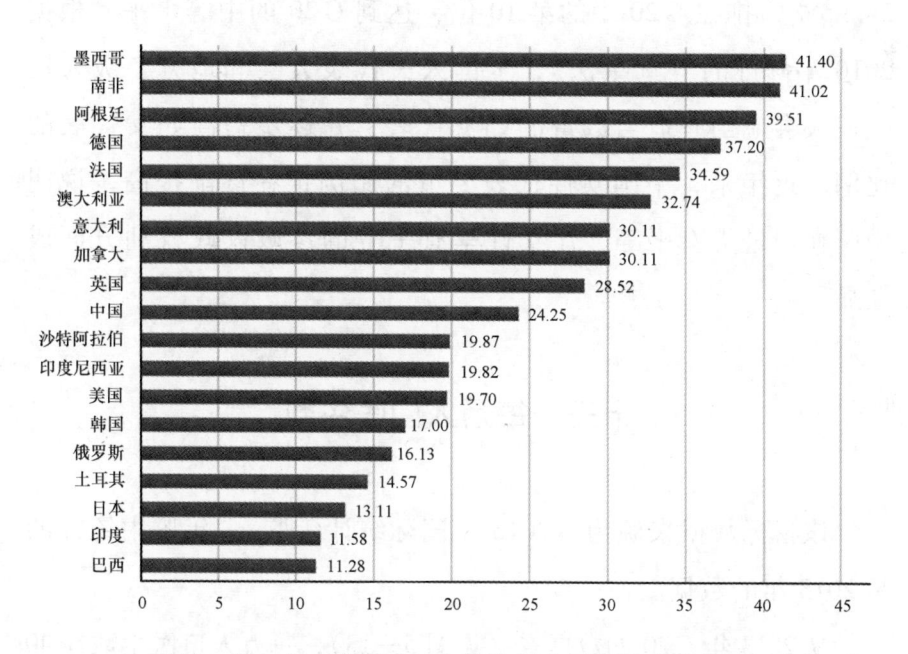

图5—12　2016年G20女性议员占国家议会比例的比较（单位:%）

党的十八大以来，在以习近平总书记为核心的党中央坚强领导下，中国女性参与决策和管理的法律政策不断完善，妇女参与决策和管理的比例明显提高，妇女参与基层民主建设的程度更加广泛，妇女和妇女组织在国家民主政治建设中的影响力日益增强。来自国家统计局对外发布的《中国妇女发展纲要（2011—2020

年)》中期统计监测报告显示：全国人大代表和全国政协委员中女性比重增加。十二届全国人大女代表的比例为人大制度设立以来的历届最高；十二届全国政协女委员399人，占委员总数的17.8%，比上届提高0.1个百分点，也是改革开放以来全国政协女委员比例最高的一届。

2016年中国的女性议员（全国人大、政协委员）的比例为24.25%，排在G20中的第10位，达到G20的中等水平。根据2010年修订的《选举法》，全国人民代表大会和地方各级人民代表大会应当有适当数量的妇女代表，并逐步提高妇女代表的比例。近年来，中国女性代表委员的比例正在逐渐提高，说明中国在促进男女平等、让女性享有平等的参政议政权利方面成绩显著。

十三　每万人口医生数

该指标数据来源为《2016年国际统计年鉴》。年鉴中统计的是2013年的数据。

从2013年G20的数据看（见图5—13），每万人口医生数在40人以上的国家有1个：俄罗斯（43人）；在30—39人之间的国家有5个，分别是德国（39人）、法国（32人）、澳大利亚（33人）、意大利（38人）和阿根廷（39人）；在20—29人之间的国家有6个国家，分别是英国（28人）、日本（23人）、墨西哥（21人）、美国（25人）、加拿大（21人）、韩国（21人）；在10—19人之间的国家有3个：中国（19人）、巴西（19人）、土耳其（17人）；10人以下的国家有3个：印度尼西亚（2人）、印度（7人）、南非（8

人）。在这一指标体系中，排在前三位的是俄罗斯（43人）、德国（39人）、阿根廷（39人）。排在后三位的是南非（8人）、印度（7人）、印度尼西亚（2人）。沙特阿拉伯没有数据，故不作分析。

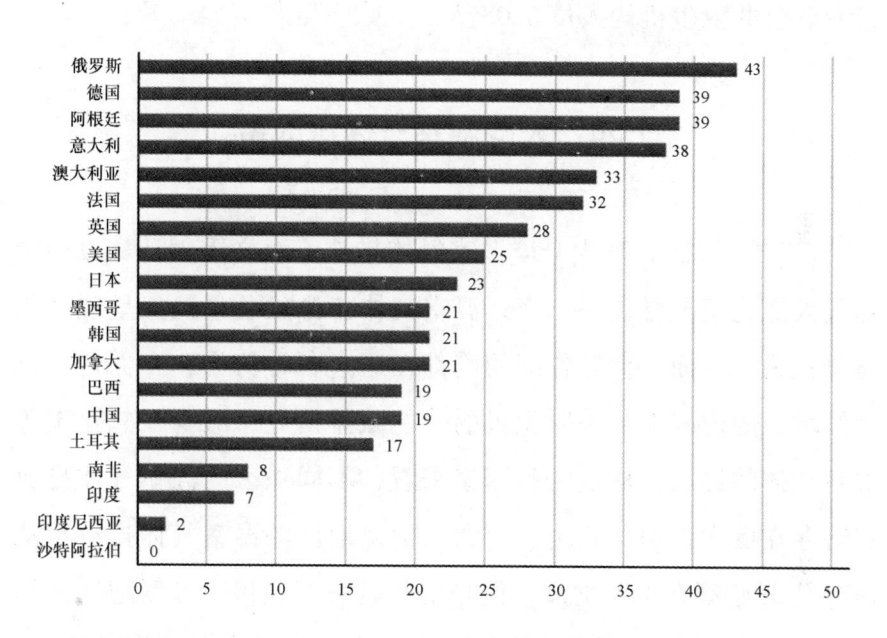

国家	每万人口医生数
俄罗斯	43
德国	39
阿根廷	39
意大利	38
澳大利亚	33
法国	32
英国	28
美国	25
日本	23
墨西哥	21
韩国	21
加拿大	21
巴西	19
中国	19
土耳其	17
南非	8
印度	7
印度尼西亚	2
沙特阿拉伯	0

图5—13　2016年G20每万人口医生数的比较（单位：人）

每万人口医生数，中国（19人）与巴西一起并列排在第14位，处于G20的中下水平，与排在第一位的俄罗斯相差24人，差距相当大。这与医疗开支占GDP的比重指标在G20中第14位的排名基本一致，反映中国的医疗卫生事业发展水平在G20中还处于相对落后水平，依然有相当大的提高和上升的空间。

党的十八大以来，在党中央、国务院的坚强领导下，相关部门、各级党委政府、社会各界和广大人民群众大力支持，中国医疗卫生工作者坚决贯彻落实中央的决策部署，深化医药卫生体制改革加快实施，医疗卫生事业获得长足发展，人民群众健康水平显著提高。2013 年，中国每千人口执业（助理）医师 2.06 人，每千人口注册护士 2.05 人，每万人口全科医生 1.07 人，每万人口专业公共卫生机构人员 6.08 人。

十四　人均温室气体排放量

"节能减排"，减少全球温室气体排放，意义重大。从目前全球气候变化情况看，一方面，温室气体年排放总量仍然呈现增长态势；另一方面，世界各国的确都在通过各种努力，在保持经济持续增长的情况下，采取积极的节能减排措施，减少二氧化碳等温室气体的排放。从地区和国家来看，不同地区的温室气体排放趋势存在巨大差别。北美、亚洲和中东地区的温室气体排放量从 1972 年开始都在不断增加，但是增长越来越缓慢。苏联地区的排放量从 1990 年开始则呈下降趋势，目前比 1972 年的水平还略低。

2016 年，G20 国家人均二氧化碳排放量在 1—3 吨的国家有印度。在 3—4 吨的有印度尼西亚。在 5—6 吨的国家有墨西哥和土耳其 2 个国家。在 7—8 吨的有法国和意大利 2 国。在 8—9 吨的有南非、阿根廷和英国 3 国。在 9—10 吨的有中国 1 个国家。超过 10 吨的国家有 8 个国家，基本上均为发达国家。沙特阿拉伯无此项数据，故不作分析。

从 2016 年 G20 的数据看（见图 5—14），人均二氧化碳排放量最低的前三位的是印度（2.290452 吨）、印度尼西亚（3.030703 吨）、墨西哥（5.222923 吨），最高的后三位的是美国（19.73685 吨）、加拿大（28.64833 吨）、澳大利亚（32.02977

吨)。最高的澳大利亚与最少的印度在这一数据上差距达到惊人的近30吨。

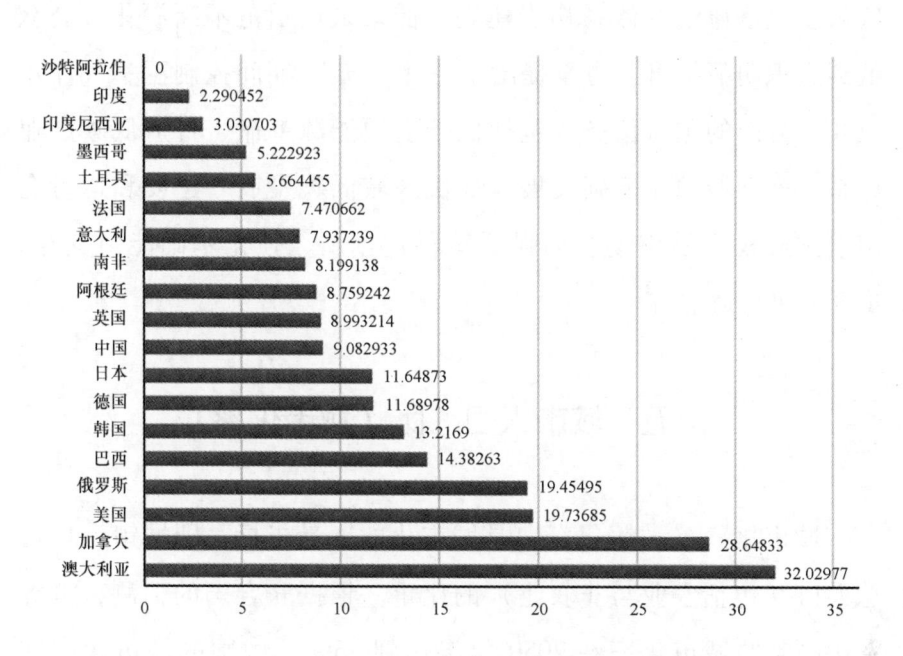

国家	数值
沙特阿拉伯	0
印度	2.290452
印度尼西亚	3.030703
墨西哥	5.222923
土耳其	5.664455
法国	7.470662
意大利	7.937239
南非	8.199138
阿根廷	8.759242
英国	8.993214
中国	9.082933
日本	11.64873
德国	11.68978
韩国	13.2169
巴西	14.38263
俄罗斯	19.45495
美国	19.73685
加拿大	28.64833
澳大利亚	32.02977

图5—14　2011年G20人均温室气体排放量的比较（单位：吨）

2016年，中国的人均二氧化碳排放量为9.082933吨，在G20中排名第10位。与排名第一的，同样为新兴工业化国家的印度相比，中国的人均二氧化碳排放量高出约6.79吨；但与美国比，低10多吨。这显示出与世界先进发达国家相比，中国经济社会水平依然有相当差距。

未来几十年中国仍将处于工业化阶段，能源消费增长将不可避免。目前能源供应和能源环境问题已经成为制约中国经济发展的突出问题之一。中国"十三五"期间控制温室气体排放方案明确提出：到2020年，单位国内生产总值二氧化碳排放比2015年下降18%。方案明确规定：到2020年，单位国内生产总值二氧化碳排放比2015年下降18%，碳排放总量得到有效控制。非二氧化碳温室气体控排力度进一步加大。碳汇能力显著增强。应对气候变化法律法规体系初步建立，低碳试点示范不断深化，公众低碳意识明显提升。方案提出了"十三五"期间控制温室气体排放8个方面的重点任务，包括低碳引领能源革命、打造低碳产业体系、推动城镇化低碳发展、加快区域低碳发展、建设和运行全国碳排放权交易市场、加强低碳科技创新、强化基础能力支撑、广泛开展国际合作。

十五　城市人口占比（城市化率）

城市化率（城镇化率）是城市化的度量指标，即城镇人口占总人口（包括农业与非农业）的比重。根据联合国的估测，世界发达国家的城市化率在2050年将达到86%，中国的城市化率在2050年将达到72.9%。联合国人口基金会在2007年的《世界人口状况报告》中称，"在20世纪，世界城市人口增长飞速，从2.2亿人增长到28亿人。在未来几十年内，发展中国家城市人口将呈现史无前例的增长。这种增长在非洲和亚洲尤其明显，这两个大洲的城市人口在2000—2030年间将翻一番"，增长17亿人，将超过中国和美国的人口总和。报告称，2000—2030年，亚洲城市人口将从13亿人增长到26.4亿人；非洲城市人口将从2.94亿人增长到7.42亿人；拉丁美洲和加勒比地区的城市人口将从3.94亿人增加到6.09亿人。报告称，2007年将成为人类历史上的一个重大分水岭，在这一年，世界人口的天平将首次从农村倾向城市：在全球67亿人口中，将有超过一半生活在城市里。到2030

年，世界城市人口将增长到 50 亿人，占到全世界人口总数的 60%。目前世界一半人口居住在城市，再过 35 年将有 2/3 人口住在城市。尤其是发展中国家要应对人口快速增长、快速城市化带来的各种挑战。

从 2016 年 G20 的数据看（见图 5—15），城市人口占比（城市化率）排在前三位的是日本（93.5%）、阿根廷（91.8%）、澳大利亚（89.4%），排在后三位的是中国（55.6%）、印度尼西亚（53.7%）、印度（32.7%）；排在第一位的日本比排在最后一位的印度高出 60.8%。具体而言，G20 国家中，城市化率超过 90% 的国家有 2 个，分别是日本（93.5%）和阿根廷（91.8%）。城市化率在 80%—90% 的国家有 6 个，分别是韩国（82.5%）、加拿大（81.8%）、美国（81.6%）、巴西（85.7%）、英国（82.6%）、澳大利亚（89.4%）。在 70%—80% 的国家有 5 个国家，分别是墨西哥（79.2%）、法国（79.5%）、德国（75.3%）、俄罗斯（74.0%）、土耳其（73.4%）。在 60%—70% 的国家有 2 个，分别是南非（64.8%）、意大利（69.0%）。在 50%—60% 的国家有中国（55.6%）、印度尼西亚（53.7%）2 个国家。低于 50% 的国家有 1 个：印度（32.7%）。沙特阿拉伯无此项数据，故不作分析。

改革开放 40 年来，中国城市化率的提高速度一直非常快，每年保持在 9.6% 的 GDP 增长速度，这个速度是全世界有史以来最快的，而中国城市化率的提高速度，在过去的 40 年里城市化率平均每年提高 3.1%，这在其他任何国家任何时期 40 年都不可能涨到这样的速度。

中国城市人口占比（城市化率）2016 年为 55.6%，略高于世界平均水平 54.3%。位居 G20 各国第 16 位。根据国家统计局

国家	数值
日本	93.5
阿根廷	91.8
澳大利亚	89.4
巴西	85.7
英国	82.6
韩国	82.5
加拿大	81.8
美国	81.6
法国	79.5
墨西哥	79.2
德国	75.3
俄罗斯	74.0
土耳其	73.4
意大利	69.0
南非	64.8
中国	55.6
印度尼西亚	53.7
印度	32.7
沙特阿拉伯	0

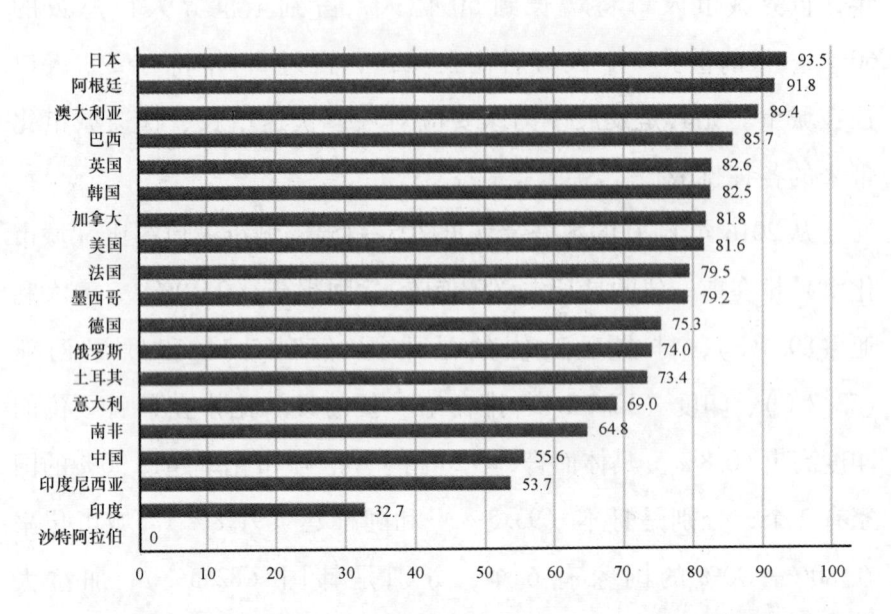

图 5—15　2016 年 G 20 城市人口占比（城市化率）的比较

（单位：%）

公布的 2016 年宏观经济数据显示，从城乡结构看，城镇常住人口 79298 万人，比上年末增加 2182 万人；乡村常住人口 58973 万人，减少 1373 万人。全国人户分离人口（居住地和户口登记地不在同一个乡镇街道且离开户口登记地半年以上的人口）2.92 亿人，比上年末减少 203 万人；其中流动人口 2.45 亿人，比上年末减少 171 万人。年末全国就业人员 77603 万人，其中城镇就业人员 41428 万人。这一数据一方面表明近年来中国城市化在大步推进，另一方面也表明中国城市化任重而道远。按目前中国的城市化每年 1.4% 左右的增长速度，到 2020 年也将只在 60% 左右，与日本、阿根廷、澳大利亚的城市化率差距仍较大。

十六 女性人口比重

从2016年G20的数据看（见图5—16），女性人口比重较前数据基本保持稳定，变化不大，女性人口比重排在前三位的是俄罗斯（53.5%）、日本（51.4%）、意大利（51.4%）；排在后三位的是印度尼西亚（49.6%）、中国（48.5%）、印度（48.2%）；排在第一位的俄罗斯比排在最后一位的印度高出5.3%。具体而言G20国家中，女性人口比重不超过50%的国家，即男性数量超过女性数量的国家有3个，分别是印度尼西亚（49.6%）、中国（48.5%）、印度（48.2%），其他15个国家的这一数据都在50%（含）以上。沙特阿拉伯无此项数据，故不作分析。

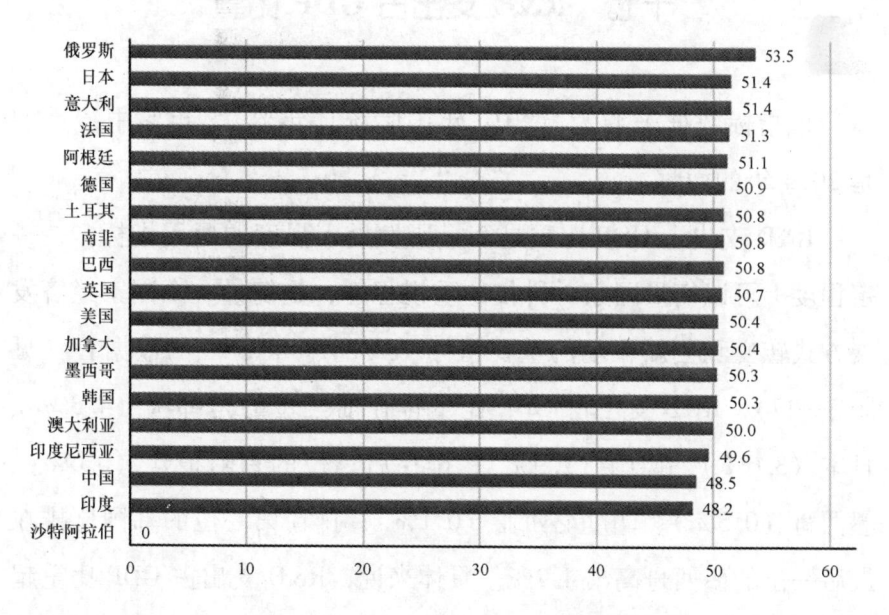

国家	比重(%)
俄罗斯	53.5
日本	51.4
意大利	51.4
法国	51.3
阿根廷	51.1
德国	50.9
土耳其	50.8
南非	50.8
巴西	50.8
英国	50.7
美国	50.4
加拿大	50.4
墨西哥	50.3
韩国	50.3
澳大利亚	50.0
印度尼西亚	49.6
中国	48.5
印度	48.2
沙特阿拉伯	0

图5—16 2016年G20女性人口比重的比较（单位:%）

据统计，2016年末中国总人口［包括31个省（自治区、直辖市）和中国人民解放军现役军人，不包括香港、澳门特别行政区和台湾地区以及海外华侨人数］138271万人，比上年末增加809万人。中国女性人口比重48.5%，在G20排名第17位，2016年末男性人口70815万人，女性人口67456万人，男女人口相差3359万，即"男多女少"，属于严重失衡的比例，这意味着约有3000余万的男性人口将面临"打光棍"的局面，中国光棍危机风险仍旧严重，预计到2020年中国会出现大约3000万"光棍"，不利于社会的安全稳定发展。数据显示，2011—2016年，中国男性人口比重逐年下滑0.01个百分点，男多女少的问题逐年减缓。因此，促进出生人口性别结构平衡仍非常重要。

十七　R&D支出占GDP比重

该指标数据来源为《2016年国际统计年鉴》，年鉴中统计的是2014年的数据。

R&D支出占GDP比重是衡量研发投入强度的通用指标，在一定程度上可以衡量国家对科技的重视程度，是衡量一个国家经济发展方式转变和创新驱动的重要指标。从2014年G20的数据看（见图5—17），R&D支出占GDP比重排在前三位的是韩国（4.3%）、日本（3.6%）、德国（2.9%）；排在后三位的是阿根廷（0.6%）、墨西哥（0.5%）、印度尼西亚（0.1%）；排在第一位的韩国比排在最后一位的墨西哥高出4.2%。具体来说，R&D支出占GDP比重超过4%的国家只有1个：韩国（4.3%）；在3%—4%间的国家有1个：日本（3.6%）；在2%—3%间的国家有5个：中国（2.0%）、美国（2.7%）、法国（2.3%）、德国（2.9%）、澳大利亚（2.2%）；在1%—2%间的国家有6个，分别是加拿大（1.6%）、巴西（1.2%）、意大利（1.3%）、俄罗斯（1.2%）、土耳其（1.0%）、英国（1.7%）；在0—1%间的国家有5个，分别是印度（0.8%）、印度尼西亚（0.1%）、南非（0.7%）、墨西哥（0.5%）、阿根廷（0.6%）。沙特阿拉伯无此项数据，故不作分析。

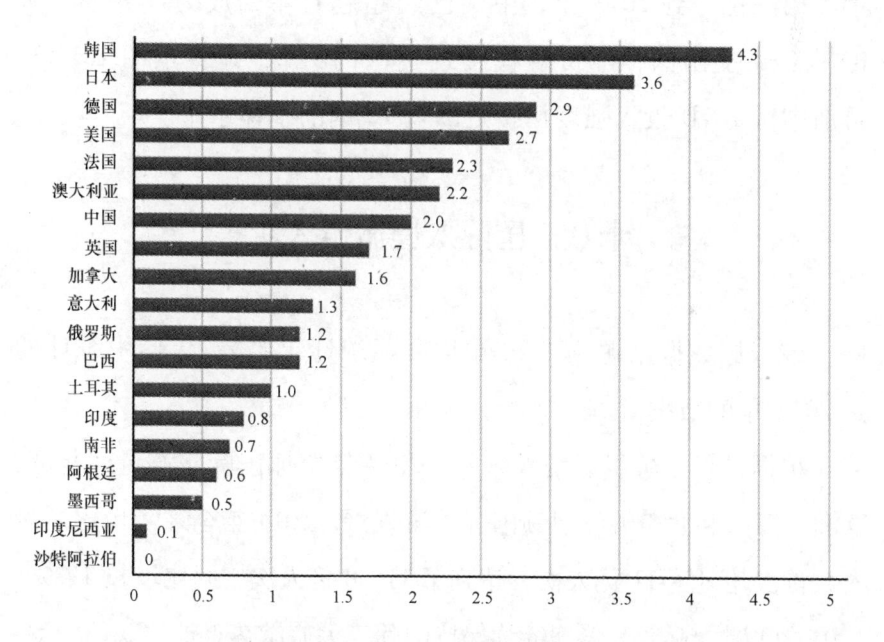

图5—17 2014年G20 R&D支出占GDP比重（单位：%）

"十二五"以来，特别是党的十八大以来，中国自主创新能力显著增强，创新创业环境明显改善，创新型国家建设迈上新台阶。2014年中国R&D支出占GDP比重为2.0%，在G20中排名第7位，较为领先。近年来中国R&D支出占比增长明显，从1996年的0.57%上涨到2014年的2.0%。这一数据反映了近年来，中国政府对通过科技创新促进科教兴国的重视程度以及科技投入力度。"十二五"中国R&D经费从"十一五"末期2010年的7063亿元增加到2014年的13016亿元;全社会R&D经费占GDP的比重从2010年的1.73%增加到2014年的2.0%。2014年,全国R&D经费中来自各级政府部门的资金为2636亿元,带动了9817亿元的企业R&D投入以及563亿元的其他民间投入。"十一五"末期,中国R&D经费支出总额排名在美国和日本之后,居世界第三位。到2013年,中国已经超越日本,成为世界第二大R&D经费支出国,经费规模接近美国的1/2,是日本的1.1倍。目前中国R&D投入强度已接近欧盟15国的整体水平。

十八 国际入境旅游人次

该指标数据来源为《2016年国际统计年鉴》,年鉴中统计的是2014年的数据。

根据世界旅游组织统计数据,2014年全球国际旅游持续复苏,欧洲、亚太和北美继续引领国际旅游发展。2014年全球入境旅游总人数首次超过了11亿人次,达到了11.38亿人次,同比增长4.7%。其中,欧洲、亚太、美洲继续保持国际三大旅游热点地位。

从2014年G20各国的数据看(见图5—18),国际入境旅游人次排在前三位的是法国(8377万人)、美国(7501万人)、中国(5562万人),排在后三位的是澳大利亚(687万人)、巴西(643万人)、阿根廷(593万人);排在第一位的法国比排在最后一位的阿根廷高出7784万人,差距悬殊。具体来说G20国家中,国际入境旅游人次超过8000万人的国家有1个:法国(8377万人);7000万—8000万人的国家有1个:美国(7501万人);5000万—6000万人的国家有1个：中国（5562万人）；4000万—5000万人的国家有1个：意大利（4858万人）；3000万—4000万人的国家有4个，分别是英国（3261万人）、土耳其（3981万人）、俄罗斯（3242万人）、德国（3300万人）；2000万—3000万人的国家有1个：墨西哥（2935万人）；1000万—2000万人的国家有3个：加拿大（1654万人）、韩国（1420万人）、日本（1341万人）；1000万人以下的国家6个，分别是南非（955万人）、印度尼西亚（944万人）、印度（768万人）、澳大利亚（687万人）、巴西（643万人）、阿根廷（593万人）。沙特阿拉伯无此项数据，故不作分析。

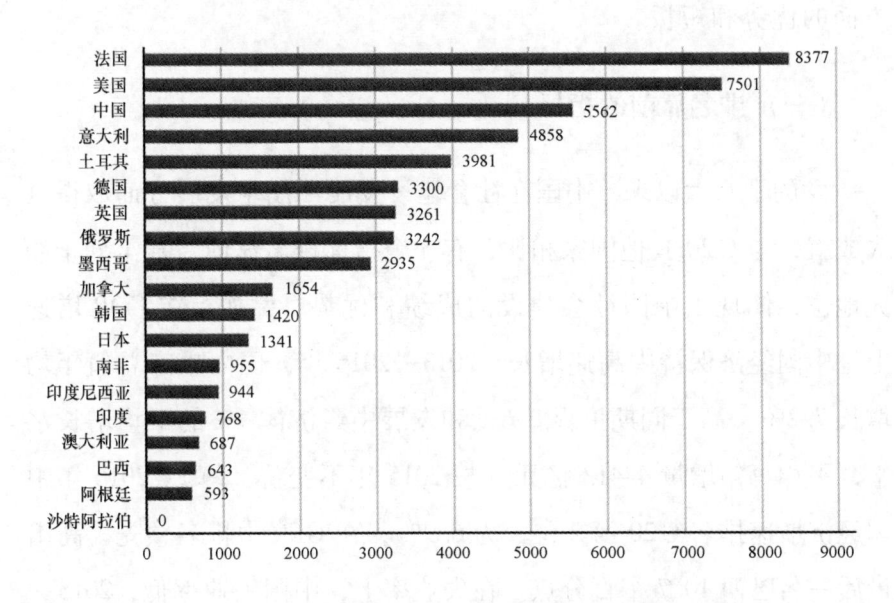

图5—18 2014年国际入境旅游人次（单位：万人）

2014年，中国入境旅游市场保持平稳发展态势，综合效益持续提升。2014年中国接待入境游客12849.83万人次，同比下降0.45%。2014年中国接待入境过夜游客5562.20万人次，同比下降0.11%，市场规模总量位居世界第四，仅次于法国、美国和西班牙。

十九　中国与 G 20 其他国家社会建设综合比较

党的十八大以来，在以习近平同志为核心的党中央坚强领导下，中国各经济社会发展取得新的辉煌成就，按照 G 20 各国排名，本章以第 1—7 位为居前列，第 8—11 位为居中游，第 11—20 位为排列靠后为标准。综合 18 个指标数据来看，中国的表现有喜有忧，有 5 个指标位居 G 20 前列，有 4 个指标位居中游，但也有 8 个指标相对比较低甚至明显落后，折射出中国在社会建设方面的优势和短板。

（一）排名靠前的指标

党的十八大以来，中国在社会建设发展和民生发展方面取得巨大成就，与 G 20 其他国家相比，有 5 个指标排名靠前，甚至处于领先地位，体现了中国社会建设的成绩和优势。譬如，在 GDP 增速上，中国经济保持中高速增长。2013—2016 年，国内生产总值年均增长 7.2%，高于同期世界 2.6% 和发展中经济体 4% 的平均增长水平，平均每年增量 44413 亿元（按 2015 年不变价计算）。2016 年中国经济增速排名 G 20 第 2 位，为 6.9%，在 G 20 中排名领先，高出最后一名巴西 10.7 个百分点。在失业率上，中国失业率低，2013—2016 年，中国 31 个大城市城镇调查失业率基本稳定在 5% 左右，2016 年中国排名 G 20 第 3 位，为 4.1%，在 G 20 中以低失业率排名领先，仅比第一名韩国的失业率高出 0.6 个百分点，而比最后一名南非低 20.8 个百分点。在每十万人口杀人犯罪率上，中国以低杀人犯罪率排名第 5 位，为 0.8%，在 G 20 中排名靠前，仅比第 1 名日本高出 0.5 个百分点。R&D 支出占 GDP 比重方面，中国以 2.0%，排名第 7 位。在国际入境旅游人次方面，中国以 5562 万人次，排名第 3 位，在 G20 中排名靠前（见表 5—1）。

表 5—1　　中国在 G20 中社会建设排名靠前和排名中间的指标

中国在 G20 中排名靠前的指标	具体指标排名情况
1. GDP 增速	中国排名第 2 位，6.9%，在 G20 中排名领先
2. 失业率	中国排名第 3 位，4.1%，在 G20 中排名领先，第 1 名韩国 3.5%
3. 每十万人口杀人犯罪率	中国排名第 5 位，0.8%，在 G20 中排名靠前，第 1 名日本 0.3%
4. R&D 支出占 GDP 比重	中国排名第 7 位，2.0%，在 G20 中排名靠前，第 1 名韩国 4.3%
5. 国际入境旅游人次	中国排名第 3 位，5562 万人，在 G20 中排名靠前，第 1 名法国 8377 万人
中国在 G20 中排名中间的指标	具体指标排名情况
1. 每千人宽带用户	中国排名第 11 位，185.6 个，在 G20 中排名中等，第 1 名法国 413.5 个
2. 每十万人口监狱服刑人数	中国排名第 9 位，119 人，在 G20 中排名中等，第 1 名印度 33 人
3. 女性议员占国家议会比例	中国排名第 10 位，24.25%，在 G20 中排名中等，第 1 名墨西哥 41.40%
4. 人均温室气体排放量	中国排名第 10 位，9.082933 吨，在 G20 中排名中等，第 1 名印度 2.290452 吨

在 2016 年中国社会建设排名位居中游的指标中，每千人宽带用户数（185.6 个，排名第 11 位）、每十万人口监狱服刑人数

(119人，排名第9位)、女性议员占比（24.25%，排名第10位）和人均温室气体排放（9.082933吨，排名第10位），都位居G20各国中游位置，既显示在这些领域中国取得不同程度进步，也表明与世界先进国家比较，差距依然存在，提升空间很大。

（二）排名靠后的指标

在统计的18项指标中，中国有部分指标名列前茅，表明中国社会建设的进步和成就。但也应该清醒地看到，中国也有多项指标与G20其他国家的差距比较大。例如，在人均GDP方面，虽然经过40年改革开放每年平均9%以上的增长，人均GDP从1978年的156美元增长到2016年的7925美元。但受制于人口基数庞大，2016年人均GDP方面，中国排名第15位，比第1名的澳大利亚56328美元低了48403美元。在医疗开支占GDP比重上，近年来中国虽然提高幅度较大，增长迅速，但中国的医疗卫生效率还有待进一步提升，中国仍有不少患者越过基层医疗机构到大医院，特别是设备和人员配备较好的三级医院就医。大医院人满为患，不必要的诊疗行为造成额外的支出，增加了整个卫生系统的成本。在这一指标中中国排名第14位，为5.6%，比第1名美国低了11.5%。在城市人口占比（城市化率）上，中国城镇化快速推进的背后，公共基础设施建设滞后、人口迁转能力相对较弱、城镇居民生活质量偏低等问题逐步凸显，城镇化质量亟待提高。在这一指标体系上，中国排名第16位，为55.6%，比第1名日本低了37.9%（见表5—2）。CPI指数（141.9，排名第14位）、出生时预期寿命（75.8岁，排名第12位）、平均受教育年限（7.6年，排名第18位）、女性人口比重（48.5%，排名第17

位)、每万人口医生数 (19 人,排名第 14 位)。这些差距比较直观地反映出由于各种原因,中国在社会建设上的不足之处,还存在诸多如城乡发展不平衡、公共卫生建设发展滞后、公共教育事业发展较慢等亟待加强的薄弱环节,显示出中国社会建设不足和短板依然突出,社会建设和社会发展任重道远。

表 5—2　　　　中国在 G 20 中社会建设排名靠后的指标

中国在 G 20 中排名靠后的指标	具体指标排名情况
1. 人均 GDP	中国排名第 15 位,7925 美元,在 G 20 中排名靠后,第 1 名澳大利亚 56328 美元
2. CPI 指数 (2010 年 = 100)	中国排名第 14 位,为 141.9,在 G 20 中排名靠后,第 1 名日本 103.6
3. 出生时预期寿命	中国排名第 12 位,75.8 岁,在 G 20 中排名靠后,第 1 名日本 83.6 岁
4. 平均受教育年限	中国排名第 18 位,7.6 年,在 G 20 中排名靠后,第 1 名英国 13.3 年
5. 医疗开支占 GDP 比重	中国排名第 14 位,5.6%,在 G 20 中排名靠后,第 1 名美国 17.1%
6. 每万人口医生数	中国排名第 14 位,19 人,在 G 20 中排名靠后,第一名俄罗斯 43 人
7. 城市人口占比 (城市化率)	中国排名第 16 位,55.6%,在 G 20 中排名靠后,第 1 名日本 93.5%
8. 女性人口比重	中国排名第 17 位,48.5%,在 G 20 中排名靠后,第 1 名俄罗斯 53.5%

通过上述排序分析,可以直观地看到 2016 年中国社会建设在 G 20 中的位置和水平。从排名靠前和中间的指标看,中国有 8 个

指标的数据排名在第 10 位之前，尤其是 GDP 增速和失业率，排在 G20 中的第二、第三位，这不仅反映了中国面对全球经济低迷仍平稳增长，失业率低、社会和谐稳定的现状，而且为世界经济走出困境，促进世界和平做出了重大贡献。当然，中国有 8 个指标处于第 11 位及以下水平，尤其是有 3 个指标在 G20 中处于第 16 到第 19 位的水平。如女性人口比重排名第 17 位，男女性别比的失衡，更多地反映了中国社会封建传统的"重男轻女"思想在现代的影响。城市化率在 G20 中排名第 16 位，典型地反映了一个发展中大国的水平及其特点；平均受教育年限和医疗开支占 GDP 比重在 G20 中排名第 18 位和第 14 位，反映了一个发展中大国不断努力破解教育医疗方面的沉重负担所取得的成绩。

  总体来说，改革开放特别是党的十八大以来，由于国民经济的快速发展，中国社会发展水平快速提升。按照联合国开发计划署《2013 年人文发展报告》的口径测算，中国社会发展指数排名大幅提高，提升幅度在所有国家中排名靠前，高于东亚、太平洋地区国家以及金砖国家的平均值，处于中等社会发展水平国家上游位置。但也应该清醒地看到，中国社会建设和发展中，依然有相当领域和不少方面落后于世界先进水平，社会建设存在较为明显的短板和不足，需要全面落实党的十九大的部署和要求，破解发展难题，提升中国社会建设和发展的水平。

第六章　北京市 16 个区社会建设指数

中国特色社会主义进入新时代，人民日益增长的美好生活需要和不平衡不充分的发展之间的矛盾成为社会的主要矛盾，首都社会建设面临一系列新情况、新问题、新挑战。为此，本书调整相关社会建设指标数据模型，2017 年北京市 16 个区社会建设综合指数依据社会保障、社会服务、社会治理、社会环境的 36 个评价指标采集相关数据，并运用主成分分析法计算后获得。

一　北京市 16 个区社会建设综合指数比较

（一）北京市 16 个区社会建设综合指数排序

2017 年北京 16 个区社会建设综合指数得分平均分 79.045 分，第一名西城区的得分高出平均分 10.86 分，与最后一名延庆区得分相差 15.08 分。

2017 年，北京 16 个区社会建设综合指数得分依然呈现三个梯队的结构，但具体梯队名单略有变化。第一梯队的西城区、东城区，是首都核心功能区仍然处于领先地位；第二梯队的朝阳区被海淀区、石景山区紧紧追赶；第三梯队排名变化较大。第一梯队，仍然是首都核心功能区的西城区（89.90分）、东城区（88.61分）；第二梯队，城市功能拓展区的朝阳区（82.30分）、海淀区（81.73分）、石景山区（81.32分）、生态涵养发展区的门头沟区（79.67分）；第三梯队，城市功能拓展区的丰台区（77.64分），生态涵养发展区的平谷区（77.03分）、怀柔区（76.68分），城市发展新区的顺义区（76.59分）、房山区（76.51分）、通州区（75.79分）、大兴区（75.50分）、昌平区（75.50分），生态涵养发展区的密云区（75.13分）、延庆区（74.82分）（见图6—1）。

2017年调整相关社会建设指标数据模型，各梯队的名单，排名略有变化。第一、第二梯队的排名变化不大，第三梯队排名变化较大。第一梯队的得分区间为85分以上，即（东城区88.61分）、西城区（89.90分）；第二梯队的得分区间为平均分79.045—82.30分；第三梯队处于平均分79.045分以下，得分区间为74.82—77.64分，三个梯队的平均得分为79.045分。

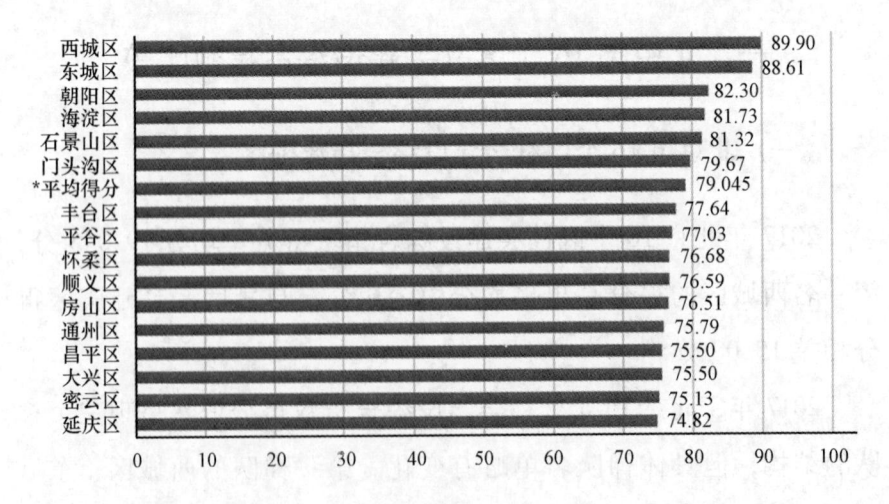

区	得分
西城区	89.90
东城区	88.61
朝阳区	82.30
海淀区	81.73
石景山区	81.32
门头沟区	79.67
*平均得分	79.045
丰台区	77.64
平谷区	77.03
怀柔区	76.68
顺义区	76.59
房山区	76.51
通州区	75.79
昌平区	75.50
大兴区	75.50
密云区	75.13
延庆区	74.82

图6—1 北京市16个区社会建设综合指数比较（单位：分）

2017年北京市16个区社会建设综合指数得分排序见表6—1。

表6—1　2017年北京市16个区社会建设综合指数排名

排名	区县	社会建设综合指数得分	社会建设综合指数百分制得分
1	西城区	33.15947408	89.90
2	东城区	32.20975843	88.61
3	朝阳区	27.78677188	82.30
4	海淀区	27.40390649	81.73
5	石景山区	27.12846125	81.32
6	门头沟区	26.04269826	79.67
7	丰台区	24.72726722	77.64
8	平谷区	24.34039939	77.03
9	怀柔区	24.12371212	76.68
10	顺义区	24.06809907	76.59
11	房山区	24.01564640	76.51
12	通州区	23.56853045	75.79
13	大兴区	23.38863886	75.50
14	昌平区	23.38714226	75.50
15	密云区	23.15866755	75.13
16	延庆区	22.96624177	74.82
	*平均得分	—	79.045
	百分标准值	41.02569395	100

（二）社会建设总指数比较分析

2017年2月24日，北京城市规划建设和北京冬奥会筹办工作座谈会在人民大会堂召开，习近平总书记站在党和国家事业全局的高度，深刻阐述了"建设一个什么样的首都，怎样建设首都"的时代课题,为新时期首都发展指明了方向。北京市提出有序疏解北京非首都功能、建设高水平城市副中心、提高城市发展水平、下大气力治理"大城市病"、提高民生保障和服务水平等方面的重大要求。北京市新一版城市总体规划定位对2017年北京16个区社会建设影响巨大。

1. 顺应人民对美好生活的希望,擘画首都可持续发展新蓝图

新一版城市总体规划,勾画出首都可持续发展新蓝图[①]:近期发展目标是:到2020年,建设国际一流的和谐宜居之都取得重大进展,率先全面建成小康社会,疏解非首都功能取得明显成效,"大城市病"等突出问题得到缓解,首都功能明显增强,初步形成京津冀协同发展、互利共赢的新局面。其中,中央政务、国际交往环境及配套服务水平得到全面提升。中远期发展目标是:到2035年,初步建成国际一流的和谐宜居之都,"大城市病"治理取得显著成效,首都功能更加优化,城市综合竞争力进入世界前列,京津冀世界级城市群的构架基本形成。其中,成为拥有优质政务保障能力和国际交往环境的大国首都。远期发展目标是:到2050年,全面建成更高水平的国际一流的和谐宜居之都,成为富强民主文明和谐美丽的社会主义现代化强国首都、更加具有全球影响力的大国首都、超大城市可持续发展的典范,建成以首都为核心、生态环境良好、经济文化发达、社会和谐稳定的世界级城市群。其中,成为具有广泛和重要国际影响力的全球中心城市。

2017年修订出台《北京市工业污染行业生产工艺调整退出及

---

① 《北京城市总体规划(2016年—2035年)》,2017年2月26日,北京市规划和国土资源管理委员会(城乡规划)(http://www.bjghw.gov.cn/web/ztgh/ztgh100.html)。

设备淘汰目录（2017年版）》①。"北京市退出一般制造业企业651家，完成全年任务的130%；清理整治'散乱污'企业6194家，实现阶段性目标；清理整治镇村产业小区和工业大院64家。此外，2017年全年规模以上工业从业人员减少4.5万人，降至96.4万人，首次回落到百万人以内。"②"一般制造业企业关停和退出的同时，高精尖产业却在高速成长。数据显示，规模以上高技术制造业和战略性新兴产业增加值分别增长13.6%和12.1%，引领作用持续增强。工业劳动生产率达40.8万元/人，单位工业增加值能耗下降8.7%，达到历史最好水平。"③

北京16个区，国际交往发展好的仅有东城、西城、朝阳、海淀以及正在加强国际交往基础设施建设的怀柔5个辖区。其中朝阳区国际交往综合程度最高，聚集了几乎所有驻华大使馆、90%的国际传媒机构、80%的国际组织和国际商会、70%的跨国公司地区总部、65%的国际金融机构，全市每年50%以上的国际性会议、1/3的国际展览在朝阳区举办；其他城区的国际交往比较有限。④从2017年6月国际大会及会议协会（ICCA）发布的2016年度全球国际会议的数据看，北京接待国际会议的数量由2015年度的95个提高到113个，增幅近20%。从城市排名情况看，北京

---

① 《北京市人民政府办公厅关于印发〈北京市工业污染行业生产工艺调整退出及设备淘汰目录（2017年版）〉的通知》，2017年7月18日，北京市人民政府网（http://zhengce.beijing.gov.cn/library/192/33/50/438650/1275871/）。

② 张伯旭：《在2018年北京市经济和信息化工作会上的报告》，2018年4月8日，北京市经济和信息化委员会网站（http://jxw.beijing.gov.cn/zcjd/ghjh/bjsjh/269361.htm）。

③ 《北京日报：本市去年退出651家一般制造业企业》，2018年2月12日，北京市经济和信息化委员会网站（http://jxw.beijing.gov.cn/jxdt/mtbd/266724.htm）。

④ 刘波：《北京国际交往中心发展历程、现状及挑战》，2018年7月15日，宣讲家网（http://www.71.cn/2018/0715/1009297.shtml）。

位居中国首位，亚洲第四，全球排名第 15 位。①

2017 年，北京在全国城市信用环境状况监测中名列第一，实现工业增加值增长 5.4%，软件信息服务业营业收入增长 13.9%，超额完成年度任务。②

2. 建设高水平城市副中心，有序疏解北京非首都功能

《北京城市总体规划（2016 年—2035 年）》明确提出，"北京的一切工作必须坚持全国政治中心、文化中心、国际交往中心、科技创新中心的城市战略定位"。围绕"四个中心"的发展定位，有序疏解北京非首都功能，建立健全中央单位、驻京部队与属地的联动对接机制，积极争取支持，同步开展疏解整治。疏解对象主要是一般性制造业，区域物流，部分教育、医疗机构；疏解原则是政府引导与市场机制相结合—集中疏解与分散疏解相结合—严控增量与疏解存量相结合—统筹谋划与分类施策相结合。把治理违法建筑作为专项行动的头号工程和实现城市总体规划减量发展的重要抓手。依法整治地下空间、群租房、占道经营等，重塑城市形象。

2017 年 9 月 13 日，中共中央、国务院正式批复《北京城市总体规划（2016 年—2035 年）》③，明确了"一核一主一副"的城市空间布局。其中，"一副"即指北京城市副中心，承接中心

---

① 刘波：《全面推进北京国际交往中心建设》，2018 年 7 月 18 日，宣讲家网（http://www.71.cn/2018/0718/1009794.shtml）。

② 《2017 年度北京市级行政机关和区政府绩效考评会议》，2018 年 2 月 9 日，北京市人民政府网（http://zhengwu.beijing.gov.cn/zwzt/2017jxkphy/t1508767.htm?from=singlem-essage&isappinstalled=1）。

③ 《中共中央 国务院关于对〈北京城市总体规划（2016 年—2035 年）〉的批复》，2017 年 9 月 27 日，中央人民政府网（http://www.gov.cn/zhengce/2017-09/27/content_5227992.htm）。

城区功能和人口疏解，构建"一带一轴多组团"空间结构。①

依据《北京城市副中心控制性详细规划（草案）》，北京城市副中心规划范围为原通州新城规划建设区，总面积约 155 平方公里。副中心建设将紧紧围绕承接中心城区功能和人口疏解，促进行政功能与其他城市功能有机结合，以行政办公、商务服务、文化旅游为主导，形成配套完善的城市综合功能。综合交通、职住平衡、公共空间的多点发力，建设国际一流的和谐宜居之都示范区、新型城镇化示范区、京津冀区域协同发展示范区。

严防副中心出现新的"城市病"。建设可持续发展的健康城市，提升城市精细化管理水平，按照核心区的标准，提升副中心城市精细化管理水平，推行街巷长制、小巷管家制，推进社会治理系统化、科学化、智能化、法治化。认真研究建筑高度管控与土地利用效率的关系，加快推动中心城区教育、医疗、文化、体育等优质资源向副中心配置。解决好职住平衡问题，大力发展住房租赁市场特别是长期租赁，推进共有产权住房供应。2017 年，行政办公区一期主要路网基本建成，市政管网完成接入，周边区域大力推进交通治理、绿化美化。

创新社会治理，提升社会服务水平。通州区利用社会资源、引导社会力量参与，鼓励连锁化养老运营模式。特别是在农村地区试点建设新型养老驿站，提供满足当地农民需求的养老服务和特色活动。制定适合本村、本社区的居家养老服务运营规划，提供如迷你影院、优惠的老年餐、特色民俗活动、心里慰藉、文化娱乐等各具特色又有统一规范的高质量养老服务，重点关注高龄

---

① 北京市人民政府网（http://zhengwu.beijing.gov.cn/sy/bmdt/t1513745.htm）。

独居、孤寡等特殊老年群体和收入困难、需要长期照料的老人。2017年通州18家养老驿站挂牌开业，标志着该区由政府统筹规划、社会力量运营的第一批养老驿站集中投入运营。

副中心四成餐馆将"全透明"[①]。"阳光餐饮"是由原来的政府部门监管，变成消费者共同参与监管，让餐饮企业"不怕晒"。要求餐饮经营单位全面公示餐饮服务单位食品安全基本信息，实现食品加工操作过程可视化。2017年底前城市副中心内40%的餐饮服务单位达到"阳光餐饮"工程要求，创建5条（个）阳光餐饮示范街（区）。鼓励引导连锁、品牌、老字号食品药品经营企业入驻发展。2017年前两家药品生产企业的化学原料药生产线将全部迁出城市副中心。

副中心可通查全市企业档案。[②] 在副中心设立全市企业档案查询服务平台，提供全市企业的工商登记档案通查服务，不断提升工商登记档案的综合利用服务能力，降低取证成本，提供更加人性化、便捷、高效的"互联网+"工商登记档案查询服务，支持副中心建设国际商务新区。

推进运河文化带建设。古有"一京（北京）二卫（天津）三通州"的说法，运河将再次成为北京市文物保护的焦点。挂牌成立运河文化研究所开展运河水质污染、文化遗产开发利用、沿线多地开发及区域联动等方面研究，为运河开发规划提供智力支持。2017年，通州区推进东部运河文化带建设，协助市级部门做

---

① 北京市人民政府网（http://zhengwu.beijing.gov.cn/zwzt/jjtz/hxyjsfq/t1472116.htm）。

② 北京市人民政府网（http://zhengwu.beijing.gov.cn/zwzt/jjtz/gjswxzxjs/t1472500.htm）。

好运河文化带规划编制工作，建设大运河国家公园。遵循"传承运河文化、突出中国特色、营造宜人环境、引领绿色生活"的原则，打造水韵林海的生态绿城、"一泓清水入通州"的优美水景。2017年投入使用"即查即治"全市首个河长APP，通州区53条黑臭水体将全部"还清"，朝阳区9条通往副中心河流将水清岸绿，城市副中心廊道串起农业公园，通州警方与环保局共同治污，"升级版"北运河甘棠闸竣工通水，萧太后河年内化身城市绿廊，玉带河故道修复工程将于近日正式动工，"玉带绕城"将再现，副中心工地建筑垃圾就地变成再生建材。

科教文卫配套升级。2017年21家市属医院通州义诊，通州成立78个"名师"工作室，首都儿科研究所通州宋庄建分院。全市多所城区名校"一校一策"助通州学校全速提质，通州基础教育升级计划发布。与城区名校手拉手办学，北京二中通州校区将改扩建，副中心行政办公区首段综合管廊封仓，安贞医院主体将搬至通州潞城镇，城四区及大医院助力副中心医疗卫生建设，通州三年内成教育新高地。全区中小学将"一对一"牵手优质校，副中心医疗卫生服务站运营，人民大学通州新校区2017年秋开建。

2017年，通州区在北京市16个区的地区生产总值第三产业中卫生和社会工作增长速度排名靠前。但在北京市16个区二氧化硫（SO_2）年均浓度值（微克/立方米）排名在前，二氧化硫（SO_2）年均浓度值达到20.1微克/立方米，未来生态环境治理有待于深化。

3. 发挥核心功能区引领作用，提高民生保障和服务水平

依据《2017年网格化体系建设工作要点》，以"夯基础、强体系，增效能、促合力"为目标，加强网格化体系在加强城市管

理、完善社会服务，创新社会治理、促进和谐稳定中发挥越来越重要的作用。不断增强网格化服务管理能力。"2017年，全市16个区网格化信息系统共接报各类事件554.46万件，解决520.40万件，解决率为93.86%。"① "2017年全市完成100个老旧小区自我服务管理试点。试点围绕老旧小区服务差、环境乱、停车难等治理难题进行，共建立自管组织114个，驻区单位向所在社区居民开放自有服务设施131处，规范和新增停车位1.7万余个、83个小区（院）实现了停车规范管理。目前，全市累计建成593个老旧小区自我服务管理试点。"② 2017年市政府办实事工程中，建设100个"一刻钟社区服务圈"、200个"社区之家"示范点的任务提前超额完成。

西城区和东城区作为首都核心区，在国家治理体系和首都治理大局中有特殊位置。2017年北京市16个区城镇常住人口基本养老保险覆盖率排名靠前的是东城区、西城区。北京市16个区每千名常住人口执业（助理）医师排名靠前的是东城区、西城区；北京市16个区每千常住人口医院床位数排名靠前的是东城区、西城区；北京市16个区在岗职工平均工资增长速度排名靠前的是西城区；北京市16个区地方公共财政预算支出中社会保障和就业增长速度排名靠前的是西城区。

首都核心功能区从聚集功能求发展转向疏解功能来谋发展，从关注量的扩张转向关注质的提升，从更多关注经济增长的变化

---

① 《2017年全市网格化体系建设工作总结》，2018年3月30日，北京社会建设网（shb. beijing. gov. cn/2018/0330/9505. shtml）。

② 中共北京市委社会工作委员会、北京市社会建设工作办公室：《北京社会建设信息》普刊第1期，2018年1月5日，北京社会建设网（http：//shb. beijing. gov. cn/bjsjw/xxgk/bjshjsxxpk/2. shtml）。

转向更加注重经济、社会、文化、生态等多方面的整体协调与进步。管理上更加智能、精细、高效、规范，注重社会参与互动、文化的传承与精神的滋养。推动区域发展转型和管理转型，注重总体发展趋向与目标定位、城市发展方式与有机更新、产业发展模式与资源投向、城市安全运行与精细智慧管理、社会和谐有序与基础的重塑、治理方式的创新与科学施政。

核心城区疏解非首都功能成效显著。管控增量，疏解存量，加速推进各类批发市场有序疏解，到2017年，西城区全部完成区域性批发市场疏解任务。落实"老城不能再拆"的要求，科学编制近期和中长期全区街区整理工作的规划，细化工作任务和工作标准，进一步明确时间表、路线图。改善群众居住环境，消除安全隐患，保护历史文化名城，展现古都风貌，提升城市品质，扩展绿色公共空间，治理城市牛皮癣，塑造特色街区，做好做实社会治理的基础塑造，包括公共责任体系的建设、公民素养的提升等方面工作。

东城区17个街道全部成立街道社区社会组织联合会。作为"枢纽型"社会组织，负责对区域内社会组织进行统筹协调，加强联系服务和孵化培育，引导其参与"百街千巷"环境提升、社会组织"公益行"等活动，在社区服务、邻里互助等方面发挥积极作用，为社区社会组织可持续发展提供有益探索。2017年东城区腾退47处文物。配合市区疏解整治工程，重现"一轴、六片、三网、多点"的保护格局，修补和恢复旧城历史风貌。其中，以传统中轴线及沿线为"一轴"，重点打造南锣鼓巷、雍和宫—国子监、张自忠路南、东四三条至八条、东四南、鲜鱼口6片"历史文化精华区"，构建由胡同漫步系统和街道客厅构成的"路网"、绿地和绿植构成的"绿网"和历史水系构成的"蓝网",实现47处重点文物腾退、修缮与合理利用。腾退后的文物原则上用于公共服务设施提升,通过挖掘历史文化,讲好"东城故事"。

从排名上看,中心城区已经基本做到垃圾无害化处理率100%,郊区尚有提升的空间。

4. 京津冀协同发展,不断深化社会建设

"2015年至2017年,北京对津冀的投资呈现井喷态势,认缴出资额累计超过5600亿元。"① 让京津冀三地人民共享发展成果,是推动协同发展的根本出发点和落脚点。京津冀三地地缘相接,山水相依,生态环境协同保护和治理,也要树立"一盘棋"的意识。

2017年设立雄安新区,规划建设雄安新区是疏解北京非首都功能、推动京津冀协同发展的历史性工程,是千年大计、国家大事。北京拿出最优质的公共服务资源,主动对接雄安新区建设。深化完善规划、加快改革开放、保持历史耐心,创造"雄安质量",把雄安新区建成高质量发展的全国样板。启动一批基础性重大项目建设,加快推进前期工作,为新区规划建设开好局、起好步、打好基础。要扎实做好管理和服务工作,广泛吸引国内外优秀人才,研究制定新区建设投融资方案,继续抓好房地产、产业、人口等管控工作,为新区规划建设提供有力保障。把雄安新区建设成为高水平的社会主义现代化城市,推动京津冀协同发展不断取得新成效。

协同创新,提升北京创新资源辐射外溢能力。京津冀产业协

---

① 孙杰:《城市副中心雄安新区建设将两翼齐飞》,《北京日报》2018年7月30日第3版。

同也向纵深推进。北京（曹妃甸）现代产业发展试验区城建重工专用车等重点项目正式投产；北京·沧州生物医药产业园万生药业等4家企业竣工试生产；启动建设北京·滦南大健康产业园；京津冀大数据综合试验区应用感知体验中心和大数据协同处理中心建成启用。

二 北京市16个区社会建设进步指数

（一）北京市16个区社会建设进步指数排序

为便于和2016年数据指标进行对比，本章依据2017年数据模型，首先测算出2017年社会建设进步指数，再重新折算出2016年的社会建设指标。2017年北京市16个区社会建设指数，排名第一的西城区进步指数为2.99个百分点，最后一名怀柔区进步指数 -0.54个百分点，两者相差3.53个百分点（见图6—2）。

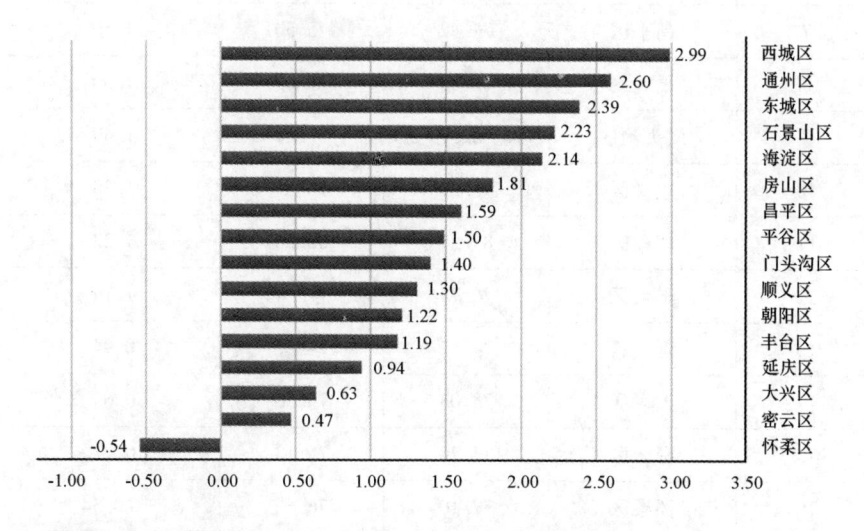

区	指数
西城区	2.99
通州区	2.60
东城区	2.39
石景山区	2.23
海淀区	2.14
房山区	1.81
昌平区	1.59
平谷区	1.50
门头沟区	1.40
顺义区	1.30
朝阳区	1.22
丰台区	1.19
延庆区	0.94
大兴区	0.63
密云区	0.47
怀柔区	-0.54

图6—2 北京市16个区2016年社会建设进步指数比较（单位:%）

西城区的社会建设进步指数在16个区中排名第1位。社会建设进步指数排名前三位的是西城区、通州区、东城区，排名后三位的是大兴区、密云区、怀柔区。

北京市16个区社会建设进步指数（2017年与2016年比较）排序见表6—2。

表6—2　北京市16个区2017年与2016年社会建设进步指数排名　　　　　　　　　　单位：分，%

排名	区县	社会建设指数百分制得分 2016年	社会建设指数百分制得分 2017年	进步指数（增长百分比）
1	西城区	87.29	89.90	2.99
2	通州区	73.87	75.79	2.60
3	东城区	86.54	88.61	2.39
4	石景山区	79.55	81.32	2.23
5	海淀区	80.02	81.73	2.14
6	房山区	75.15	76.51	1.81
7	昌平区	74.32	75.50	1.59
8	平谷区	75.89	77.03	1.50
9	门头沟区	78.57	79.67	1.40
10	顺义区	75.61	76.59	1.30
11	朝阳区	81.31	82.30	1.22
12	丰台区	76.73	77.64	1.19
13	延庆区	74.12	74.82	0.94
14	大兴区	75.03	75.50	0.63
15	密云区	74.78	75.13	0.47
16	怀柔区	77.10	76.68	-0.54

（二）北京市 16 个区社会建设进步指数分析

2017 年北京社会建设进步指数排在前三位的分别是西城区、通州区、东城区。

西城区作为首都核心功能区，不少指标的排名在全市排在首位，具体体现在城镇居民人均可支配收入、城镇居民人均可支配收入增长速度、在岗职工平均工资增长速度、地方公共财政预算支出中社会保障和就业增长速度、每千常住人口注册护士数等项目上。说明西城区地区经济运行良好，政府对医疗、就业等社会保障和社会公共服务的投入持续增长。

同样，作为首都核心功能区的东城区，排在全市首位的项目包括城镇常住人口基本养老保险覆盖率、城镇常住人口基本医疗保险覆盖率、城镇常住人口失业保险覆盖率、每千常住人口医院床位数、每千名常住人口执业（助理）医师等项。体现了东城区政府对于社会保障、社会服务的重视和举措得力。

通州区作为首都副中心，在一些具体指标的排名上表现突出。地方公共财政预算支出中教育增长速度排名第一，教育增长速度为 60.9%；地区生产总值第三产业中卫生和社会工作增长速度，排名第一，增长速度为 62.3%。通州区以下具体指数排名进入前三名的有：农村居民人均纯收入、农村居民人均纯收入增长速度、地方公共财政预算支出中医疗卫生与计划生育增长速度、万元 GDP 能耗下降率、地方公共财政预算支出中节能环保增长速度等项。

综上所述，西城区、通州区、东城区在近年来的经济社会发展布局中，不断推进经济社会的协调发展，不断满足居民对美好生活的向往。西城区的进步指数虽然仍保持第一的水平，但是西城区的个别指标如教育投入等方面，甚至出现负增长的情况。西城区的地方公共财政预算支出中教育增长速度为-12.1%；林木绿化率西城区在全市16个区排最后一名，只有14.6%，与排名第一的怀柔区林木绿化率（78.9%）相差64.3个百分点。西城区之所以出现教育投入负增长、林木绿化率低，在于：一方面，首都核心功能区坐拥良好的教育基础，投入发展的空间相对有限；另一方面，西城区和东城区疏解非首都核心功能，导致大量低端人口外迁，促进教育投入的结构性从数量投入向质量升级转化。首都核心功能区高楼林立、人口集聚，绿地不足，生态建设空间拓展有限。

通州区排名最后的几项有：每千常住人口医院床位数是2.54张，相比第一名的东城区差了9.67张。每千常住人口注册护士数，通州区为2.45人，与排名第一的西城区（11.82人）相差9.37人。二氧化硫（SO_2）年均浓度值排名最后，为20.1微克/立方米，比最后一名怀柔区9.2微克/立方米，相差10.9微克/立方米。通州区在社会服务、社会保障、社会环境等方面还有很大的发展空间。

三 北京市16个区社会建设36个指标排序

（一）城镇居民人均可支配收入

北京市16个区城镇居民人均可支配收入排名靠前的是西城区、海淀区、东城区、石景山区。排名第一的西城区城镇居民人均可支配收入 67492 元，最后一名怀柔区 33247 元，相差 34245元。北京中心城区与远郊区的城镇居民人均可支配收入存在较大差别。

北京市 16 个区城镇居民人均可支配收入见图 6—3。

区	金额
西城区	67492
海淀区	62325
东城区	61764
石景山区	56304
朝阳区	55450
丰台区	47127
门头沟区	42350
大兴区	40598
昌平区	38794
通州区	37608
房山区	36317
延庆区	35603
平谷区	35117
密云区	33878
顺义区	33394
怀柔区	33247

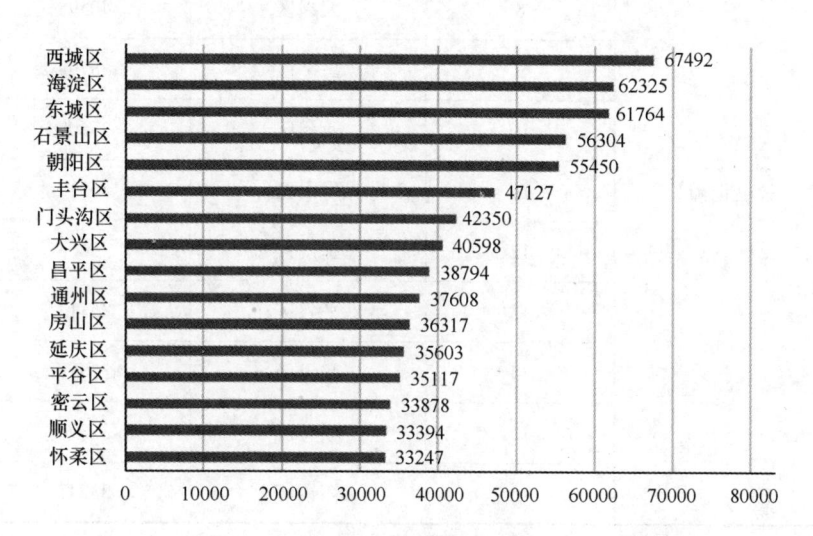

图 6—3　2017 年北京市各区城镇居民人均可支配收入

（单位：元）

北京市 16 个区城镇居民人均可支配收入排序见表 6—3。

表 6—3　　2017 年北京市各区城镇居民人均可支配收入　　单位：元

评价指标	序号	2017 年	
社会保障	1	西城区	67492
	2	海淀区	62325
	3	东城区	61764
	4	石景山区	56304
	5	朝阳区	55450

续表

评价指标	序号	2017年	
社会保障	6	丰台区	47127
	7	门头沟区	42350
	8	大兴区	40598
	9	昌平区	38794
	10	通州区	37608
	11	房山区	36317
	12	延庆区	35603
	13	平谷区	35117
	14	密云区	33878
	15	顺义区	33394
	16	怀柔区	33247

（二）城镇居民人均可支配收入增长速度

北京市16个区城镇居民人均可支配收入增长速度排名靠前的是西城区、东城区、石景山区、海淀区、朝阳区。排名第一的西城区城镇居民人均可支配收入增长速度42.41个百分点，最后一名顺义区-8.33个百分点，相差50.74个百分点。北京首都功能核心区城镇居民人均可支配收入的增长速度与其他三个功能区相比较慢，因其基数较大，影响到其增长速度。

北京市16个区人均可支配收入增长速度见图6—4。

第六章 北京市 16 个区社会建设指数

区	数值
西城区	42.41
东城区	37.09
石景山区	34.24
海淀区	24.43
朝阳区	24.20
丰台区	14.02
门头沟区	11.38
大兴区	9.34
昌平区	9.23
延庆区	5.40
通州区	1.38
房山区	1.13
平谷区	-3.06
密云区	-4.57
怀柔区	-7.06
顺义区	-8.33

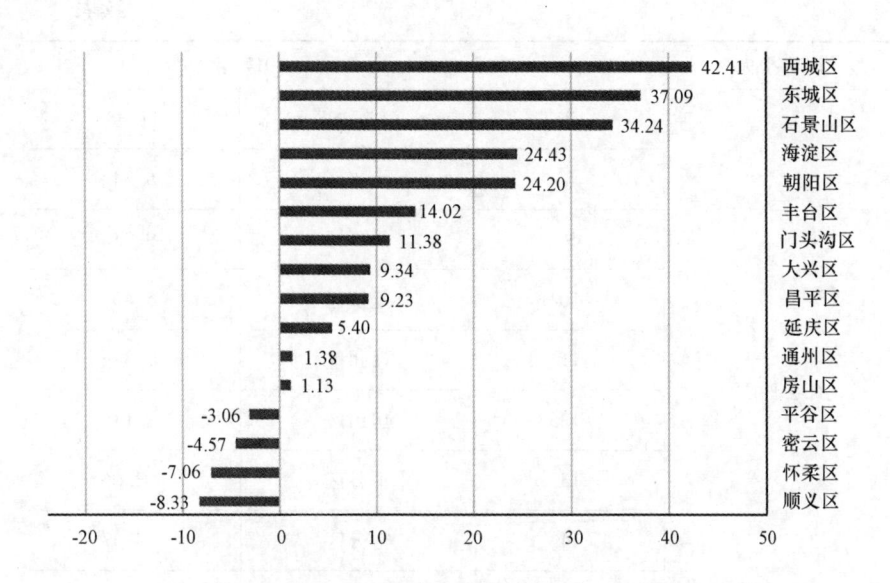

图6—4 2017年北京市各区城镇居民人均可支配收入增长速度（单位:%）

北京市16个区城镇居民人均可支配收入增长速度排序见表6—4。

表6—4 2017年北京市各区城镇居民人均可支配收入增长速度   单位:%

评价指标	序号	2017 年	
社会保障	1	西城区	42.41
	2	东城区	37.09
	3	石景山区	34.24
	4	海淀区	24.43
	5	朝阳区	24.20
	6	丰台区	14.02

续表

评价指标	序号	2017 年	
社会保障	7	门头沟区	11.38
	8	大兴区	9.34
	9	昌平区	9.23
	10	延庆区	5.40
	11	通州区	1.38
	12	房山区	1.13
	13	平谷区	-3.06
	14	密云区	-4.57
	15	怀柔区	-7.06
	16	顺义区	-8.33

(三) 农村居民人均纯收入

北京市 16 个区中 10 个区有农村居民,农村居民人均纯收入排名靠前的是顺义区、通州区、门头沟区、平谷区。排名第一的顺义区农村居民人均纯收入 22648 元,最后一名大兴区 17796 元,相差 4852 元。远郊区农村居民人均纯收入水平不高,保障农村居民收入增长仍需寻求新的思路。(海淀区、石景山区、丰台区、朝阳区、西城区和东城区因无此项数据,故图表显示为 0,不作分析。)

北京市 10 个区农村居民人均纯收入状况见图 6—5。

第六章 北京市16个区社会建设指数

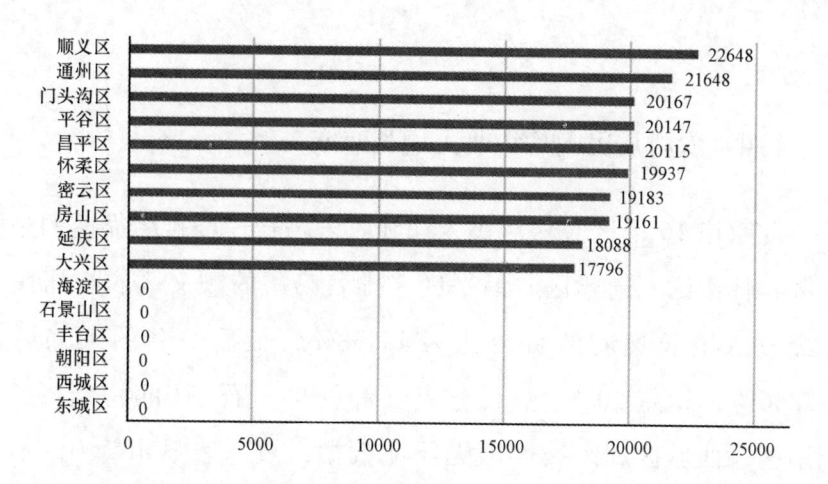

图6—5 2017年北京市各区农村居民人均纯收入（单位：元）

北京市10个区农村居民人均纯收入排序见表6—5。

表6—5　　2017年北京市各区农村居民人均纯收入　　单位：元

评价指标	序号	2017年	
社会保障	1	顺义区	22648
	2	通州区	21648
	3	门头沟区	20167
	4	平谷区	20147
	5	昌平区	20115
	6	怀柔区	19937
	7	密云区	19183
	8	房山区	19161
	9	延庆区	18088
	10	大兴区	17796
	11	东城区	0
	12	西城区	0
	13	朝阳区	0
	14	丰台区	0
	15	石景山区	0
	16	海淀区	0

（四）农村居民人均纯收入增长速度

北京市16个区农村居民人均纯收入增长速度排名靠前的是顺义区、怀柔区、通州区、昌平区。排名第一的顺义区农村居民人均纯收入增长速度的百分比为15.38%，最后一名的大兴区为-5.46%，相差20.84个百分点（海淀区、石景山区、丰台区、朝阳区、西城区和东城区因无此项数据，故图表显示为0，不作分析）。

北京市10个区农村居民人均纯收入增长速度状况见图6—6。

区	增长速度(%)
顺义区	15.38
怀柔区	9.57
通州区	7.83
昌平区	7.63
密云区	7.44
平谷区	7.25
门头沟区	6.92
延庆区	6.29
房山区	1.87
大兴区	-5.46
海淀区	0
石景山区	0
丰台区	0
朝阳区	0
西城区	0
东城区	0

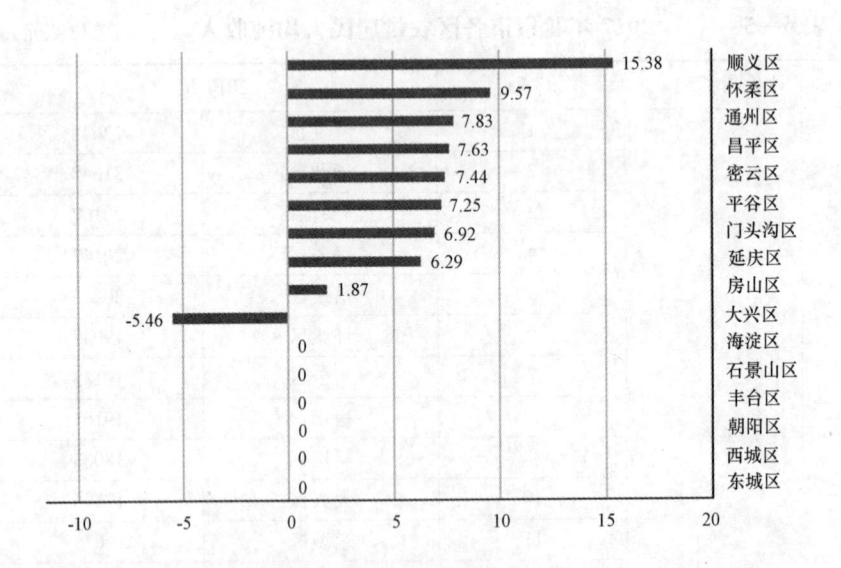

图6—6 2017年北京市各区农村居民人均纯收入增长速度
（单位:%）

北京市10个区农村居民人均纯收入排序见表6—6。

表6—6　2017年北京市各区农村居民人均纯收入增长速度　　单位:%

评价指标	序号	2017年	
社会保障	1	顺义区	15.38
	2	怀柔区	9.57
	3	通州区	7.83
	4	昌平区	7.63
	5	密云区	7.44
	6	平谷区	7.25
	7	门头沟区	6.92
	8	延庆区	6.29
	9	房山区	1.87
	10	大兴区	-5.46
	11	东城区	0
	12	西城区	0
	13	朝阳区	0
	14	丰台区	0
	15	石景山区	0
	16	海淀区	0

（五）城镇常住人口基本养老保险覆盖率

北京市16个区城镇常住人口基本养老保险覆盖率排名靠前的是东城区、西城区。排名第一的东城区城镇常住人口基本养老保险覆盖率为151.99%，最后一名昌平区为22.40%，相差129.59个百分点。北京市的基本养老保险已经在体系建设上实现了全覆盖，但远郊区的基本养老保险参保情况仍有待提升。

北京市16个区城镇常住人口基本养老保险覆盖率见图6—7。

图中数据：
- 东城区 151.99
- 西城区 147.60
- 朝阳区 76.21
- 门头沟区 68.61
- 海淀区 67.35
- 石景山区 63.83
- 顺义区 56.35
- 怀柔区 52.66
- 平谷区 44.91
- 密云区 38.77
- 丰台区 37.62
- 房山区 33.65
- 通州区 33.23
- 大兴区 31.71
- 延庆区 28.25
- 昌平区 22.40

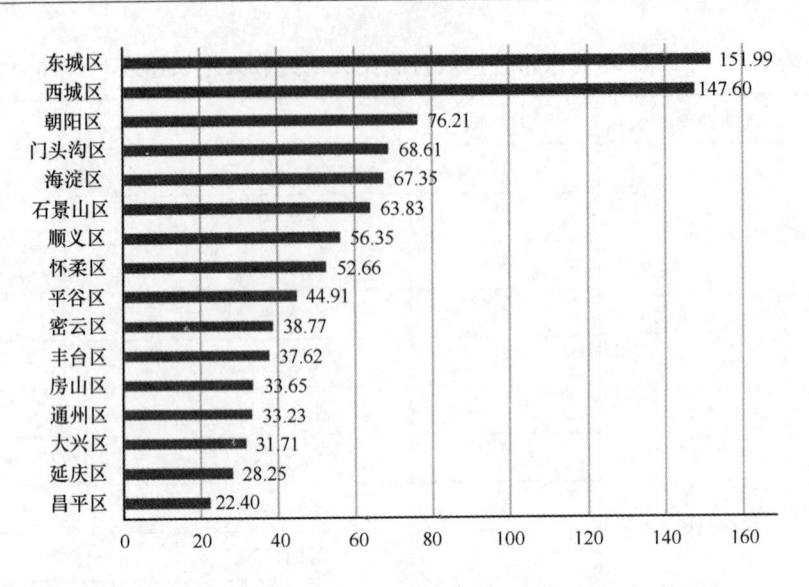

图 6—7　2017 年北京市各区城镇常住人口基本养老保险覆盖率（单位:%）

北京市 16 个区城镇常住人口基本养老保险覆盖率排序见表 6—7。

表 6—7　2017 年北京市各区城镇常住人口基本养老保险覆盖率　　　　　单位:%

评价指标	序号	2017 年	
社会保障	1	东城区	151.99
	2	西城区	147.60
	3	朝阳区	76.21
	4	门头沟区	68.61
	5	海淀区	67.35
	6	石景山区	63.83
	7	顺义区	56.35
	8	怀柔区	52.66
	9	平谷区	44.91
	10	密云区	38.77
	11	丰台区	37.62

续表

评价指标	序号	2017 年	
社会保障	12	房山区	33.65
	13	通州区	33.23
	14	大兴区	31.71
	15	延庆区	28.25
	16	昌平区	22.40

（六）新型农村合作医疗参合率

北京市13个区新型农村合作医疗参合率排名靠前的是密云区、平谷区、大兴区、通州区。排名第一的密云区新型农村合作医疗参合率为99.96%，最后一名顺义区为97.03%，相差2.93个百分点（石景山区、西城区和东城区因无此项数据，故图表显示为0，不作分析）。

北京市13个区新型农村合作医疗参合率见图6—8。

区	参合率
密云区	99.96
平谷区	99.91
大兴区	99.78
通州区	99.77
门头沟区	99.76
朝阳区	99.74
丰台区	99.65
延庆区	99.60
昌平区	99.55
怀柔区	99.46
房山区	98.80
海淀区	98.36
顺义区	97.03
石景山区	0
西城区	0
东城区	0

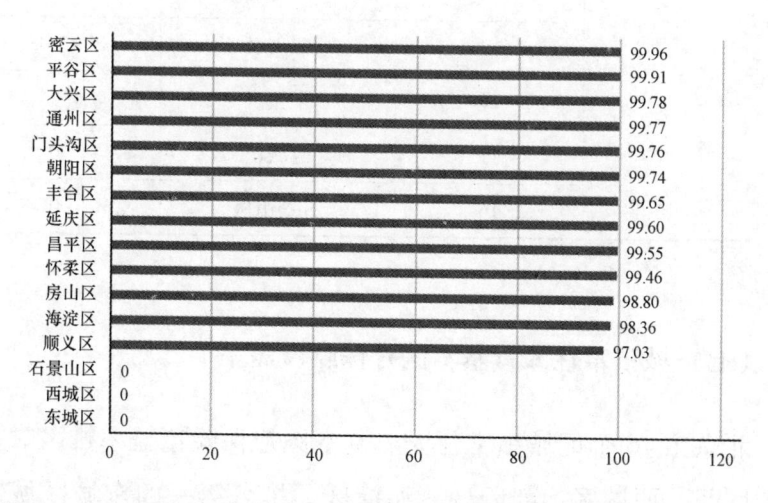

图6—8　2017年北京市各区新型农村合作医疗参合率（单位:%）

北京市 13 个区新型农村合作医疗参合率排序见表 6—8。

表 6—8　　2017 年北京市各区新型农村合作医疗参合率　　　单位:%

评价指标	序号	2017 年	
社会保障	1	密云区	99.96
	2	平谷区	99.91
	3	大兴区	99.78
	4	通州区	99.77
	5	门头沟区	99.76
	6	朝阳区	99.74
	7	丰台区	99.65
	8	延庆区	99.60
	9	昌平区	99.55
	10	怀柔区	99.46
	11	房山区	98.80
	12	海淀区	98.36
	13	顺义区	97.03
	14	东城区	0
	15	西城区	0
	16	石景山区	0

(七) 城镇常住人口基本医疗保险覆盖率

北京市 16 个区城镇常住人口基本医疗保险覆盖率排名靠前的是东城区、西城区、朝阳区、海淀区。排名第一的东城区城镇常住人口基本医疗保险覆盖率为 176.58%,最后一名昌平区为

24.08%，相差152.50个百分点。北京市的基本医疗保险已经在体系建设上实现了全覆盖，但远郊区的基本医疗保险参保情况仍有待提升。

北京市16个区城镇常住人口基本医疗保险覆盖率见图6—9。

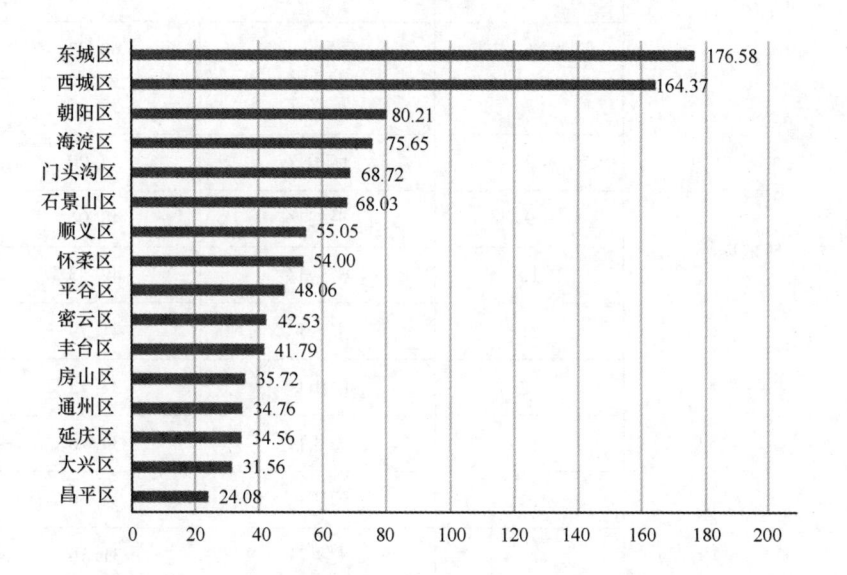

区	覆盖率
东城区	176.58
西城区	164.37
朝阳区	80.21
海淀区	75.65
门头沟区	68.72
石景山区	68.03
顺义区	55.05
怀柔区	54.00
平谷区	48.06
密云区	42.53
丰台区	41.79
房山区	35.72
通州区	34.76
延庆区	34.56
大兴区	31.56
昌平区	24.08

图6—9　2017年北京市各区城镇常住人口基本医疗保险覆盖率（单位:%）

北京市16个区城镇常住人口基本医疗保险覆盖率排序见表6—9。

表6—9　2017年北京市各区城镇常住人口基本医疗保险覆盖率　　　　　　　　　　　　单位:%

评价指标	序号	2017年	
社会保障	1	东城区	176.58
	2	西城区	164.37

续表

评价指标	序号	2017 年	
社会保障	3	朝阳区	80.21
	4	海淀区	75.65
	5	门头沟区	68.72
	6	石景山区	68.03
	7	顺义区	55.05
	8	怀柔区	54.00
	9	平谷区	48.06
	10	密云区	42.53
	11	丰台区	41.79
	12	房山区	35.72
	13	通州区	34.76
	14	延庆区	34.56
	15	大兴区	31.56
	16	昌平区	24.08

（八）城镇常住人口失业保险覆盖率

北京市16个区城镇常住人口失业保险覆盖率排名靠前的是东城区、西城区。排名第一的东城区城镇常住人口失业保险覆盖率为118.76%，最后一名昌平区为17.14%，相差101.62个百分点。

北京市16个区城镇常住人口失业保险覆盖率见图6—10。

第六章 北京市16个区社会建设指数

```
东城区    ████████████████████ 118.76
西城区    ███████████████████ 111.48
朝阳区    ██████████ 58.78
海淀区    ██████████ 57.46
门头沟区  ████████ 46.94
顺义区    ███████ 43.87
怀柔区    ███████ 43.68
石景山区  ███████ 39.96
平谷区    ██████ 33.59
密云区    █████ 29.98
丰台区    ████ 26.36
房山区    ████ 24.80
通州区    ████ 24.24
大兴区    ████ 23.63
延庆区    ███ 21.10
昌平区    ███ 17.14
         0  20  40  60  80  100  120  140
```

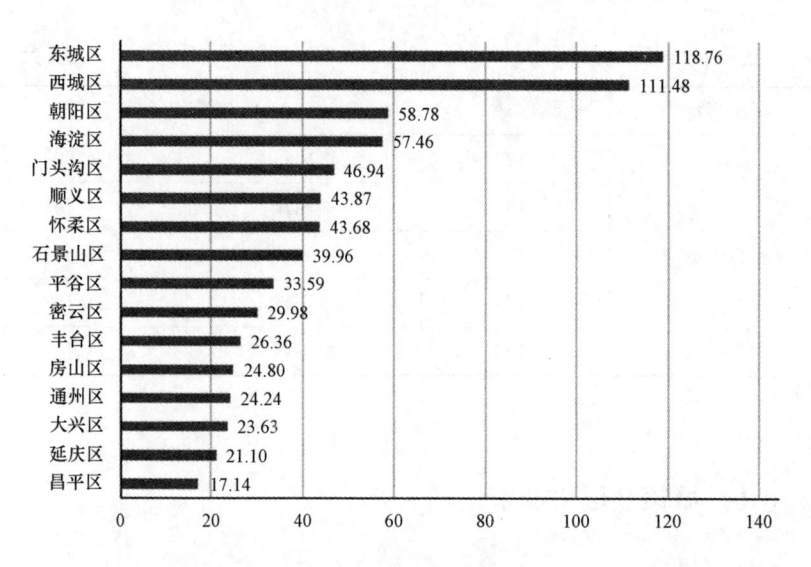

图6—10　2017年北京市各区城镇常住人口失业保险覆盖率（单位:%）

北京市16个区城镇常住人口失业保险覆盖率排序见表6—10。

表6—10　2017年北京市各区城镇常住人口失业保险覆盖率　单位:%

评价指标	序号	2017年	
社会保障	1	东城区	118.76
	2	西城区	111.48
	3	朝阳区	58.78
	4	海淀区	57.46
	5	门头沟区	46.94
	6	顺义区	43.87
	7	怀柔区	43.68
	8	石景山区	39.96
	9	平谷区	33.59
	10	密云区	29.98
	11	丰台区	26.36

续表

评价指标	序号	2017年	
社会保障	12	房山区	24.80
	13	通州区	24.24
	14	大兴区	23.63
	15	延庆区	21.10
	16	昌平区	17.14

（九）城镇登记失业率

北京市16个区城镇登记失业率排名靠前的是海淀区、朝阳区、西城区、东城区。排名第一的海淀区城镇登记失业率为0.63%，最后一名门头沟区为5.76%，相差5.13个百分点。

北京市16个区城镇登记失业率见图6—11。

区	失业率
海淀区	0.63
朝阳区	0.64
西城区	0.70
东城区	0.72
顺义区	0.85
昌平区	1.58
丰台区	1.59
密云区	1.90
大兴区	2.00
平谷区	2.04
通州区	2.32
石景山区	2.36
怀柔区	2.50
延庆区	3.19
房山区	4.55
门头沟区	5.76

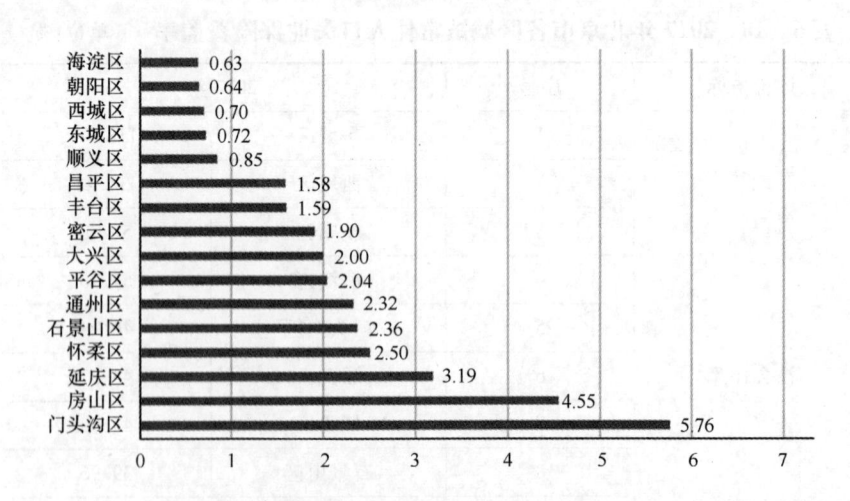

图6—11 2017年北京市16个区城镇登记失业率（单位：%）

北京市16个区城镇登记失业率排序见表6—11。

表6—11　　　2017年北京市各区城镇登记失业率　　　单位:%

评价指标	序号		2017年
社会保障	1	海淀区	0.63
	2	朝阳区	0.64
	3	西城区	0.70
	4	东城区	0.72
	5	顺义区	0.85
	6	昌平区	1.58
	7	丰台区	1.59
	8	密云区	1.90
	9	大兴区	2.00
	10	平谷区	2.04
	11	通州区	2.32
	12	石景山区	2.36
	13	怀柔区	2.50
	14	延庆区	3.19
	15	房山区	4.55
	16	门头沟区	5.76

（十）在岗职工平均工资增长速度

北京市16个区在岗职工平均工资增长速度排名靠前的是西城区、东城区、密云区、怀柔区。排名第一的西城区在岗职工平均工资增长速度为13.7%，最后一名门头沟区为1.7%，相差12个百分点。

北京市16个区在岗职工平均工资增长速度见图6—12。

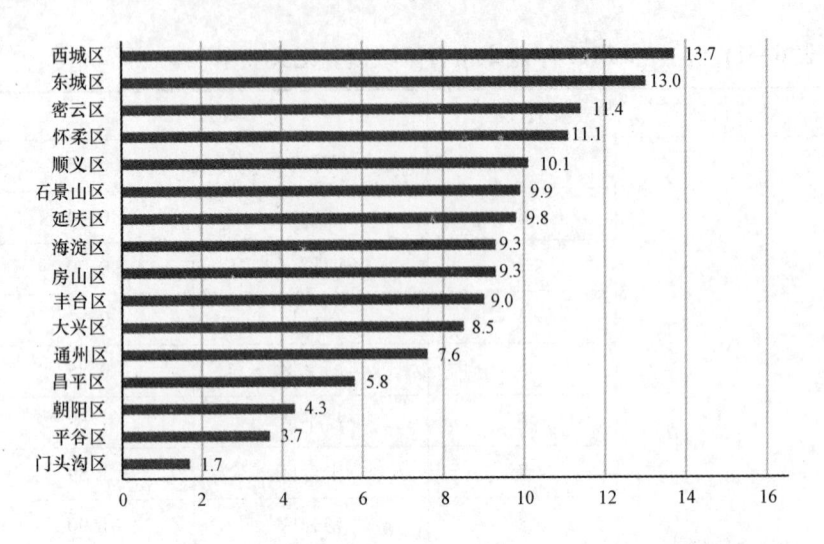

区	增速
西城区	13.7
东城区	13.0
密云区	11.4
怀柔区	11.1
顺义区	10.1
石景山区	9.9
延庆区	9.8
海淀区	9.3
房山区	9.3
丰台区	9.0
大兴区	8.5
通州区	7.6
昌平区	5.8
朝阳区	4.3
平谷区	3.7
门头沟区	1.7

图 6—12 2017 年北京市 16 个区在岗职工平均工资增长速度（单位:%）

北京市 16 个区在岗职工平均工资增长速度排序见表 6—12。

表 6—12　2017 年北京市各区在岗职工平均工资增长速度　　单位:%

评价指标	序号	2017 年	
社会保障	1	西城区	13.7
	2	东城区	13.0
	3	密云区	11.4
	4	怀柔区	11.1
	5	顺义区	10.1
	6	石景山区	9.9
	7	延庆区	9.8
	8	海淀区	9.3
	9	房山区	9.3
	10	丰台区	9.0
	11	大兴区	8.5
	12	通州区	7.6
	13	昌平区	5.8

续表

评价指标	序号	2017 年	
社会保障	14	朝阳区	4.3
	15	平谷区	3.7
	16	门头沟区	1.7

（十一）每万人口城市居民最低生活保障人数

北京市 16 个区每万人口城市居民最低生活保障人数排名靠前的是门头沟区、东城区、西城区、石景山区。排名第一的门头沟区每万人口城市居民最低生活保障人数为 197.47 人，最后一名昌平区为 3.96 人，相差 193.51 人。

北京市 16 个区每万人口城市居民最低生活保障人数见图6—13。

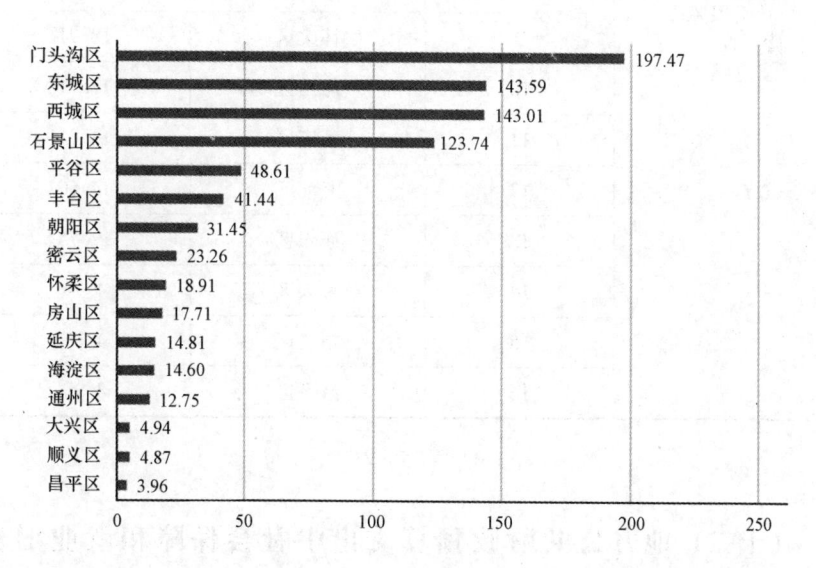

区	数值
门头沟区	197.47
东城区	143.59
西城区	143.01
石景山区	123.74
平谷区	48.61
丰台区	41.44
朝阳区	31.45
密云区	23.26
怀柔区	18.91
房山区	17.71
延庆区	14.81
海淀区	14.60
通州区	12.75
大兴区	4.94
顺义区	4.87
昌平区	3.96

图6—13 2017年北京市16个区每万人口城市居民最低生活保障人数（单位：人）

北京市 16 个区每万人口城市居民最低生活保障人数排序见表 6—13。

表 6—13　2017 年北京市各区每万人口城市居民最低生活保障人数　　单位：人

评价指标	序号	2017 年	
社会保障	1	门头沟区	197.47
	2	东城区	143.59
	3	西城区	143.01
	4	石景山区	123.74
	5	平谷区	48.61
	6	丰台区	41.44
	7	朝阳区	31.45
	8	密云区	23.26
	9	怀柔区	18.91
	10	房山区	17.71
	11	延庆区	14.81
	12	海淀区	14.60
	13	通州区	12.75
	14	大兴区	4.94
	15	顺义区	4.87
	16	昌平区	3.96

（十二）地方公共财政预算支出中社会保障和就业增长速度

北京市 16 个区地方公共财政预算支出中社会保障和就业增长

速度排名靠前的是西城区、海淀区、房山区。排名第一的西城区地方公共财政预算支出中社会保障和就业增长速度为62.3%，最后一名朝阳区为15.3%，相差47个百分点。

北京市16个区地方公共财政预算支出中社会保障和就业增长速度见图6—14。

区	增长速度
西城区	62.3
海淀区	56.8
房山区	55.1
通州区	46.8
丰台区	45.4
昌平区	36.7
顺义区	32.7
延庆区	32.0
大兴区	29.2
平谷区	28.4
石景山区	28.2
门头沟区	27.2
密云区	23.4
东城区	21.2
怀柔区	18.8
朝阳区	15.3

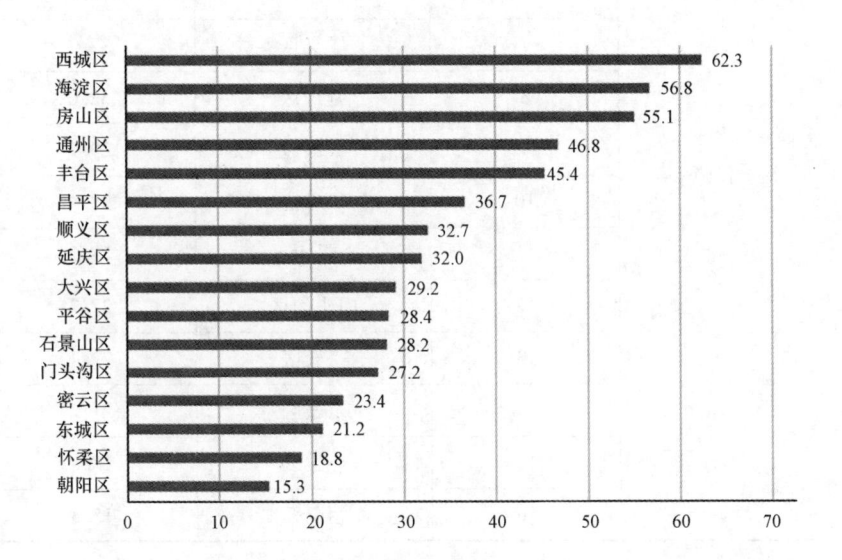

图6—14　2017年北京市16个区地方公共财政预算支出中社会保障和就业增长速度（单位:%）

北京市16个区地方公共财政预算支出中社会保障和就业增长速度排序见表6—14。

表6—14　2017年北京市各区地方公共财政预算支出中社会保障和就业增长速度　　　　　　单位:%

评价指标	序号	2017年	
社会保障	1	西城区	62.3
	2	海淀区	56.8

续表

评价指标	序号	2017年	
社会保障	3	房山区	55.1
	4	通州区	46.8
	5	丰台区	45.4
	6	昌平区	36.7
	7	顺义区	32.7
	8	延庆区	32.0
	9	大兴区	29.2
	10	平谷区	28.4
	11	石景山区	28.2
	12	门头沟区	27.2
	13	密云区	23.4
	14	东城区	21.2
	15	怀柔区	18.8
	16	朝阳区	15.3

（十三）地方公共财政预算支出中教育增长速度

北京市16个区地方公共财政预算支出中教育增长速度排名靠前的是通州区、昌平区、石景山区、平谷区。排名第一的通州区地方公共财政预算支出中教育增长速度为60.9%，最后一名西城区为-12.1%，相差73个百分点。

北京市16个区地方公共财政预算支出中教育增长速度见图6—15。

第六章 北京市16个区社会建设指数

区	数值
通州区	60.9
昌平区	59.8
石景山区	57.4
平谷区	53.0
房山区	49.5
密云区	45.2
顺义区	44.8
门头沟区	43.1
怀柔区	39.4
海淀区	36.7
延庆区	30.3
大兴区	26.7
丰台区	26.0
东城区	20.7
朝阳区	10.4
西城区	-12.1

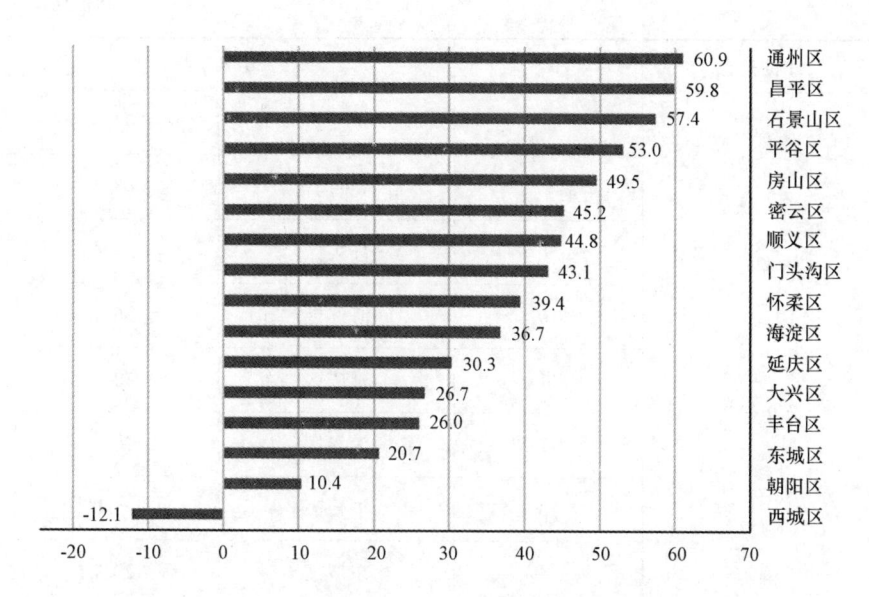

图6—15　2017年北京市16个区地方公共财政预算支出中教育增长速度（单位：%）

北京市16个区地方公共财政预算支出中教育增长速度排序见表6—15。

表6—15　2017年北京市各区地方公共财政预算支出中教育增长速度　　　　单位：%

评价指标	序号	2017年	
社会保障	1	通州区	60.9
	2	昌平区	59.8
	3	石景山区	57.4
	4	平谷区	53.0
	5	房山区	49.5
	6	密云区	45.2

续表

评价指标	序号	2017年	
社会保障	7	顺义区	44.8
	8	门头沟区	43.1
	9	怀柔区	39.4
	10	海淀区	36.7
	11	延庆区	30.3
	12	大兴区	26.7
	13	丰台区	26.0
	14	东城区	20.7
	15	朝阳区	10.4
	16	西城区	-12.1

(十四) 地方公共财政预算支出中医疗卫生与计划生育增长速度

北京市16个区地方公共财政预算支出中医疗卫生与计划生育增长速度排名靠前的是顺义区、通州区、平谷区、东城区。排名第一的顺义区地方公共财政预算支出中医疗卫生与计划生育增长速度为34.2%，最后一名昌平区为-1.9%，相差36.1个百分点。

北京市16个区地方公共财政预算支出中医疗卫生与计划生育增长速度见图6—16。

第六章 北京市16个区社会建设指数

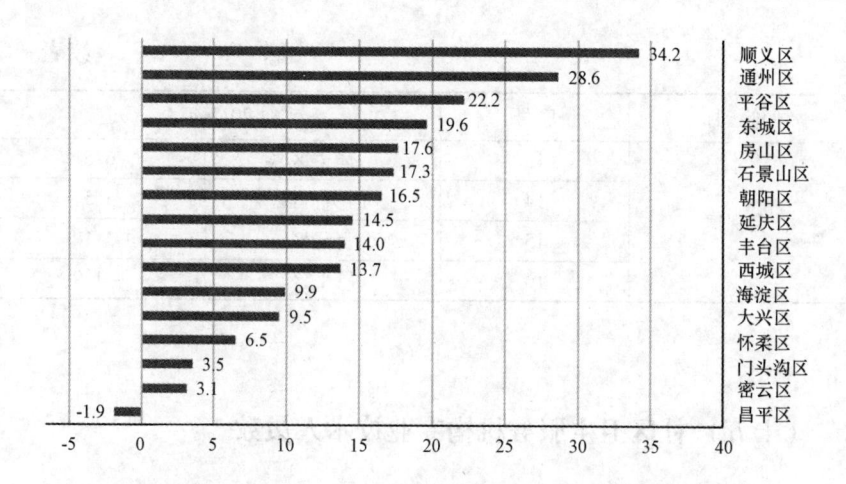

图6—16 2017年北京市16个区地方公共财政预算支出中医疗卫生与计划生育增长速度（单位：%）

区	数值
顺义区	34.2
通州区	28.6
平谷区	22.2
东城区	19.6
房山区	17.6
石景山区	17.3
朝阳区	16.5
延庆区	14.5
丰台区	14.0
西城区	13.7
海淀区	9.9
大兴区	9.5
怀柔区	6.5
门头沟区	3.5
密云区	3.1
昌平区	-1.9

北京市16个区地方公共财政预算支出中医疗卫生与计划生育增长速度排序见表6—16。

表6—16 2017年北京市各区地方公共财政预算支出中医疗卫生与计划生育增长速度 单位：%

评价指标	序号	2017年	
社会保障	1	顺义区	34.2
	2	通州区	28.6
	3	平谷区	22.2
	4	东城区	19.6
	5	房山区	17.6
	6	石景山区	17.3
	7	朝阳区	16.5
	8	延庆区	14.5
	9	丰台区	14.0
	10	西城区	13.7
	11	海淀区	9.9
	12	大兴区	9.5

续表

评价指标	序号	2017 年	
社会保障	13	怀柔区	6.5
	14	门头沟区	3.5
	15	密云区	3.1
	16	昌平区	-1.9

（十五）社区卫生服务机构专业技术人员数

北京市16个区每千人口社区卫生服务机构专业技术人员数排名靠前的是朝阳区、海淀区、丰台区、大兴区。排名第一的朝阳区社区卫生服务机构专业技术人员数为4442人，最后一名门头沟区为553人，相差3889人。

北京市16个区社区每千人口社区卫生服务机构专业技术人员数见图6—17。

区	人数
朝阳区	4442
海淀区	3427
丰台区	2374
大兴区	2365
通州区	1763
西城区	1753
顺义区	1505
昌平区	1440
房山区	1347
东城区	1157
密云区	931
平谷区	908
石景山区	852
延庆区	694
怀柔区	682
门头沟区	553

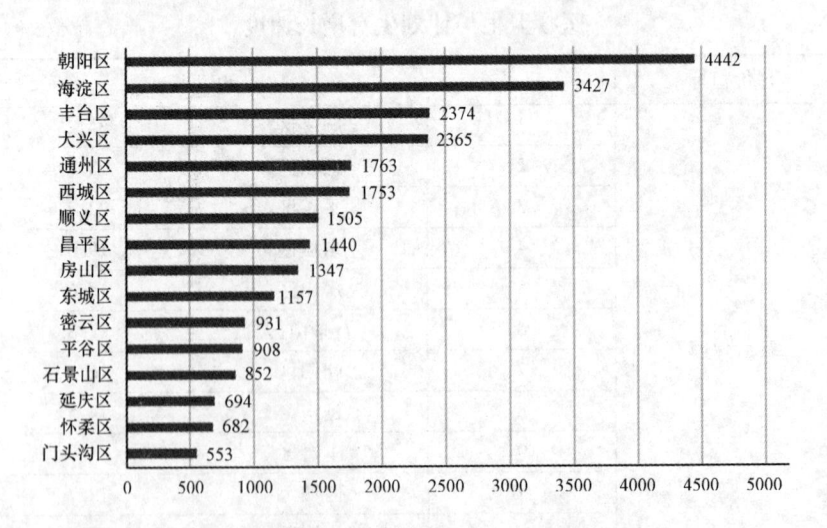

图6—17　2017年北京市16个区每千人口社区卫生服务机构专业技术人员数（单位：人）

北京市16个区每千人口社区卫生服务机构专业技术人员数排序见表6—17。

表6—17　2017年北京市各区每千人口社区卫生服务机构专业技术人员数　　　　　单位：人

评价指标	序号	2017年	
社会服务	1	朝阳区	4442
	2	海淀区	3427
	3	丰台区	2374
	4	大兴区	2365
	5	通州区	1763
	6	西城区	1753
	7	顺义区	1505
	8	昌平区	1440
	9	房山区	1347
	10	东城区	1157
	11	密云区	931
	12	平谷区	908
	13	石景山区	852
	14	延庆区	694
	15	怀柔区	682
	16	门头沟区	553

（十六）卫生机构床位数

北京市16个区卫生机构床位数排名靠前的是朝阳区、西城区、海淀区。排名第一的朝阳区卫生机构床位数为20075张，最后一名延庆区为982张，相差19093张。卫生机构床位数是反映地区医疗资源分布的一项重要指标。

北京市16个区卫生机构床位数见图6—18。

区	床位数
朝阳区	20075
西城区	15604
海淀区	11238
东城区	11046
昌平区	10147
丰台区	9534
大兴区	6780
房山区	6362
石景山区	4636
通州区	3494
顺义区	3430
门头沟区	2858
平谷区	2020
怀柔区	1683
密云区	1666
延庆区	982

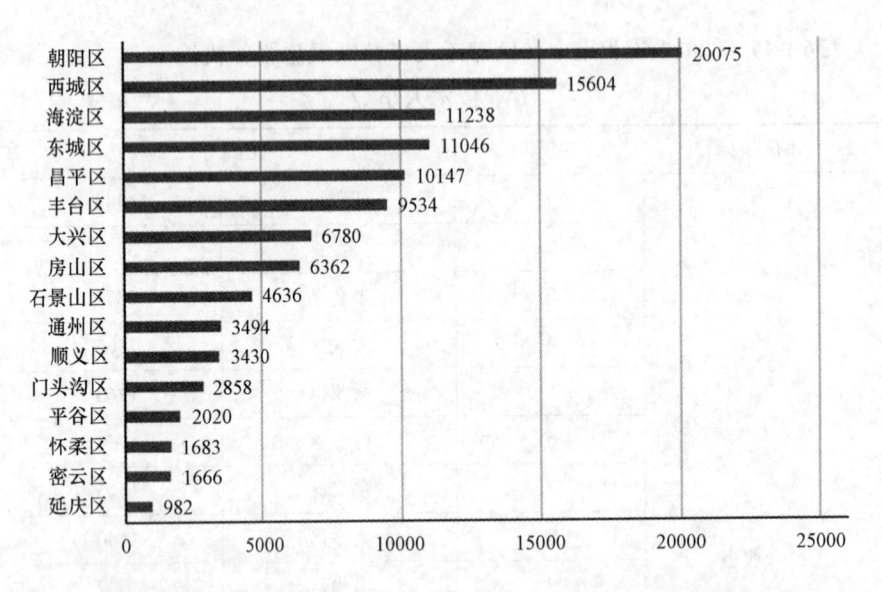

图6—18　2017年北京市16个区卫生机构床位数（单位：张）

北京市16个区卫生机构床位数排序见表6—18。

表6—18　　　　2017年北京市各区卫生机构床位数　　　　单位：张

评价指标	序号	2017年	
社会服务	1	朝阳区	20075
	2	西城区	15604
	3	海淀区	11238
	4	东城区	11046
	5	昌平区	10147
	6	丰台区	9534

续表

评价指标	序号	2017 年	
社会服务	7	大兴区	6780
	8	房山区	6362
	9	石景山区	4636
	10	通州区	3494
	11	顺义区	3430
	12	门头沟区	2858
	13	平谷区	2020
	14	怀柔区	1683
	15	密云区	1666
	16	延庆区	982

（十七）每千常住人口医院床位数

北京市 16 个区每千常住人口医院床位数排名靠前的是东城区、西城区、门头沟区、石景山区。排名第一的东城区的每千常住人口医院床位数为 12.21 张，最后一名通州区为 2.54 张，相差 9.67 张。

虽然以朝阳区、海淀区为代表的城市功能拓展区在医院床位数的总量上排名靠前，但在人均数量上，却分别排在第 7 位和第 15 位，显示出相对的不足。同时由于医疗资源质量不平衡，中心城区还要为其他郊区分担医疗需求，因此城市功能拓展区的医疗资源一方面仍需在总量上有所提高，另一方面也有必要将高端人才、设施等优质医疗资源向边远地区输送，以缓解中心城区的医疗空间和时间以及交通、住宿等方面的压力。

北京市 16 个区每千常住人口医院床位数见图 6—19。

区	数值
东城区	12.21
西城区	12.02
门头沟区	9.28
石景山区	7.11
房山区	6.08
昌平区	5.17
朝阳区	5.08
平谷区	4.78
怀柔区	4.38
大兴区	4.34
丰台区	4.10
密云区	3.48
顺义区	3.36
延庆区	3.13
海淀区	3.04
通州区	2.54

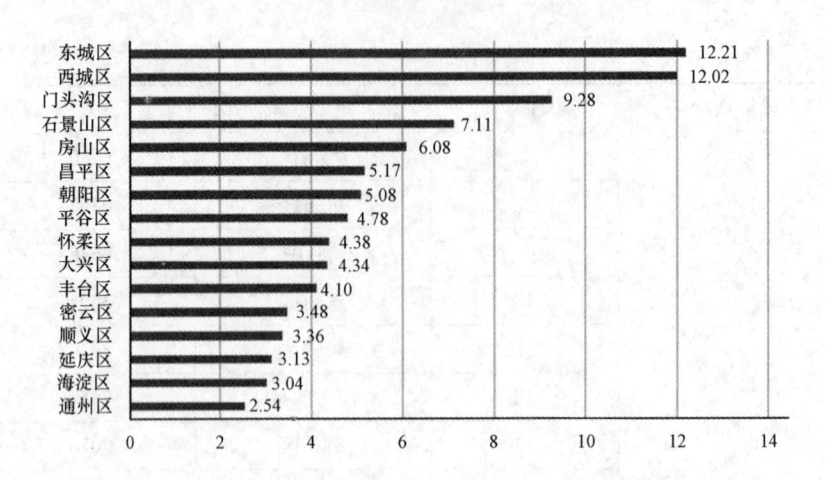

图6—19 2017年北京市16个区每千常住人口医院床位数（单位：张）

北京市16个区每千常住人口医院床位数排序见表6—19。

表6—19 2017年北京市各区每千常住人口医院床位数   单位：张

评价指标	序号	2017年	
社会服务	1	东城区	12.21
	2	西城区	12.02
	3	门头沟区	9.28
	4	石景山区	7.11
	5	房山区	6.08
	6	昌平区	5.17
	7	朝阳区	5.08
	8	平谷区	4.78
	9	怀柔区	4.38
	10	大兴区	4.34
	11	丰台区	4.10
	12	密云区	3.48
	13	顺义区	3.36

续表

评价指标	序号	2017 年	
社会服务	14	延庆区	3.13
	15	海淀区	3.04
	16	通州区	2.54

（十八）每千名常住人口执业（助理）医师

北京市 16 个区每千名常住人口执业（助理）医师排名靠前的是东城区、西城区、朝阳区、石景山区。排名第一的东城区每千名常住人口执业（助理）医师为 10.82 人，最后一名通州区为 2.44 人，相差 8.38 人。

北京市 16 个区每千名常住人口执业（助理）医师见图 6—20。

区	人数
东城区	10.82
西城区	9.24
朝阳区	4.51
石景山区	4.37
门头沟区	3.80
平谷区	3.62
怀柔区	3.61
房山区	3.36
密云区	3.30
顺义区	3.13
延庆区	3.00
海淀区	2.91
丰台区	2.80
大兴区	2.57
昌平区	2.45
通州区	2.44

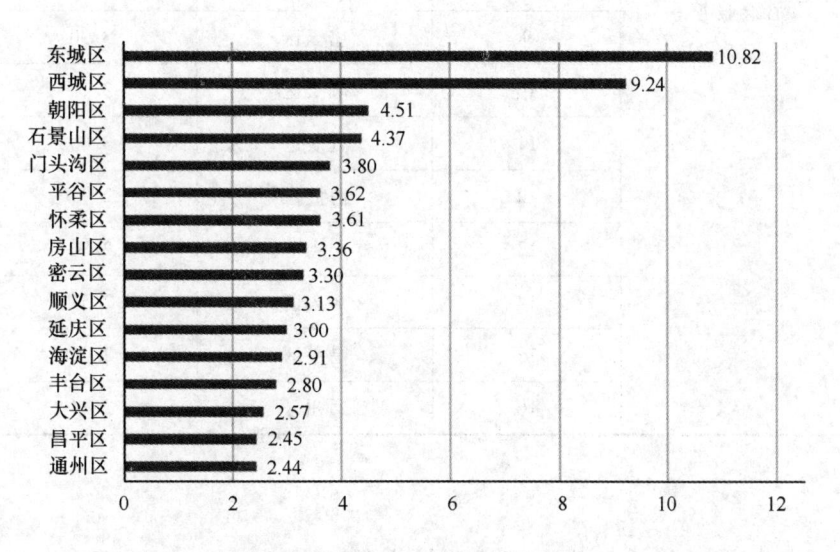

图 6—20　2017 年北京市 16 个区每千名常住人口执业（助理）医师（单位：人）

北京市16个区每千名常住人口执业（助理）医师排序见表6—20。

表6—20　　2017年北京市各区每千名常住人口执业（助理）医师　　单位：人

评价指标	序号	2017年	
社会服务	1	东城区	10.82
	2	西城区	9.24
	3	朝阳区	4.51
	4	石景山区	4.37
	5	门头沟区	3.80
	6	平谷区	3.62
	7	怀柔区	3.61
	8	房山区	3.36
	9	密云区	3.30
	10	顺义区	3.13
	11	延庆区	3.00
	12	海淀区	2.91
	13	丰台区	2.80
	14	大兴区	2.57
	15	昌平区	2.45
	16	通州区	2.44

（十九）每千常住人口注册护士数

北京市16个区每千常住人口注册护士数排名靠前的是西城

区、东城区。排名第一的西城区每千常住人口注册护士数 11.82 人，最后一名通州区为 2.45 人，相差 9.37 人。

首都功能核心区的西城区、东城区的每千常住人口注册护士数排名分列第 1、第 2 位，而通州区则排名最后。不过，在被设定为行政副中心之后，未来通州区的医疗资源配置将迎来新的机遇。通州区地理位置特殊，地处京津冀三地交界，北京市内医疗资源布局的调整以及京冀医疗资源对接的尝试，都已在通州区内外展开。地处京东的通州区，正在进行着一场医疗资源的大变革，作为通州五大功能区之一的国际医疗服务区，正努力构建医疗健康产业服务体系。通州未来的医疗资源布局能否达到预期的效果和目标，值得拭目以待。

北京市 16 个区每千常住人口注册护士数见图 6—21。

区	每千常住人口注册护士数
西城区	11.82
东城区	11.38
石景山区	5.14
朝阳区	4.80
门头沟区	4.68
房山区	3.60
平谷区	3.50
海淀区	3.43
丰台区	3.30
昌平区	3.02
怀柔区	2.94
延庆区	2.81
大兴区	2.76
顺义区	2.75
密云区	2.51
通州区	2.45

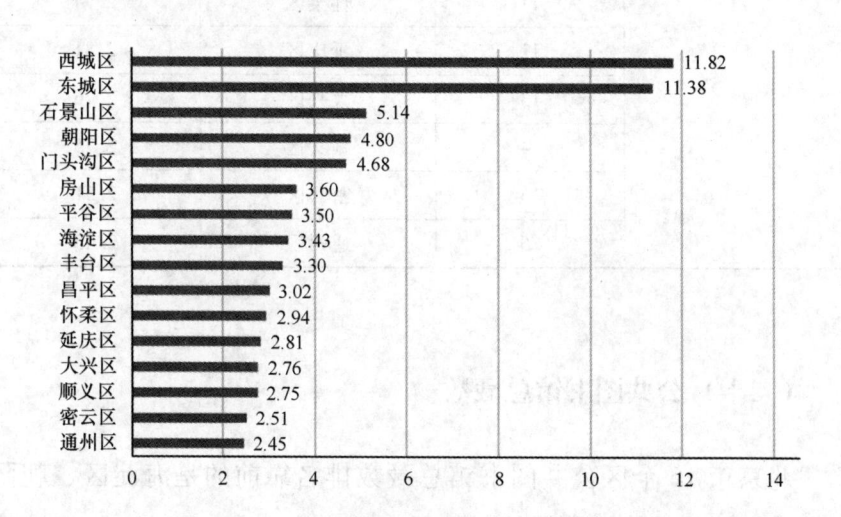

图 6—21　2017 年北京市 16 个区每千常住人口注册护士数

（单位：人）

北京市 16 个区每千常住人口注册护士数排序见表 6—21。

表6—21　2017年北京市各区每千常住人口注册护士数　　单位：人

评价指标	序号	2017年	
社会服务	1	西城区	11.82
	2	东城区	11.38
	3	石景山区	5.14
	4	朝阳区	4.80
	5	门头沟区	4.68
	6	房山区	3.60
	7	平谷区	3.50
	8	海淀区	3.43
	9	丰台区	3.30
	10	昌平区	3.02
	11	怀柔区	2.94
	12	延庆区	2.81
	13	大兴区	2.76
	14	顺义区	2.75
	15	密云区	2.51
	16	通州区	2.45

（二十）公共图书馆总藏数

北京市16个区公共图书馆总藏数排名靠前的是海淀区、朝阳区、西城区、东城区。排名第一的海淀区公共图书馆总藏数为3614万册、万件，最后一名延庆区为49万册、万件，相差3565万册、万件。

北京市16个区公共图书馆总藏数见图6—22。

第六章 北京市16个区社会建设指数

```
海淀区  3614
朝阳区  1025
西城区  183
东城区  139
房山区  111
石景山区 108
丰台区  96
大兴区  95
顺义区  88
门头沟区 87
平谷区  85
密云区  69
怀柔区  68
昌平区  65
通州区  61
延庆区  49
```

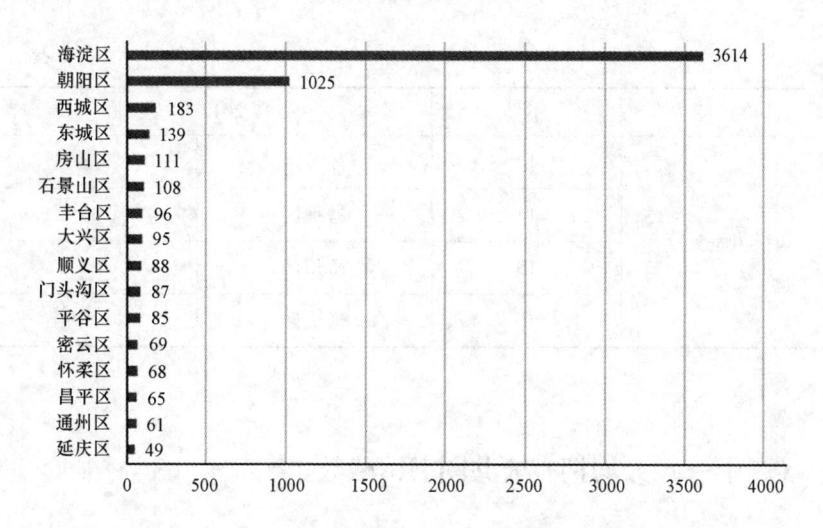

图6—22　2017年北京市16个区公共图书馆总藏数

（单位：万册、万件）

北京市16个区公共图书馆总藏数排序见表6—22。

表6—22　　2017年北京市各区公共图书馆总藏数　单位：万册、万件

评价指标	序号	2017年	
社会服务	1	海淀区	3614
	2	朝阳区	1025
	3	西城区	183
	4	东城区	139
	5	房山区	111
	6	石景山区	108
	7	丰台区	96
	8	大兴区	95
	9	顺义区	88
	10	门头沟区	87
	11	平谷区	85
	12	密云区	69

续表

评价指标	序号	2017 年	
社会服务	13	怀柔区	68
	14	昌平区	65
	15	通州区	61
	16	延庆区	49

（二十一）人均拥有公共图书馆藏数

北京市16个区人均拥有公共图书馆藏数排名靠前的是海淀区、门头沟区、朝阳区。排名第一的海淀区为9.78册、件，最后一名昌平区为0.33册、件，相差9.45册、件。

北京市16个区人均拥有公共图书馆藏数见图6—23。

区	数值
海淀区	9.78
门头沟区	2.82
朝阳区	2.59
平谷区	2.01
怀柔区	1.77
石景山区	1.66
延庆区	1.56
东城区	1.54
密云区	1.44
西城区	1.41
房山区	1.06
顺义区	0.86
大兴区	0.61
通州区	0.44
丰台区	0.41
昌平区	0.33

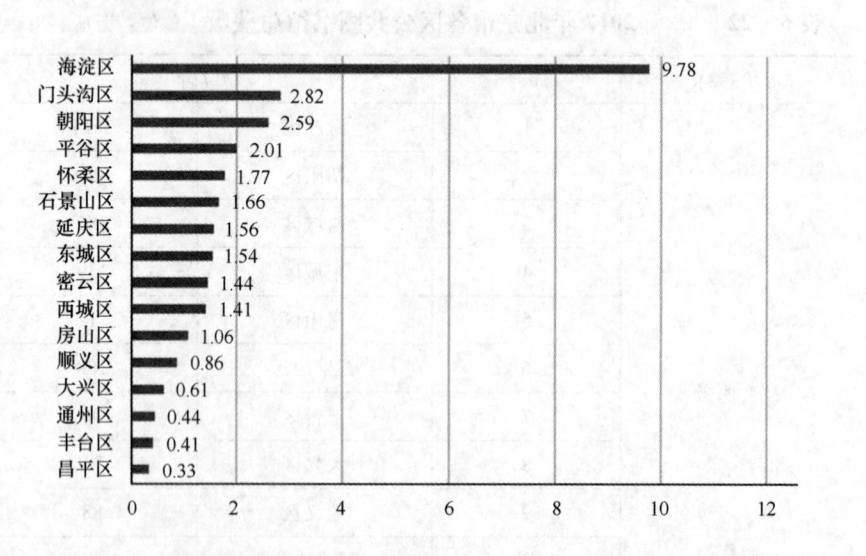

图6—23 2017年北京市16个区人均拥有公共图书馆藏数
（单位：册、件）

北京市 16 个区人均拥有公共图书馆藏数排序见表 6—23。

表 6—23 2017 年北京市 16 个区人均拥有公共图书馆藏数

单位：册、件

评价指标	序号	2017 年	
社会服务	1	海淀区	9.78
	2	门头沟区	2.82
	3	朝阳区	2.59
	4	平谷区	2.01
	5	怀柔区	1.77
	6	石景山区	1.66
	7	延庆区	1.56
	8	东城区	1.54
	9	密云区	1.44
	10	西城区	1.41
	11	房山区	1.06
	12	顺义区	0.86
	13	大兴区	0.61
	14	通州区	0.44
	15	丰台区	0.41
	16	昌平区	0.33

（二十二）公共图书馆总流通人次

北京市 16 个区公共图书馆总流通人次排名靠前的是朝阳区、海淀区、西城区。排名第一的朝阳区公共图书馆总流通人次为 590 万人次，最后一名门头沟区公共图书馆总流通人次为 1 万人次，相差 589 万人次。

北京市 16 个区公共图书馆总流通人次见图 6—24。

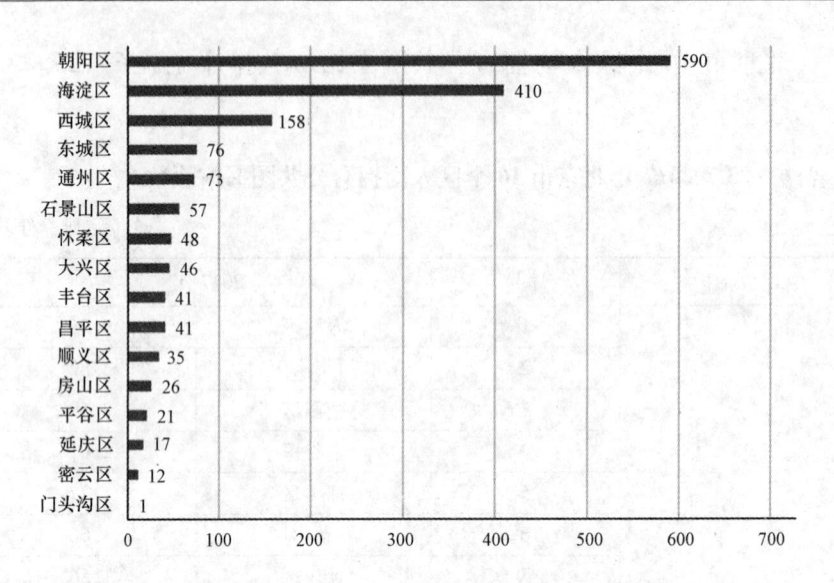

朝阳区	590
海淀区	410
西城区	158
东城区	76
通州区	73
石景山区	57
怀柔区	48
大兴区	46
丰台区	41
昌平区	41
顺义区	35
房山区	26
平谷区	21
延庆区	17
密云区	12
门头沟区	1

图 6—24　2017 年北京市 16 个区公共图书馆总流通人次

（单位：万人次）

北京市 16 个区公共图书馆总流通人次排序见表 6—24。

表 6—24　2017 年北京市 16 个区公共图书馆总流通人次 单位：万人次

评价指标	序号	2017 年	
社会服务	1	朝阳区	590
	2	海淀区	410
	3	西城区	158
	4	东城区	76
	5	通州区	73
	6	石景山区	57
	7	怀柔区	48
	8	大兴区	46
	9	丰台区	41
	10	昌平区	41
	11	顺义区	35

续表

评价指标	序号	2017年	
社会服务	12	房山区	26
	13	平谷区	21
	14	延庆区	17
	15	密云区	12
	16	门头沟区	1

(二十三) 公共图书馆书刊文献外借册次

北京市16个区公共图书馆书刊文献外借册次排名靠前的是朝阳区、西城区、海淀区。排名第一的朝阳区的公共图书馆书刊文献外借册次为332万册次，最后一名门头沟区为13万册次，相差319万册次。

北京市16个区公共图书馆书刊文献外借册次见图6—25。

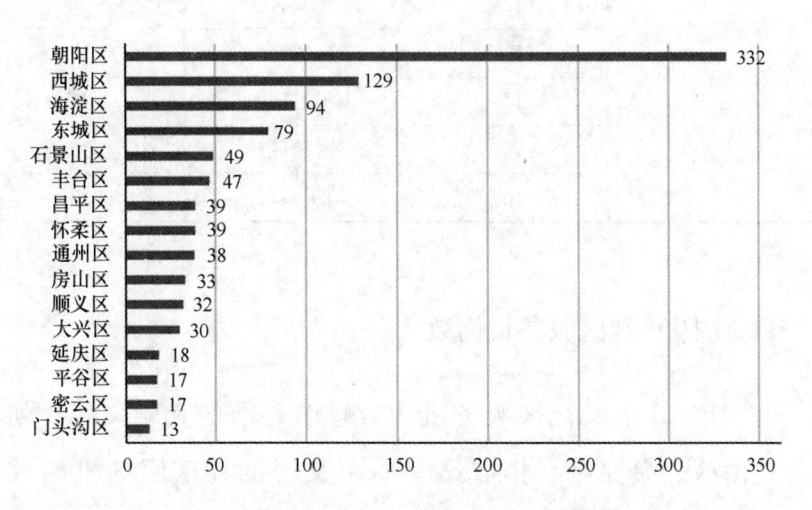

区	万册次
朝阳区	332
西城区	129
海淀区	94
东城区	79
石景山区	49
丰台区	47
昌平区	39
怀柔区	39
通州区	38
房山区	33
顺义区	32
大兴区	30
延庆区	18
平谷区	17
密云区	17
门头沟区	13

图6—25 2017年北京市16个区公共图书馆书刊文献外借册次
（单位：万册次）

北京市 16 个区公共图书馆书刊文献外借册次排序见表 6—25。

表 6—25　　2017 年北京市 16 个区公共图书馆书刊文献
外借册次　　　　　　　　单位：万册次

评价指标	序号	2017 年	
社会治理	1	朝阳区	332
	2	西城区	129
	3	海淀区	94
	4	东城区	79
	5	石景山区	49
	6	丰台区	47
	7	昌平区	39
	8	怀柔区	39
	9	通州区	38
	10	房山区	33
	11	顺义区	32
	12	大兴区	30
	13	延庆区	18
	14	平谷区	17
	15	密云区	17
	16	门头沟区	13

（二十四）社区服务机构数

北京市 16 个区社区服务机构数排名靠前的是顺义区、朝阳区、房山区、海淀区。排名第一的顺义区的社区服务机构数为 1115 个，最后一名石景山区为 360 个，相差 755 个。

北京市 16 个区社区服务机构数见图 6—26。

第六章　北京市 16 个区社会建设指数

```
顺义区  ████████████████████ 1115
朝阳区  ████████████████████ 1087
房山区  ███████████████████  1018
海淀区  ██████████████████   995
怀柔区  ███████████████      848
西城区  █████████████        718
丰台区  ████████████         676
密云区  ████████████         676
大兴区  ████████████         675
通州区  ████████████         668
昌平区  ██████████           600
门头沟区 ██████████          565
延庆区  █████████            493
东城区  ████████             459
平谷区  ██████               366
石景山区 ██████              360
       0   200  400  600  800  1000  1200
```

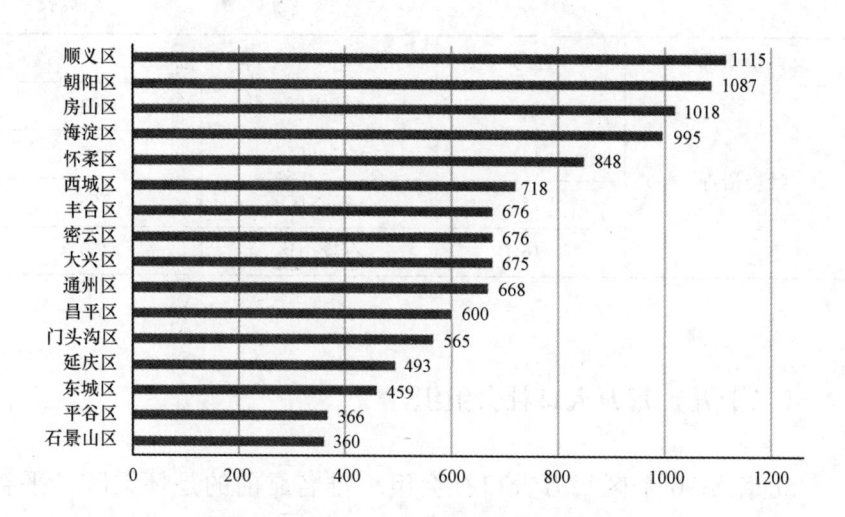

图 6—26　2017 年北京市 16 个区社区服务机构数（单位：个）

北京市 16 个区社区服务机构数排序见表 6—26。

表 6—26　　2017 年北京市 16 个区社区服务机构数　　　　单位：个

评价指标	序号	2017 年	
社会治理	1	顺义区	1115
	2	朝阳区	1087
	3	房山区	1018
	4	海淀区	995
	5	怀柔区	848
	6	西城区	718
	7	丰台区	676
	8	密云区	676
	9	大兴区	675
	10	通州区	668
	11	昌平区	600
	12	门头沟区	565

续表

评价指标	序号	2017 年	
社会治理	13	延庆区	493
	14	东城区	459
	15	平谷区	366
	16	石景山区	360

（二十五）每万人口社会组织

北京市 16 个区每万人口社会组织排名靠前的是怀柔区、平谷区、延庆区、门头沟区。排名第一的怀柔区的每万人口社会组织为 11.43 个，最后一名丰台区为 1.95 个，相差 9.48 个。

北京市 16 个区每万人口社会组织见图 6—27。

区	数值
怀柔区	11.43
平谷区	7.92
延庆区	6.97
门头沟区	6.59
东城区	6.17
密云区	4.80
西城区	4.47
石景山区	4.03
房山区	3.57
顺义区	3.34
大兴区	2.90
通州区	2.45
昌平区	2.36
海淀区	2.32
朝阳区	2.09
丰台区	1.95

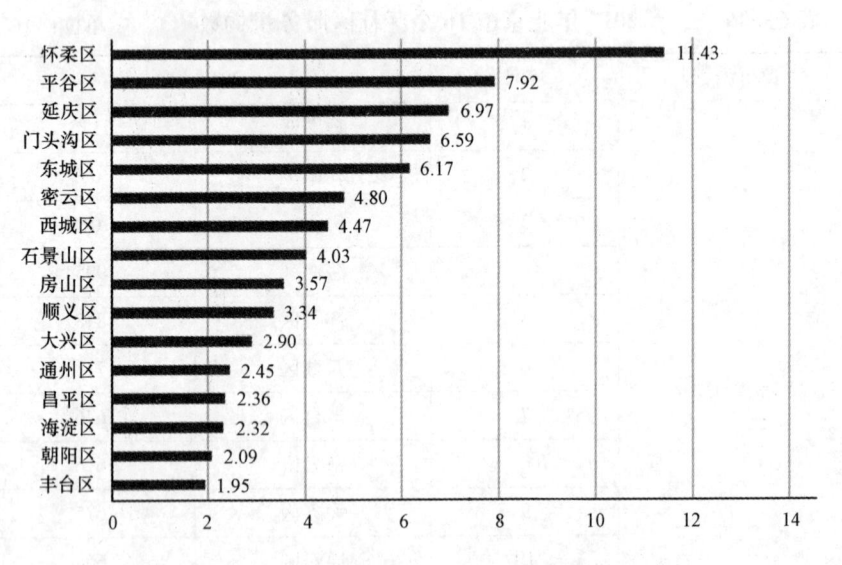

图 6—27　2017 年北京市 16 个区每万人口社会组织

（单位：个）

第六章　北京市 16 个区社会建设指数

北京市 16 个区每万人口社会组织排序见表 6—27。

表 6—27　　2017 年北京市各区每万人口社会组织　　单位：个

评价指标	序号	2017 年	
社会治理	1	怀柔区	11.43
	2	平谷区	7.92
	3	延庆区	6.97
	4	门头沟区	6.59
	5	东城区	6.17
	6	密云区	4.80
	7	西城区	4.47
	8	石景山区	4.03
	9	房山区	3.57
	10	顺义区	3.34
	11	大兴区	2.90
	12	通州区	2.45
	13	昌平区	2.36
	14	海淀区	2.32
	15	朝阳区	2.09
	16	丰台区	1.95

（二十六）地区生产总值第三产业中公共管理、社会保障和社会组织增长速度

北京市 16 个区的地区生产总值第三产业中公共管理、社会保障和社会组织增长速度排名靠前的是平谷区、顺义区、门头沟区、昌平区。排名第一的平谷区的地区生产总值第三产业中公共管理、

社会保障和社会组织增长速度为 37.1%，最后一名石景山区为 6.8%，相差 30.3 个百分点。

北京市 16 个区的地区生产总值第三产业中公共管理、社会保障和社会组织增长速度见图 6—28。

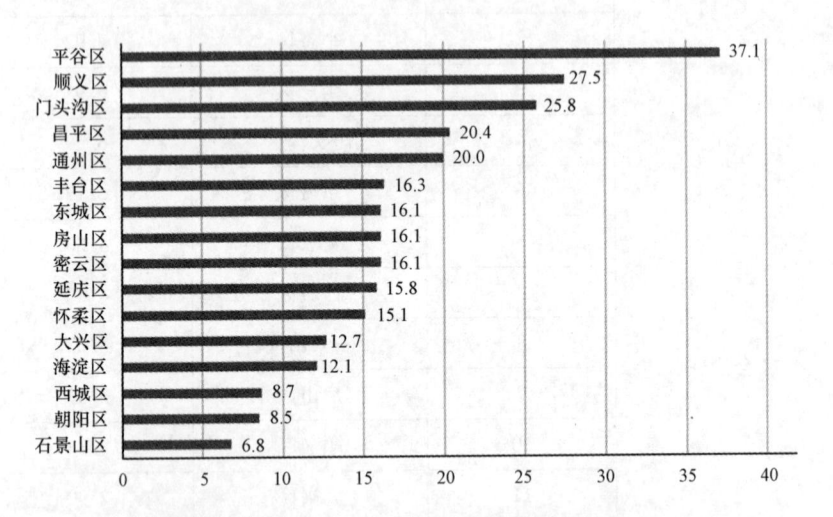

区	增长速度
平谷区	37.1
顺义区	27.5
门头沟区	25.8
昌平区	20.4
通州区	20.0
丰台区	16.3
东城区	16.1
房山区	16.1
密云区	16.1
延庆区	15.8
怀柔区	15.1
大兴区	12.7
海淀区	12.1
西城区	8.7
朝阳区	8.5
石景山区	6.8

图 6—28 2017 年北京市 16 个区的地区生产总值第三产业中
公共管理、社会保障和社会组织增长速度（单位:%）

北京市 16 个区的地区生产总值第三产业中公共管理、社会保障和社会组织增长速度排序见表 6—28。

表 6—28　2017 年北京市各区地区生产总值第三产业中
公共管理、社会保障和社会组织增长速度　　　单位:%

评价指标	序号	2017 年	
社会治理	1	平谷区	37.1
	2	顺义区	27.5
	3	门头沟区	25.8
	4	昌平区	20.4

续表

评价指标	序号	2017 年	
社会治理	5	通州区	20.0
	6	丰台区	16.3
	7	东城区	16.1
	8	房山区	16.1
	9	密云区	16.1
	10	延庆区	15.8
	11	怀柔区	15.1
	12	大兴区	12.7
	13	海淀区	12.1
	14	西城区	8.7
	15	朝阳区	8.5
	16	石景山区	6.8

（二十七）地区生产总值第三产业中卫生和社会工作增长速度

北京市16个区的地区生产总值第三产业中卫生和社会工作增长速度排名靠前的是通州区、平谷区、昌平区、海淀区。排名第一的通州区的地区生产总值第三产业中卫生和社会工作增长速度为62.3%，最后一名密云区为9.3%，相差53个百分点。

北京市16个区的地区生产总值第三产业中卫生和社会工作增长速度见图6—29。

240　中国社会建设报告（2017）

```
通州区  ━━━━━━━━━━━━━━━━━━━━━━━━━ 62.3
平谷区  ━━━━━━━━━━━━ 32.5
昌平区  ━━━━━━━━━━━ 30.9
海淀区  ━━━━━━━━ 21.9
丰台区  ━━━━━━━━ 21.5
大兴区  ━━━━━━━ 20.2
门头沟区 ━━━━━━━ 18.5
西城区  ━━━━━━ 15.7
房山区  ━━━━━ 14.6
石景山区 ━━━━━ 14.1
顺义区  ━━━━━ 13.6
延庆区  ━━━━━ 13.5
怀柔区  ━━━━ 12.0
东城区  ━━━━ 11.8
朝阳区  ━━━━ 11.7
密云区  ━━━ 9.3
       0  10  20  30  40  50  60  70
```

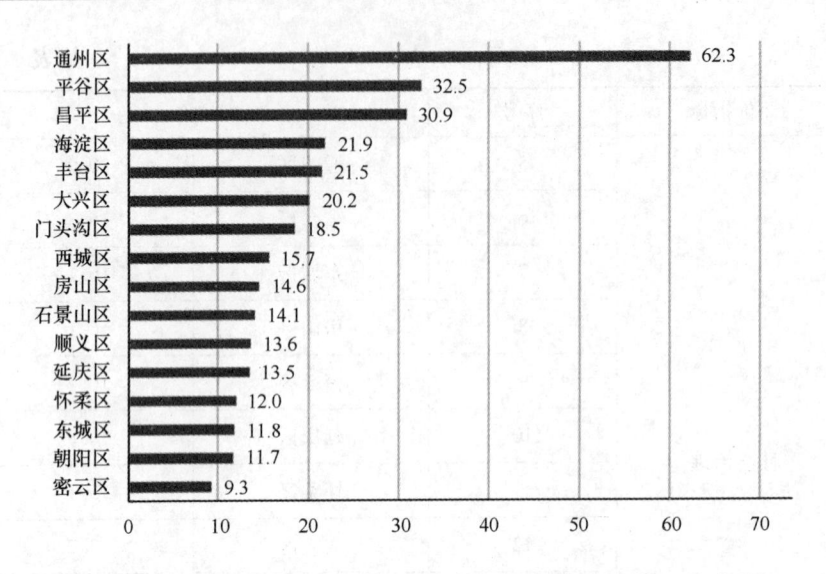

图6—29　2017年北京市16个区的地区生产总值第三产业中
卫生和社会工作增长速度（单位：%）

北京市16个区的地区生产总值第三产业中卫生和社会工作增长速度排序见表6—29。

表6—29　2017年北京市各区的地区生产总值第三产业中
卫生和社会工作增长速度

单位：%

评价指标	序号	2017年	
社会治理	1	通州区	62.3
	2	平谷区	32.5
	3	昌平区	30.9
	4	海淀区	21.9
	5	丰台区	21.5
	6	大兴区	20.2
	7	门头沟区	18.5
	8	西城区	15.7
	9	房山区	14.6
	10	石景山区	14.1
	11	顺义区	13.6

续表

评价指标	序号	2017 年	
社会治理	12	延庆区	13.5
	13	怀柔区	12.0
	14	东城区	11.8
	15	朝阳区	11.7
	16	密云区	9.3

（二十八）刑事案件破案数

北京市16个区刑事案件破案数排名靠前的是朝阳区、海淀区、丰台区。排名第一的朝阳区的刑事案件破案数为25803起，最后一名延庆区为960起，相差24843起。

北京市16个区刑事案件破案数见图6—30。

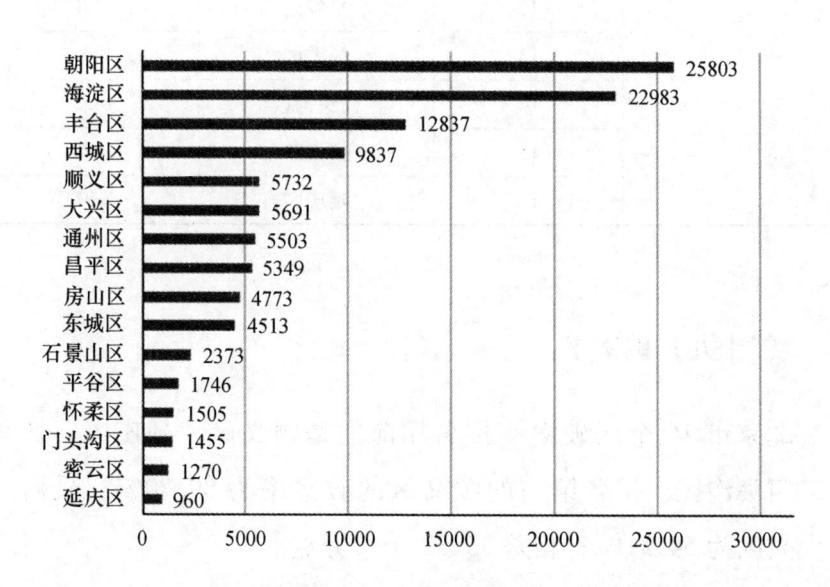

区	破案数
朝阳区	25803
海淀区	22983
丰台区	12837
西城区	9837
顺义区	5732
大兴区	5691
通州区	5503
昌平区	5349
房山区	4773
东城区	4513
石景山区	2373
平谷区	1746
怀柔区	1505
门头沟区	1455
密云区	1270
延庆区	960

图6—30　2017年北京市16个区刑事案件破案数（单位：起）

北京市 16 个区刑事案件破案数排序见表 6—30。

表 6—30　　2017 年北京市各区刑事案件破案数　　单位：起

评价指标	序号	2017 年	
社会治理	1	朝阳区	25803
	2	海淀区	22983
	3	丰台区	12837
	4	西城区	9837
	5	顺义区	5732
	6	大兴区	5691
	7	通州区	5503
	8	昌平区	5349
	9	房山区	4773
	10	东城区	4513
	11	石景山区	2373
	12	平谷区	1746
	13	怀柔区	1505
	14	门头沟区	1455
	15	密云区	1270
	16	延庆区	960

（二十九）破案率

北京市 16 个区破案率排名靠前的是顺义区、延庆区、怀柔区、门头沟区。排名第一的顺义区的破案率为 89.70%，最后一名大兴区为 54.31%，相差 35.39 个百分点。

北京市 16 个区破案率见图 6—31。

第六章 北京市 16 个区社会建设指数

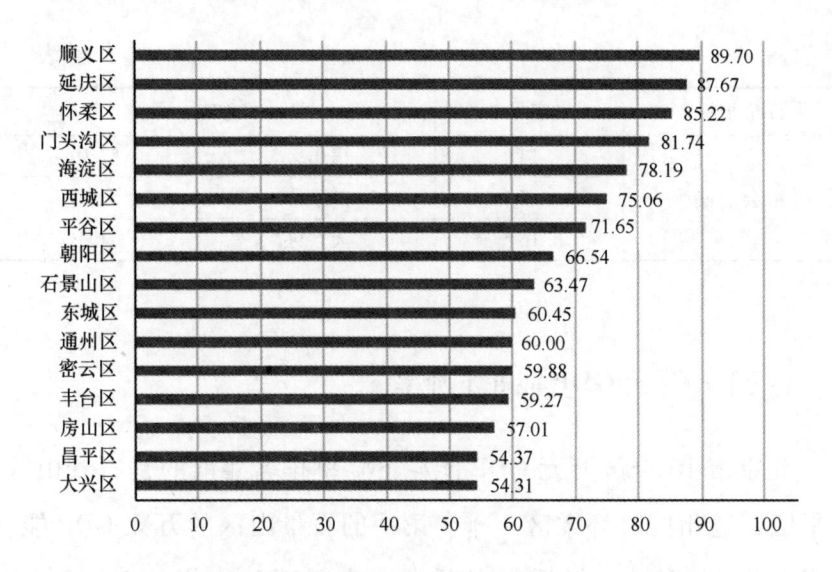

图 6—31　2017 年北京市 16 个区破案率（单位:%）

北京市 16 个区破案率排序见表 6—31。

表 6—31　　　　2017 年北京市各区破案率　　　　单位:%

评价指标	序号	2017 年	
社会治理	1	顺义区	89.70
	2	延庆区	87.67
	3	怀柔区	85.22
	4	门头沟区	81.74
	5	海淀区	78.19
	6	西城区	75.06
	7	平谷区	71.65
	8	朝阳区	66.54
	9	石景山区	63.47
	10	东城区	60.45
	11	通州区	60.00
	12	密云区	59.88
	13	丰台区	59.27

续表

评价指标	序号	2017年	
社会治理	14	房山区	57.01
	15	昌平区	54.37
	16	大兴区	54.31

（三十）万元 GDP 能耗下降率

北京市 16 个区万元 GDP 能耗下降率排名靠前的是石景山区、昌平区、通州区、怀柔区。排名第一的石景山区的万元 GDP 能耗下降率为 16.06%，最后一名延庆区为 2.01%，相差 14.05 个百分点。

北京市 16 个区万元 GDP 能耗下降率见图 6—32。

区	下降率
石景山区	16.06
昌平区	10.68
通州区	10.67
怀柔区	10.51
房山区	7.08
密云区	6.90
朝阳区	6.45
大兴区	6.36
门头沟区	6.18
平谷区	5.78
海淀区	5.08
西城区	3.91
顺义区	3.67
丰台区	3.43
东城区	2.82
延庆区	2.01

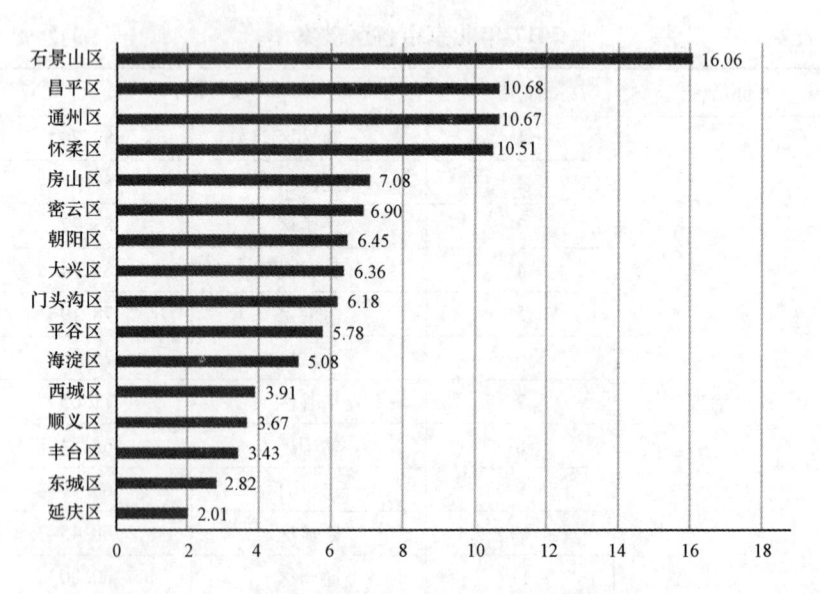

图 6—32　2017 年北京市 16 个区万元 GDP 能耗下降率
（单位:%）

北京市16个区万元GDP能耗下降率排序见表6—32。

表6—32　　2017年北京市各区万元GDP能耗下降率　　单位:%

评价指标	序号	2017年	
社会环境	1	石景山区	16.06
	2	昌平区	10.68
	3	通州区	10.67
	4	怀柔区	10.51
	5	房山区	7.08
	6	密云区	6.90
	7	朝阳区	6.45
	8	大兴区	6.36
	9	门头沟区	6.18
	10	平谷区	5.78
	11	海淀区	5.08
	12	西城区	3.91
	13	顺义区	3.67
	14	丰台区	3.43
	15	东城区	2.82
	16	延庆区	2.01

(三十一) 生活垃圾无害化处理率

北京市16个区生活垃圾无害化处理率达到100%的有密云区、平谷区、门头沟区、房山区、海淀区、石景山区、丰台区、朝阳区、西城区、东城区。排名并列第一的10个区生活垃圾无害化处理率为100%，最后一名怀柔区为97.07%，相差2.93个百分点。

从排名上看，中心城区已经基本做到垃圾无害化处理率100%，郊区尚有提升的空间。今后，郊区在加大环保投入的同时，也应增强居民的垃圾处理意识，为环境保护加上管理、服务和全民参与的多重保障。

北京市16个区生活垃圾无害化处理率见图6—33。

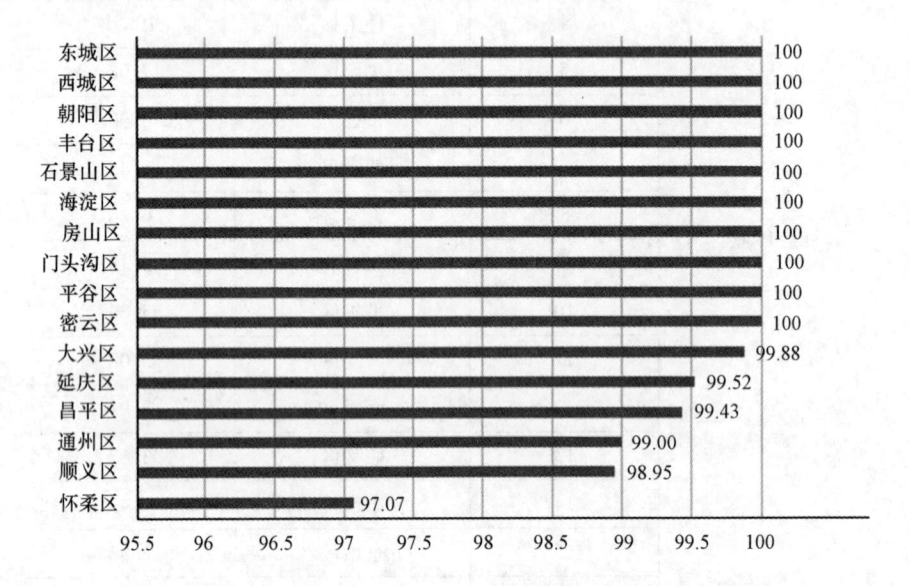

图6—33　2017年北京市16个区生活垃圾无害化处理率

（单位：%）

北京市16个区生活垃圾无害化处理率排序见表6—33。

表6—33　2017年北京市各区生活垃圾无害化处理率　　单位：%

评价指标	序号	2017年	
社会环境	1	东城区	100
	2	西城区	100

续表

评价指标	序号	2017 年	
社会环境	3	朝阳区	100
	4	丰台区	100
	5	石景山区	100
	6	海淀区	100
	7	房山区	100
	8	门头沟区	100
	9	平谷区	100
	10	密云区	100
	11	大兴区	99.88
	12	延庆区	99.52
	13	昌平区	99.43
	14	通州区	99.00
	15	顺义区	98.95
	16	怀柔区	97.07

（三十二）二氧化硫（SO_2）年均浓度值（微克/立方米）

北京市 16 个区二氧化硫（SO_2）年均浓度值（微克/立方米）排名靠前的有怀柔区、门头沟区、顺义区、延庆区、密云区。排名第一的怀柔区的二氧化硫（SO_2）年均浓度值 9.2 微克/立方米，最后一名通州区 20.1 微克/立方米，相差 10.9 微克/立方米。

北京市 16 个区二氧化硫（SO_2）年均浓度值（微克/立方米）见图 6—34。

怀柔区	9.2
门头沟区	11
顺义区	11
延庆区	11.7
密云区	11.9
昌平区	12.1
平谷区	13.3
石景山区	13.5
东城区	13.8
丰台区	14.3
西城区	14.5
海淀区	15.2
朝阳区	15.5
房山区	15.6
大兴区	18.3
通州区	20.1

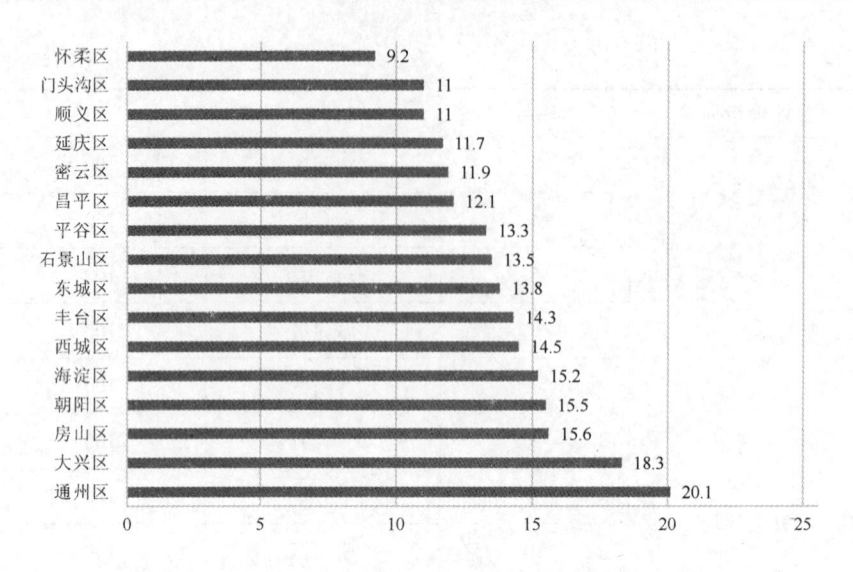

图6—34　2017年北京市16个区二氧化硫（SO_2）年均浓度值（单位：微克/立方米）

北京市16个区二氧化硫（SO_2）年均浓度值排序见表6—34。

表6—34　　2017年北京市各区二氧化硫（SO_2）年均浓度值　　单位：微克/立方米

评价指标	序号	2017年	
社会环境	1	怀柔区	9.2
	2	顺义区	11
	3	门头沟区	11
	4	延庆区	11.7
	5	密云区	11.9
	6	昌平区	12.1
	7	平谷区	13.3
	8	石景山区	13.5
	9	东城区	13.8
	10	丰台区	14.3
	11	西城区	14.5
	12	海淀区	15.2

续表

评价指标	序号	2017 年	
社会环境	13	朝阳区	15.5
	14	房山区	15.6
	15	大兴区	18.3
	16	通州区	20.1

（三十三）细颗粒物（PM 2.5）年均浓度值

北京市 16 个区细颗粒物（PM 2.5）年均浓度值排名靠前的是延庆区、密云区、怀柔区。排名第一的延庆区细颗粒物（PM 2.5）年均浓度值为 61.0 微克/立方米，最后一名大兴区为 96.4 微克/立方米，相差 35.4 微克/立方米。

北京市 16 个区细颗粒物（PM 2.5）年均浓度值见图 6—35。

区	值
延庆区	61.0
密云区	67.8
怀柔区	70.1
昌平区	70.6
门头沟区	77.0
平谷区	78.8
海淀区	80.0
顺义区	81.4
西城区	83.0
朝阳区	83.4
石景山区	83.5
东城区	84.3
丰台区	86.7
通州区	92.5
房山区	96.2
大兴区	96.4

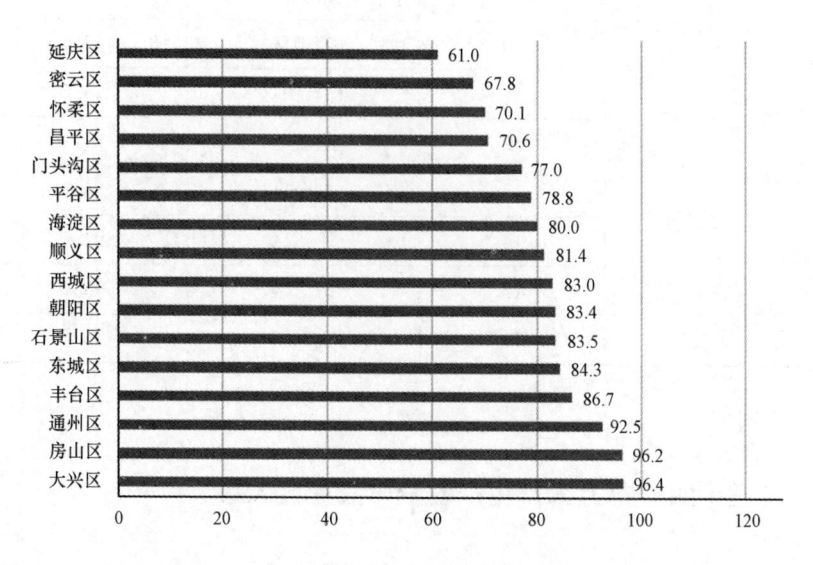

图 6—35　2017 年北京市 16 个区细颗粒物（PM 2.5）年均浓度值（单位：微克/立方米）

北京市16个区细颗粒物（PM 2.5）年均浓度值排序见表6—35。

表6—35　　2017年北京市各区细颗粒物（PM 2.5）年均浓度值　　单位：微克/立方米

评价指标	序号	2017年	
社会环境	1	延庆区	61.0
	2	密云区	67.8
	3	怀柔区	70.1
	4	昌平区	70.6
	5	门头沟区	77.0
	6	平谷区	78.8
	7	海淀区	80.0
	8	顺义区	81.4
	9	西城区	83.0
	10	朝阳区	83.4
	11	石景山区	83.5
	12	东城区	84.3
	13	丰台区	86.7
	14	通州区	92.5
	15	房山区	96.2
	16	大兴区	96.4

（三十四）每万人口生产安全事故死亡人数

北京市16个区每万人口生产安全事故死亡人数较低的有昌平区、丰台区、顺义区，每万人口生产安全事故死亡人数较最低的昌平区为0人。每万人口生产安全事故死亡人数最高的怀柔区为7.81人，相差7.81人。

北京市16个区每万人口生产安全事故死亡人数见图6—36。

区	人数
昌平区	0
丰台区	0.86
顺义区	0.98
东城区	1.10
大兴区	1.28
密云区	2.09
通州区	2.18
西城区	2.31
平谷区	2.36
海淀区	2.44
朝阳区	2.53
房山区	2.87
延庆区	3.18
石景山区	4.60
门头沟区	6.49
怀柔区	7.81

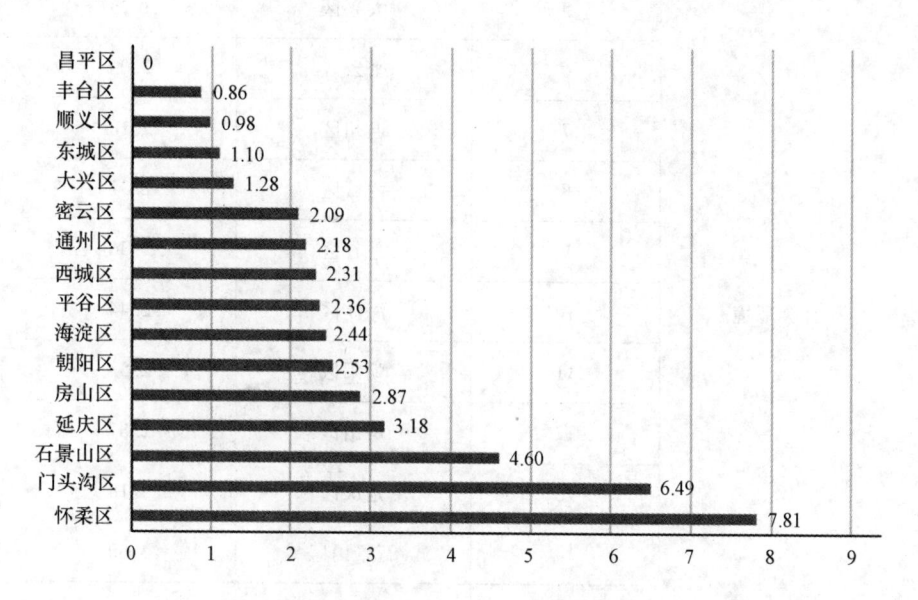

图6—36　2017年北京市16个区每万人口生产安全事故死亡人数（单位：人）

北京市16个区每万人口生产安全事故死亡人数排序见表6—36。

表6—36　2017年北京市各区每万人口生产安全事故死亡人数　　　　　　　　单位：人

评价指标	序号	2017年	
社会环境	1	昌平区	0
	2	丰台区	0.86
	3	顺义区	0.98

续表

评价指标	序号	2017年	
社会环境	4	东城区	1.10
	5	大兴区	1.28
	6	密云区	2.09
	7	通州区	2.18
	8	西城区	2.31
	9	平谷区	2.36
	10	海淀区	2.44
	11	朝阳区	2.53
	12	房山区	2.87
	13	延庆区	3.18
	14	石景山区	4.60
	15	门头沟区	6.49
	16	怀柔区	7.81

（三十五）地方公共财政预算支出中节能环保增长速度

北京市16个区地方公共财政预算支出中节能环保增长速度排名靠前的有大兴区、房山区、通州区、平谷区。排名第一的大兴区地方公共财政预算支出中节能环保增长速度为360.1%，最后一名石景山区为-47.9%，相差408个百分点。

北京市16个区地方公共财政预算支出中节能环保增长速度见图6—37。

第六章 北京市 16 个区社会建设指数

```
大兴区    360.1
房山区    258.9
通州区    124.1
平谷区    101.7
海淀区    101.2
昌平区    62.3
怀柔区    53.1
延庆区    39.8
门头沟区  34.6
顺义区    34.5
丰台区    26.5
密云区    24.5
朝阳区    20.8
西城区    0
东城区    -38.5
石景山区  -47.9
```

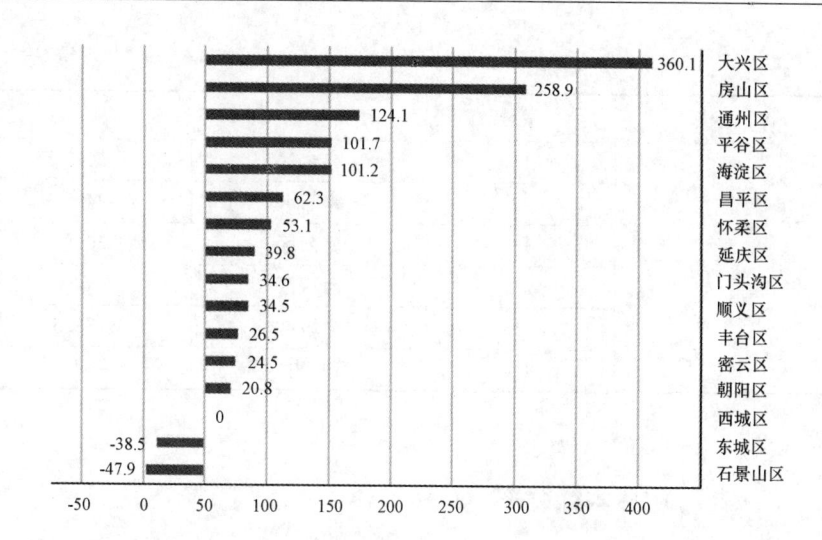

图 6—37　2017 年北京市 16 个区地方公共财政预算支出中节能环保增长速度（单位：%）

北京市 16 个区地方公共财政预算支出中节能环保增长速度排序见表 6—37。

表 6—37　2017 年北京市各区地方公共财政预算支出中节能环保增长速度

单位：%

评价指标	序号	2017 年	
社会环境	1	大兴区	360.1
	2	房山区	258.9
	3	通州区	124.1
	4	平谷区	101.7
	5	海淀区	101.2
	6	昌平区	62.3
	7	怀柔区	53.1
	8	延庆区	39.8
	9	门头沟区	34.6
	10	顺义区	34.5

续表

评价指标	序号	2017 年	
社会环境	11	丰台区	26.5
	12	密云区	24.5
	13	朝阳区	20.8
	14	西城区	0
	15	东城区	−38.5
	16	石景山区	−47.9

（三十六）林木绿化率

北京市 16 个区林木绿化率排名靠前的有怀柔区、密云区、平谷区、延庆区。排名第一的怀柔区的林木绿化率为 78.9%，最后一名西城区为 14.6%，相差 64.3 个百分点。

北京市 16 个区林木绿化率见图 6—38。

区	林木绿化率
怀柔区	78.9
密云区	72.5
平谷区	71.3
延庆区	70.0
昌平区	66.7
门头沟区	65.9
房山区	59.9
海淀区	40.6
石景山区	40.6
丰台区	39.7
顺义区	35.6
通州区	32.4
大兴区	29.5
朝阳区	24.9
东城区	19.1
西城区	14.6

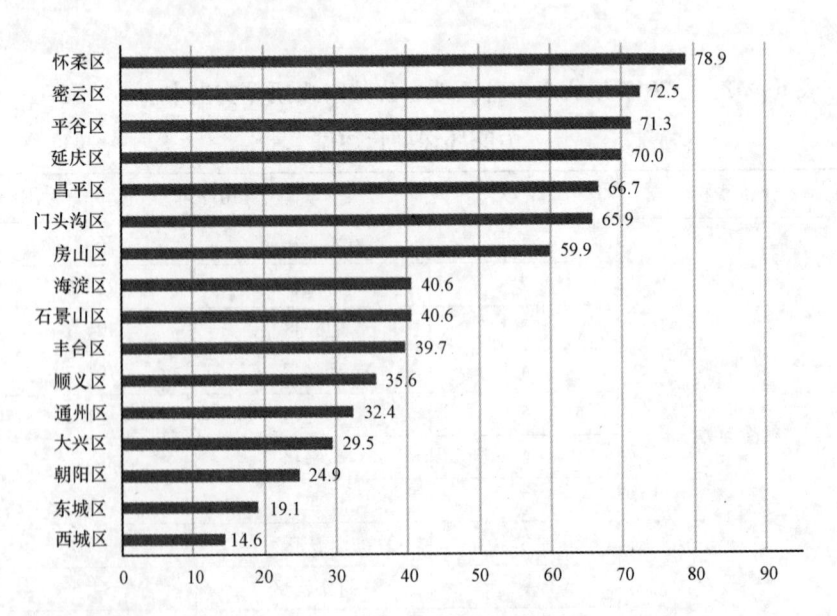

图 6—38 2017 年北京市 16 个区林木绿化率（单位：%）

北京市16个区林木绿化率排序见表6—38。

表6—38　　　　　**2017年北京市各区林木绿化率**　　　　单位:%

评价指标	序号	2017年	
社会环境	1	怀柔区	78.9
	2	密云区	72.5
	3	平谷区	71.3
	4	延庆区	70.0
	5	昌平区	66.7
	6	门头沟区	65.9
	7	房山区	59.9
	8	石景山区	40.6
	9	海淀区	40.6
	10	丰台区	39.7
	11	顺义区	35.6
	12	通州区	32.4
	13	大兴区	29.5
	14	朝阳区	24.9
	15	东城区	19.1
	16	西城区	14.6

附　　录

一　中国内地 31 个省（自治区、直辖市）社会建设指数框架

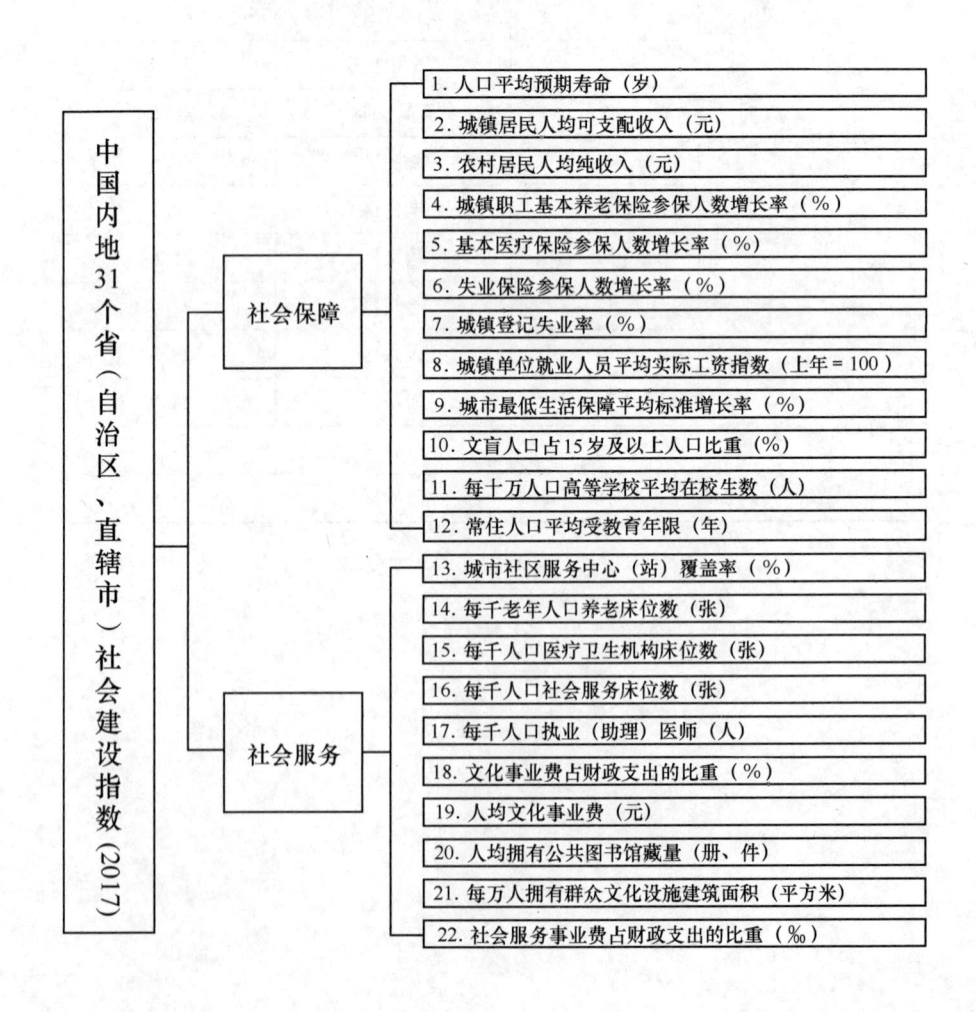

中国内地 31 个省（自治区、直辖市）社会建设指数（2017）

社会保障

1. 人口平均预期寿命（岁）
2. 城镇居民人均可支配收入（元）
3. 农村居民人均纯收入（元）
4. 城镇职工基本养老保险参保人数增长率（%）
5. 基本医疗保险参保人数增长率（%）
6. 失业保险参保人数增长率（%）
7. 城镇登记失业率（%）
8. 城镇单位就业人员平均实际工资指数（上年＝100）
9. 城市最低生活保障平均标准增长率（%）
10. 文盲人口占 15 岁及以上人口比重（%）
11. 每十万人口高等学校平均在校生数（人）
12. 常住人口平均受教育年限（年）

社会服务

13. 城市社区服务中心（站）覆盖率（%）
14. 每千老年人口养老床位数（张）
15. 每千人口医疗卫生机构床位数（张）
16. 每千人口社会服务床位数（张）
17. 每千人口执业（助理）医师（人）
18. 文化事业费占财政支出的比重（%）
19. 人均文化事业费（元）
20. 人均拥有公共图书馆藏量（册、件）
21. 每万人拥有群众文化设施建筑面积（平方米）
22. 社会服务事业费占财政支出的比重（‰）

附 录

中国内地31个省（自治区、直辖市）社会建设指数（2017）

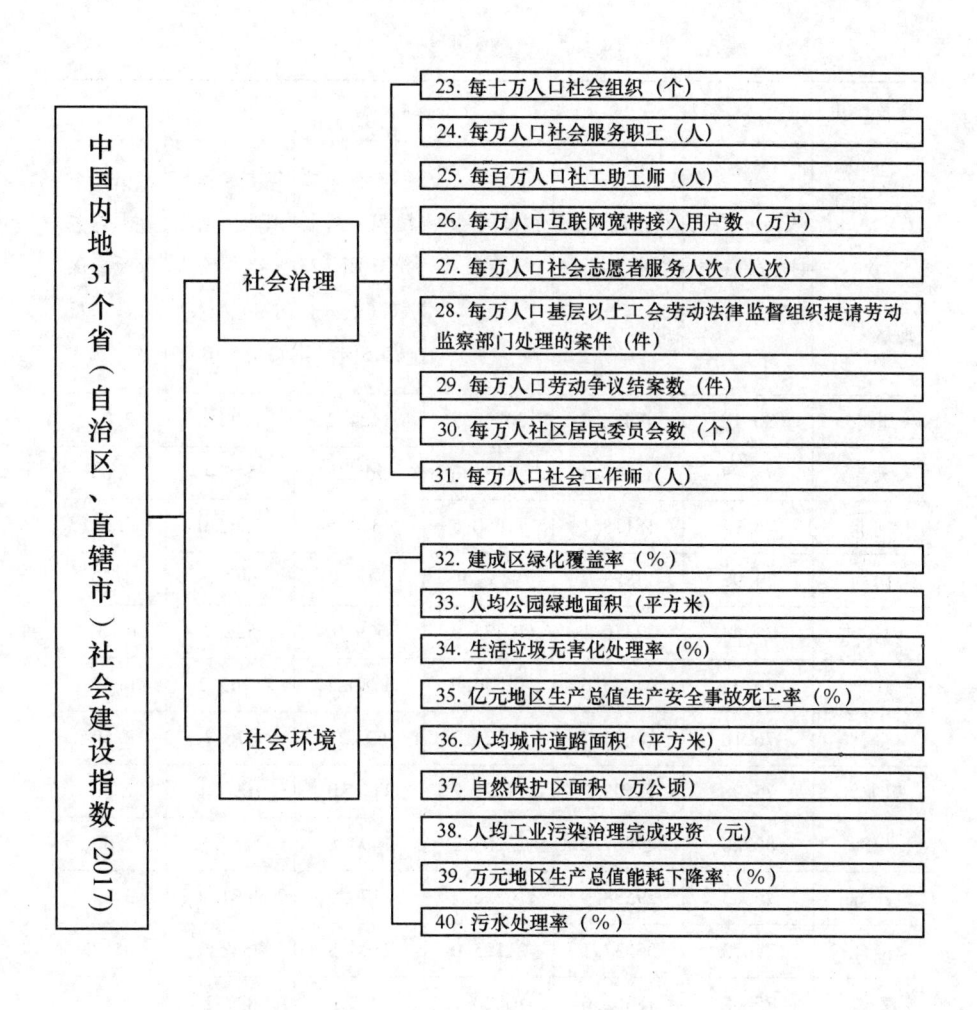

- 社会治理
  - 23. 每十万人口社会组织（个）
  - 24. 每万人口社会服务职工（人）
  - 25. 每百万人口社工助工师（人）
  - 26. 每万人口互联网宽带接入用户数（万户）
  - 27. 每万人口社会志愿者服务人次（人次）
  - 28. 每万人口基层以上工会劳动法律监督组织提请劳动监察部门处理的案件（件）
  - 29. 每万人口劳动争议结案数（件）
  - 30. 每万人社区居民委员会数（个）
  - 31. 每万人口社会工作师（人）

- 社会环境
  - 32. 建成区绿化覆盖率（%）
  - 33. 人均公园绿地面积（平方米）
  - 34. 生活垃圾无害化处理率（%）
  - 35. 亿元地区生产总值生产安全事故死亡率（%）
  - 36. 人均城市道路面积（平方米）
  - 37. 自然保护区面积（万公顷）
  - 38. 人均工业污染治理完成投资（元）
  - 39. 万元地区生产总值能耗下降率（%）
  - 40. 污水处理率（%）

二 原始数据

1. 中国内地 31 个省（自治区、直辖市）社会建设指数

评价维度			社会保障		
指标 地区	人口平均预期寿命（岁）(2010年)①	城镇居民人均可支配收入（元）②	农村居民人均纯收入（元）③	年末参加城镇职工基本养老保险人数（万人）(2015年)④	年末参加城镇职工基本养老保险人数（万人）(2014年)⑤	城镇职工基本养老保险参保人数增长率（%）
北京	80.18	48458.0	20568.7	1424.2	1392.6	2.27
天津	78.89	31291.4	18481.6	565.2	545.4	3.63
河北	74.97	18118.1	11050.5	1320.5	1262.0	4.64
山西	74.92	17853.7	9453.9	714.3	692.0	3.22
内蒙古	74.44	22310.1	10775.9	579.0	524.9	10.31
辽宁	76.38	24575.6	12056.9	1780.2	1769.2	0.62
吉林	76.18	18683.7	11326.2	693.6	676.7	2.50
黑龙江	75.98	18592.7	11095.2	1118.0	1090.1	2.56
上海	80.26	49867.2	23205.2	1493.8	1457.4	2.50
江苏	76.63	29538.9	16256.7	2779.9	2691.9	3.27
浙江	77.73	35537.1	21125.0	2504.3	2548.0	-1.72
安徽	75.08	18362.6	10820.9	857.5	829.2	3.41
福建	75.76	25404.4	13792.7	883.7	848.3	4.17
江西	74.33	18437.1	11139.1	823.1	783.9	5.00
山东	76.46	22703.2	12930.4	2477.5	2370.2	4.53

续表

评价维度	社会保障					
指标\地区	人口平均预期寿命（岁）(2010年)	城镇居民人均可支配收入（元）	农村居民人均纯收入（元）	年末参加城镇职工基本养老保险人数（万人）(2015年)	年末参加城镇职工基本养老保险人数（万人）(2014年)	城镇职工基本养老保险参保人数增长率（%）
河南	74.57	17124.8	10852.9	1508.7	1431.6	5.39
湖北	74.87	20025.6	11843.9	1315.5	1266.2	3.89
湖南	74.70	19317.5	10992.5	1160.1	1118.9	3.68
广东	76.49	27858.9	13360.4	5086.5	4809.5	5.76
广西	75.11	16873.4	9466.6	576.6	557.6	3.41
海南	76.30	18979.0	10857.6	249.8	242.3	3.10
重庆	75.70	20110.1	10504.7	849.3	825.5	2.88
四川	74.75	17221.0	10247.4	1939.0	1839.7	5.40
贵州	71.10	13696.6	7386.9	392.1	361.5	8.46
云南	69.54	15222.6	8242.1	412.9	397.9	3.77
西藏	68.17	12254.3	8243.7	16.2	15.2	6.58
陕西	74.68	17395.0	8688.9	751.7	716.5	4.91
甘肃	72.23	13466.6	6936.1	306.2	298.8	2.48
青海	69.96	15812.7	7933.4	100.1	94.6	5.81
宁夏	73.38	17329.1	9118.7	157.5	151.4	4.03
新疆	72.35	16859.1	9425.1	499.4	490.8	1.75

资料来源：①《中国人口和就业统计年鉴（2016）》，第17页；②《中国统计年鉴（2016）》，第178页；③《中国统计年鉴（2016）》，第194页；④《中国统计年鉴（2016）》，第809页；⑤《中国统计年鉴（2015）》，第828页。

评价维度	社会保障					
指标 地区	年末城镇基本医疗保险参保人数（万人）（2015年）①	年末城镇基本医疗保险参保人数（万人）（2014年）②	城镇基本医疗保险参保人数增长率（%）	年末参加失业保险人数（万人）（2015年）③	年末参加失业保险人数（万人）（2014年）④	失业保险参保人数增长率（%）
北京	1656.6	1604.3	3.26	1082.3	1057.1	2.38
天津	1054.1	1023.6	2.98	295.3	287.6	2.68
河北	1663.7	1697.5	-1.99	511.0	508.7	0.45
山西	1113.8	1101.2	1.14	411.3	407.7	0.88
内蒙古	1008.1	998.1	1.00	242.1	236.3	2.45
辽宁	2396.2	2387.2	0.38	665.3	664.3	0.15
吉林	1380.6	1380.0	0.04	261.2	258.7	0.97
黑龙江	1594.8	1586.4	0.53	312.8	478.4	-34.62
上海	1719.2	1678.5	2.42	641.8	634.1	1.21
江苏	4014.3	3797.5	5.71	1490.9	1442.7	3.34
浙江	4964.1	4847.6	2.40	1260.2	1210.3	4.12
安徽	1737.6	1756.4	-1.07	436.6	422.0	3.46
福建	1301.2	1293.0	0.63	546.3	524.1	4.24
江西	1530.4	1494.2	2.42	281.5	271.8	3.57
山东	9235.8	3988.0	131.59	1203.8	1154.3	4.29
河南	2344.9	2340.0	0.21	783.3	773.3	1.29
湖北	1972.1	1968.0	0.21	528.4	519.0	1.81
湖南	2662.3	2300.7	15.72	521.2	509.5	2.30
广东	10136.0	9804.2	3.38	2930.1	2840.2	3.17
广西	1077.6	1067.3	0.97	273.2	259.0	5.48
海南	389.8	386.8	0.78	164.8	157.5	4.63
重庆	3266.3	3256.8	0.29	439.5	439.1	0.09
四川	2650.7	2576.5	2.88	661.0	635.8	3.96

续表

评价维度	社会保障					
指标　　　地区	年末城镇基本医疗保险参保人数（万人）（2015年）	年末城镇基本医疗保险参保人数（万人）（2014年）	城镇基本医疗保险参保人数增长率（%）	年末参加失业保险人数（万人）（2015年）	年末参加失业保险人数（万人）（2014年）	失业保险参保人数增长率（%）
贵州	955.5	687.1	39.06	205.3	191.9	6.98
云南	1140.8	1135.9	0.43	243.3	236.9	2.70
西藏	61.8	58.9	4.92	11.4	12.5	-8.8
陕西	1247.3	1246.2	0.09	347.7	344.3	0.99
甘肃	635.0	630.6	0.70	162.8	162.4	0.25
青海	195.2	190.4	2.52	40.1	39.3	2.04
宁夏	584.8	578.6	1.07	76.6	73.5	4.22
新疆	891.0	885.1	0.67	294.9	290.2	1.62

资料来源：①《中国统计年鉴（2016）》，第811页；②《中国统计年鉴（2015）》，第831页；③《中国统计年鉴（2016）》，第810页；④《中国统计年鉴（2015）》，第830页。

评价维度	社会保障（6岁及以上人口及各入学人口数作为常住人口平均受教育年限计算用）					
指标　　　地区	城镇登记失业率（%）[①]	城镇单位就业人员平均实际工资指数（上年=100）[②]	城市最低生活保障平均标准增长率（%）[③]	6岁及以上人口（人）[④]	小学人口（人）[⑤]	初中人口（人）[⑥]
北京	1.4	107.3	9.2	316773	32650	80272
天津	3.5	108.4	10.2	228196	35688	85899
河北	3.6	111.2	2.2	1066111	274871	468196

续表

评价维度	社会保障（6岁及以上人口及各入学人口数作为常住人口平均受教育年限计算用）					
指标 地区	城镇登记失业率（%）	城镇单位就业人员平均实际工资指数（上年=100）	城市最低生活保障平均标准增长率（%）	6岁及以上人口（人）	小学人口（人）	初中人口（人）
山西	3.5	104.2	7.7	536025	110913	230264
内蒙古	3.7	104.7	5.5	368717	89268	138368
辽宁	3.4	107.0	9.0	652806	131839	293115
吉林	3.5	109.2	8.2	409572	100760	174513
黑龙江	4.5	109.4	13.3	572233	134603	257250
上海	4.0	107.3	11.3	355996	46582	120392
江苏	3.0	107.1	8.5	1163203	270803	425735
浙江	2.9	106.7	11.7	810517	239672	284255
安徽	3.1	106.7	7.9	884086	245444	352751
福建	3.7	106.3	18.2	546001	160778	189992
江西	3.4	108.6	8.1	651438	195947	252488
山东	3.4	108.9	4.0	1423779	345693	569311
河南	3.0	106.1	13.8	1353044	350004	579625
湖北	2.6	107.5	8.8	846998	203950	310274
湖南	4.1	109.5	2.0	976881	259381	369554
广东	2.5	109.0	13.1	1559777	352377	630674
广西	2.9	114.9	18.9	675146	210679	277465
海南	2.3	113.8	23.0	129047	27457	57970
重庆	3.6	107.3	13.6	441611	139391	146462
四川	4.1	110.4	9.2	1200274	399659	406996
贵州	3.3	111.5	14.8	501212	172357	174867

续表

评价维度	社会保障（6岁及以上人口及各入学人口数作为常住人口平均受教育年限计算用）					
指标 地区	城镇登记失业率（%）	城镇单位就业人员平均实际工资指数（上年=100）	城市最低生活保障平均标准增长率（%）	6岁及以上人口（人）	小学人口（人）	初中人口（人）
云南	4.0	112.3	10.1	682247	255239	220696
西藏	2.5	157.4	10.8	45898	16848	6639
陕西	3.4	107.2	18.6	549196	126830	207427
甘肃	2.1	111.1	15.2	377237	115600	112808
青海	3.2	105.4	5.5	84198	29610	22619
宁夏	4.0	108.4	18.7	95349	26334	32026
新疆	2.9	110.8	6.1	329900	98351	121585

资料来源：①《中国统计年鉴（2016）》，第126页；②《中国统计年鉴（2016）》，第113页；③《中国社会统计年鉴（2016）》，第225页；④《中国统计年鉴（2016）》，第47页；⑤《中国统计年鉴（2016）》，第47页；⑥《中国统计年鉴（2016）》，第48页。

评价维度	社会保障（6岁及以上人口及各入学人口数作为常住人口平均受教育年限计算用）				
指标 地区	高中人口（人）[①]	大专及以上人口（人）[②]	常住人口平均受教育年限（年）*[③]	文盲人口占15岁及以上人口比重（%）[④]	每十万人口高等学校平均在校生数（人）[⑤]
北京	42868	134106	11.30	1.72	5218
天津	30811	53240	9.68	2.09	4185
河北	129334	108825	8.59	3.86	2141

续表

评价维度	社会保障（6岁及以上人口及各入学人口数作为常住人口平均受教育年限计算用）				
指标 地区	高中人口（人）	大专及以上人口（人）	常住人口平均受教育年限（年）*	文盲人口占15岁及以上人口比重（%）	每十万人口高等学校平均在校生数（人）
山西	81434	73661	9.13	2.98	2504
内蒙古	46638	59527	8.93	5.47	2035
辽宁	74717	110524	9.34	1.91	2876
吉林	54707	53934	9.02	2.61	3169
黑龙江	70680	76013	9.06	2.74	2518
上海	52278	102157	10.18	3.12	3330
江苏	148594	190987	8.85	5.40	2896
浙江	88734	118847	8.59	5.87	2414
安徽	97055	103688	8.45	6.51	2309
福建	60067	70991	8.30	6.65	2508
江西	82379	68863	8.50	4.68	2654
山东	160761	179857	8.43	6.65	2516
河南	191204	118304	8.50	5.25	2293
湖北	112916	126939	8.74	5.96	3038
湖南	155211	116158	8.81	3.37	2215
广东	245678	186951	8.80	2.90	2434
广西	62958	62166	8.16	4.66	2178
海南	15974	14006	8.54	5.31	2290
重庆	55244	55464	8.39	5.59	3071
四川	123250	131966	8.04	8.14	2312
贵州	36519	42372	7.43	13.01	1819
云南	49715	64678	7.55	9.53	1819

续表

评价维度	社会保障（6岁及以上人口及各入学人口数作为常住人口平均受教育年限计算用）				
指标 地区	高中人口（人）	大专及以上人口（人）	常住人口平均受教育年限（年）*	文盲人口占15岁及以上人口比重（%）	每十万人口高等学校平均在校生数（人）
西藏	2145	3265	5.20	37.33	1766
陕西	70284	97441	9.16	4.87	3628
甘肃	44169	47227	7.94	11.31	2194
青海	6769	8799	7.16	16.63	1275
宁夏	10361	14533	8.42	9.17	2244
新疆	30910	47998	8.56	4.46	1759

注：*常住人口平均受教育年限计算公式为：（小学文化程度人口数×6＋初中人口数×9＋高中人口数×12＋大专及以上人口数×16）/6岁及以上抽样总人口数。

资料来源：①《中国统计年鉴（2016）》，第48页；②《中国统计年鉴（2016）》，第49页（大学专科＋大学本科＋研究生得出）；③计算；④《中国统计年鉴（2016）》，第50页；⑤《中国统计年鉴（2016）》，第701页。

指标维度	社会服务					
指标 地区	城市社区服务中心（站）覆盖率（%）①	每千老年人口养老床位（张）②	每千人口医疗卫生机构床位（张）③	社会服务床位数（万张）④	每千人口社会服务床位数（张）	每千人口执业（助理）医师（人）⑤
北京	98.7	28.95	5.14	14.0	6.45	3.90
天津	80.4	23.73	4.12	5.5	3.56	2.30
河北	58.5	40.94	4.61	16.9	2.28	2.20
山西	57.6	16.31	5.00	6.9	1.88	2.50
内蒙古	70.5	56.66	5.33	9.1	3.62	2.60

续表

指标维度	社会服务					
指标\地区	城市社区服务中心（站）覆盖率（%）	每千老年人口养老床位（张）	每千人口医疗卫生机构床位（张）	社会服务床位数（万张）	每千人口社会服务床位数（张）	每千人口执业（助理）医师（人）
辽宁	95.9	21.14	6.09	17.8	4.06	2.40
吉林	61.6	14.35	5.25	7.5	2.72	2.40
黑龙江	47.5	27.04	5.58	12.6	3.31	2.20
上海	67.7	27.20	5.08	11.9	4.93	2.60
江苏	129.3	41.02	5.19	40.5	5.08	2.40
浙江	81.6	51.74	4.92	22.9	4.13	2.90
安徽	83.0	36.06	4.35	15.6	2.54	1.80
福建	94.4	24.88	4.51	5.7	1.48	2.00
江西	37.2	30.94	4.33	15.6	3.42	1.70
山东	84.6	37.14	5.27	33.1	3.36	2.40
河南	29.4	24.19	5.16	13.2	1.39	2.10
湖北	94.4	30.12	5.86	24.3	4.15	2.30
湖南	60.9	19.21	5.85	14.4	2.12	2.20
广东	134.0	19.87	4.02	18.4	1.70	2.10
广西	30.7	25.78	4.47	4.9	1.02	1.90
海南	84.0	17.65	4.25	1.2	1.32	2.10
重庆	77.8	33.18	5.85	9.1	3.02	2.00
四川	90.1	30.65	5.96	34.1	4.16	2.20
贵州	137.5	35.30	5.57	7.4	2.10	1.80
云南	52.4	19.90	5.01	6.2	1.31	1.70
西藏	62.0	61.95	4.33	2.8	8.64	1.90
陕西	86.5	23.60	5.59	9.3	2.45	2.10
甘肃	118.4	33.75	4.91	4.5	1.73	1.90

续表

指标维度	社会服务					
指标 地区	城市社区服务中心（站）覆盖率（%）	每千老年人口养老床位（张）	每千人口医疗卫生机构床位（张）	社会服务床位数（万张）	每千人口社会服务床位数（张）	每千人口执业（助理）医师（人）
青海	92.0	31.64	5.87	0.8	1.36	2.30
宁夏	112.7	30.41	5.06	1.6	2.40	2.40
新疆	69.8	24.78	6.37	5.2	2.20	2.40

资料来源：①《中国民政统计年鉴（2016）》，第197页；②《中国统计年鉴（2016）》，第729页；③《中国统计年鉴（2016）》，第714页；④《中国统计年鉴（2016）》，第729页；⑤《中国统计年鉴（2016）》，第710页。

指标维度	社会服务				
指标 地区	文化事业费占财政支出的比重（%）①	人均文化事业费（元）②	人均拥有公共图书馆藏书量（册、件）③	每万人拥有群众文化设施建筑面积（平方米）④	社会服务事业费占财政支出的千分比重（‰）⑤
北京	0.48	127.08	1.12	329.2	38.7
天津	0.48	99.39	1.10	205.0	23.8
河北	0.33	24.96	0.30	163.7	32.1
山西	0.53	49.67	0.42	267.3	35.1
内蒙古	0.54	91.16	0.60	300.8	33.2
辽宁	0.37	37.74	0.85	283.6	34.2
吉林	0.49	56.81	0.64	185.3	32.9
黑龙江	0.38	40.03	0.48	214.0	37.4
上海	0.59	151.34	3.13	567.7	15.6
江苏	0.42	50.58	0.86	475.2	26.9

续表

指标维度	社会服务				
指标 地区	文化事业费占财政支出的比重（%）	人均文化事业费（元）	人均拥有公共图书馆藏书量（册、件）	每万人拥有群众文化设施建筑面积（平方米）	社会服务事业费占财政支出的千分比重（‰）
浙江	0.73	88.14	1.13	677.4	21.2
安徽	0.28	23.81	0.32	166.0	34.6
福建	0.47	48.85	0.73	325.7	19.4
江西	0.29	27.84	0.47	235.3	35.6
山东	0.36	30.44	0.48	255.8	30.3
河南	0.30	21.73	0.26	142.4	33.7
湖北	0.38	40.27	0.51	206.2	37.0
湖南	0.34	28.57	0.38	223.4	40.2
广东	0.42	49.71	0.65	359.0	15.9
广西	0.42	35.91	0.54	157.7	36.7
海南	0.46	63.14	0.47	117.8	23.9
重庆	0.45	56.27	0.43	305.9	30.2
四川	0.53	48.24	0.41	262.6	42.0
贵州	0.30	33.98	0.35	217.8	37.4
云南	0.41	40.32	0.41	222.6	49.0
西藏	0.42	178.46	0.50	1164.2	12.7
陕西	0.47	54.09	0.40	231.8	42.2
甘肃	0.38	43.78	0.52	279.1	46.2
青海	0.43	111.13	0.70	261.3	30.5
宁夏	0.51	87.76	1.06	391.7	36.0
新疆	0.42	67.84	0.55	434.9	34.0

资料来源：①《中国文化文物年鉴（2016）》，第20页；②《中国文化文物年鉴（2016）》，第19页；③《中国文化文物年鉴（2016）》，第55页；④《中国文化文物年鉴（2016）》，第125页；⑤《中国民政统计年鉴（2016）》，第195页。

指标维度	社会治理			
指标\地区	每十万人口社会组织（个）①	每万人口社会服务职工人员（人）②	每百万人口社工助工师（人）③	互联网宽带接入用户数（万户）④
北京	44.8	112.0	445.8	491.9
天津	33.2	64.1	162.4	249.8
河北	26.0	92.4	66.3	1317.2
山西	34.1	85.0	18.3	723.9
内蒙古	52.8	73.7	53.8	365.7
辽宁	47.2	96.9	61.1	860.5
吉林	38.5	54.5	114.9	427.3
黑龙江	35.6	65.8	35.8	519.5
上海	55.3	137.9	288.4	568.8
江苏	100.8	143.5	135.3	2346.3
浙江	79.0	141.0	98.7	1906.8
安徽	40.1	66.0	82.8	913.3
福建	62.4	101.7	60.4	1044.8
江西	33.6	72.1	26.4	710.9
山东	44.1	93.6	29.6	1980.8
河南	31.1	60.2	17.4	1489.0
湖北	47.2	93.2	63.0	1014.4
湖南	40.9	75.2	32.2	910.5
广东	49.7	87.9	113.9	2682.7
广西	46.3	99.5	38.3	715.8
海南	58.8	88.9	19.3	149.5
重庆	50.9	103.3	188.1	602.7
四川	48.8	109.7	41.8	1424.0
贵州	29.8	107.2	10.5	386.8

续表

指标维度	社会治理			
指标\地区	每十万人口社会组织（个）	每万人口社会服务职工人员（人）	每百万人口社工助工师（人）	互联网宽带接入用户数（万户）
云南	44.6	118.6	21.5	537.3
西藏	17.7	126.5	1.2	29.6
陕西	51.9	111.8	17.8	689.9
甘肃	72.0	111.9	85.5	302.7
青海	61.8	87.6	28.7	82.3
宁夏	70.6	112.6	17.4	92.5
新疆	40.5	93.4	24.7	409.5

资料来源：①《中国民政统计年鉴（2016）》，第 197 页；②《中国民政统计年鉴（2016）》，第 194 页；③《中国民政统计年鉴（2016）》，第 194 页；④《中国统计年鉴（2016）》，第 564 页。

指标维度	社会治理					
指标\地区	社会志愿者服务人次（人次）①	基层以上工会劳动法律监督组织提请劳动监察部门处理的案件数(件)②	劳动争议结案数（件）③	社区居委会数（个）④	每万人社区居民委员数（个）	社会工作师（人）⑤
北京	4327575	44	70933	2975	1.37	5063
天津	78626	38	19392	1665	1.08	1002
河北	71015	416	16895	3935	0.53	1326
山西	12292	376	8528	2330	0.64	873
内蒙古	30385	49	12019	2323	0.93	403
辽宁	43527	220	39085	4156	0.95	1953

续表

指标维度	社会治理					
指标\地区	社会志愿者服务人次（人次）	基层以上工会劳动法律监督组织提请劳动监察部门处理的案件数(件)	劳动争议结案数（件）	社区居委会数（个）	每万人社区居民委员会数（个）	社会工作师（人）
吉林	23368	191	6754	1869	0.68	885
黑龙江	29782	147	11437	3859	1.01	904
上海	76134	161	66983	4154	1.72	2881
江苏	732384	2166	64455	7009	0.88	6385
浙江	614719	1185	51397	4393	0.79	5132
安徽	199780	72	20991	3299	0.54	1427
福建	132244	228	21615	2338	0.61	1867
江西	8255	124	9728	3484	0.76	611
山东	1066435	463	50072	6633	0.67	3219
河南	10115	275	24639	4577	0.48	1337
湖北	92314	371	27006	4294	0.73	1021
湖南	216608	395	17774	5106	0.75	1165
广东	108459	810	107128	6609	0.61	8678
广西	10795	67	15930	1924	0.40	585
海南	12473	42	5030	511	0.56	71
重庆	600603	308	39614	2863	0.95	1511
四川	187714	563	45143	6949	0.85	141
贵州	575506	102	14088	2086	0.59	435
云南	9401	165	14000	2235	0.47	5
西藏	146	—	293	208	0.64	979
陕西	24940	117	10605	2514	0.66	891

续表

指标维度	社会治理					
指标＼地区	社会志愿者服务人次（人次）	基层以上工会劳动法律监督组织提请劳动监察部门处理的案件数(件)	劳动争议结案数（件）	社区居委会数（个）	每万人社区居民委员会数（个）	社会工作师（人）
甘肃	12529	89	3115	1334	0.51	233
青海	8971	7	1262	476	0.81	59
宁夏	2595	186	4639	482	0.72	149
新疆	26278	77	10833	3089	1.31	531

资料来源：①《中国民政统计年鉴（2016）》，第191页；②《中国社会统计年鉴（2016）》，第356页；③《中国劳动统计年鉴（2016）》，第345页；④《中国统计年鉴（2016）》，第740页；⑤《中国统计年鉴（2016）》，第728页。

指标维度	社会环境				
指标＼地区	建成区绿化覆盖率（%）①	人均公园绿地面积（平方米）②	生活垃圾无害化处理率（%）③	人均城市道路面积（平方米）④	亿元地区生产总值生产安全事故死亡人数（人）⑤
北京	48.4	16.00	78.8	7.62	0.045
天津	36.4	10.13	92.7	16.02	
河北	41.2	14.18	96.0	18.65	0.093
山西	40.1	11.61	97.2	13.52	0.086
内蒙古	39.2	19.28	97.7	22.61	
辽宁	40.3	11.52	95.2	13.43	0.081
吉林	36.1	12.51	84.7	14.52	0.102
黑龙江	35.8	11.98	78.2	13.14	
上海	38.5	7.62	100.0	4.27	0.046

续表

指标维度	社会环境				
指标\地区	建成区绿化覆盖率（%）	人均公园绿地面积（平方米）	生活垃圾无害化处理率（%）	人均城市道路面积（平方米）	亿元地区生产总值生产安全事故死亡人数（人）
江苏	42.8	14.55	100.0	24.42	0.073
浙江	40.6	13.19	99.2	18.12	0.112
安徽	41.2	13.37	99.6	20.82	0.132
福建	43.0	12.98	99.2	13.80	0.085
江西	44.1	13.96	94.5	16.60	0.062
山东	42.3	17.36	100.0	25.82	0.063
河南	37.7	10.16	96.0	12.06	—
湖北	37.5	11.01	91.5	16.15	
湖南	39.7	9.99	99.8	14.27	0.060
广东	41.4	17.40	91.6	13.60	0.085
广西	37.6	11.60	98.7	16.28	0.150
海南	37.7	12.96	99.8	17.37	0.190
重庆	40.3	16.99	98.6	12.05	0.080
四川	38.7	11.96	96.8	13.63	0.100
贵州	35.9	12.94	93.8	11.22	0.084
云南	37.3	10.57	90.0	14.23	0.102
西藏	42.6	11.65	—	24.98	0.188
陕西	40.6	12.57	98.0	15.67	0.098
甘肃	30.2	12.23	64.2	15.18	0.220
青海	29.8	10.48	87.2	10.63	—
宁夏	37.9	18.11	89.9	22.52	0.156
新疆	37.5	11.50	80.9	17.69	0.233

资料来源：①《中国统计年鉴（2016）》，第834页；②《中国统计年鉴（2016）》，第836页；③《中国统计年鉴（2016）》，第253页；④《中国统计年鉴（2016）》，第836页；⑤各地区国民经济和社会发展统计公报。

指标维度	\multicolumn{5}{c}{社会环境}
指标 地区	自然保护区面积（万公顷）①	工业污染治理完成投资（万元）②	人均工业污染治理完成投资（元）*	万元地区生产总值能耗下降率（%）（2016年）③	污水处理率（%）④	年末常住人口数（万人）⑤
北京	13.4	99958	46.04	-4.79	88.4	2171
天津	9.1	240072	155.19	-8.41	91.5	1547
河北	70.0	541596	72.94	-5.05	95.3	7425
山西	110.3	278738	76.07	-4.22	89.2	3664
内蒙古	1271.0	438935	174.80	-4.06	93.1	2511
辽宁	275.4	189950	43.35	-0.41	93.1	4382
吉林	252.5	121203	44.03	-7.91	90.4	2753
黑龙江	750.2	193396	50.73	-4.5	84.4	3812
上海	13.6	211726	87.67	-3.7	92.9	2415
江苏	53.0	621741	77.95	-4.68	93.9	7976
浙江	20.0	586017	105.80	-3.82	92.0	5539
安徽	45.8	179450	29.21	-5.3	96.7	6144
福建	44.5	446910	116.41	-6.42	89.5	3839

续表

指标维度	社会环境						
指标 地区	自然保护区面积 (万公顷)	工业污染治理完成投资(万元)	人均工业污染治理完成投资(元)*	万元地区生产总值能耗下降率(%)(2016年)	污水处理率(%)	年末常住人口数(万人)	
江西	122.6	147833	32.38	-4.93	87.7	4566	
山东	111.9	945934	96.06	-5.15	95.8	9847	
河南	74.1	330143	34.83	-7.64	93.6	9480	
湖北	105.0	157976	27.00	-4.97	93.4	5852	
湖南	130.9	261425	38.54	-5.34	92.7	6783	
广东	184.9	347103	31.99	-3.62	93.7	10849	
广西	141.9	247152	51.53	-3.64	90.0	4796	
海南	270.7	13161	14.45	-3.71	74.2	911	
重庆	82.7	59885	19.85	-6.9	94.8	3017	
四川	828.6	118359	14.43	-4.98	88.5	8204	
贵州	89.3	107033	30.32	-6.96	95.2	3530	
云南	287.3	215878	45.52	-5.35	91.0	4742	

续表

指标维度	社会环境					
指标\地区	自然保护区面积（万公顷）	工业污染治理完成投资（万元）	人均工业污染治理完成投资（元）*	万元地区生产总值能耗下降率（%）(2016年)	污水处理率（%）	年末常住人口数（万人）
西藏	4136.9	2950	9.10	—	19.1	324
陕西	113.1	279915	73.80	-3.83	91.6	3793
甘肃	916.8	40526	15.59	-9.42	89.6	2600
青海	2166.5	49343	83.92	-7.94	60.0	588
宁夏	53.3	104318	156.16	-4.30	93.1	668
新疆	1957.5	158263	67.06	-3.20	83.4	2360

注：*．人均工业污染治理完成投资（元）计算方法：工业污染治理完成投资（万元）/常住人口数（万人）。

资料来源：①《中国统计年鉴（2016）》，第262页；②《中国统计年鉴（2016）》，第272页；③2016年省（自治区、直辖市）万元地区生产总值能耗降低率等指标公报［2016年省（自治区、直辖市）万元地区生产总值能耗降低率等指标公报来自国家统计局网站（http://www.stats.gov.cn/tjsj/zxfb/201707/t20170720_1514783.html）］；④《中国环境统计年鉴（2016）》，第145页；⑤《中国统计年鉴（2016）》，第36页。

2. 中国超大城市社会建设指数原始数据

评价维度 / 指标 / 城市	城镇居民人均可支配收入（元）①	农村居民人均可支配收入（元）*②	城镇职工基本养老保险参保人数（人）③	每千人城镇职工基本养老保险参保人数（人）④	城镇职工基本医疗保险参保人数（人）⑤	每千人城镇职工基本医疗保险参保人数（人）⑥
北京	52859	20569	14242483	656.18	14756583	679.87
天津	34101	18482	5651800	600.49	5220000	554.61
上海	52962	23205	14114400	584.37	14463700	598.84
武汉	36436	17722	2659500	320.69	3902400	470.57
广州	46735	19323	10082417	1179.92	6076242	711.09
深圳	44633	—	9543359	838.68	10391166	913.19
重庆	27239	10505	8373800	391.85	5884600	275.37

注：*由于深圳无农村，故无相关统计数据。

资料来源：①《中国省市经济发展年鉴（2016）》，下册，第187页；②《中国省市经济发展年鉴（2016）》，下册，第199页；③《中国城市统计年鉴（2016）》，第289页；④计算；⑤《中国城市统计年鉴（2016）》，第289页；⑥计算。

评价维度 / 指标 / 城市	失业保险参保人数（人）①	每千人失业保险参保人数（人）②	职工平均工资（元）③	人均公共财政预算支出（元）④
北京	10822872	498.63	113073	42653.14
天津	2953200	313.77	84187	20894.31
上海	6417700	265.71	100966	25637.93
武汉	1840500	221.93	65720	16135.28

续表

评价维度	社会保障			
城市 \ 指标	失业保险参保人数（人）	每千人失业保险参保人数（人）	职工平均工资（元）	人均公共财政预算支出（元）
广州	4740721	554.79	81171	20226.41
深圳	9746880	856.57	81034	95272.97
重庆	4395200	205.67	62091	12568.78

资料来源：①《中国城市统计年鉴（2016）》，第289页；②计算；③《中国省市经济发展年鉴（2016）》，下册，第83页；④《中国省市经济发展年鉴（2016）》，下册，第173页。

评价维度	社会服务					
城市 \ 指标	公共财政预算支出中教育支出（万元）[1]	人均公共财政预算支出中教育支出（元）[2]	城市公共设施用地面积（平方公里）[3]	人均城市公共设施用地面积（平方米）[4]	医院、卫生院床位数（张）[5]	每千人医院和卫生院床位数（张）[6]
北京	8556654	3942.25	32.05	1.48	104644	4.82
天津	5174400	5497.66	23.35	2.48	62495	6.64
上海	7673169	3176.90	130.28	5.39	120625	4.99
武汉	1842041	2221.20	9.35	1.13	71776	8.66
广州	2870733	3359.55	7.01	0.82	75138	8.79
深圳	2885520	2535.83	20.37	1.79	31506	2.77
重庆	5362416	2509.32	31.10	1.46	164368	7.69

资料来源：①《中国城市统计年鉴（2016）》，第112页；②计算；③《中国省市经济发展年鉴（2016）》，下册，第343页；④计算；⑤《中国省市经济发展年鉴（2016）》，下册，第893页；⑥计算。

附 录

评价维度	社会服务			
指标 城市	医生数（执业医师+执业助理医师）（人）[1]	每千人医生数（执业医师+执业助理医师）（人）[2]	城市公共管理与公共服务设施用地面积（市辖区）（平方公里）[3]	人均城市公共管理与公共服务设施用地面积（平方米）[4]	每百人公共图书馆藏书量（册、件）[5]
北京	96445	4.44	173.45	7.99	441.79
天津	35871	3.81	64.93	6.90	165.25
上海	50580	2.09	161.73	6.70	524.49
武汉	32888	3.97	66.28	7.99	174.30
广州	42499	4.97	76.21	8.92	252.87
深圳	29007	2.55	59.79	5.25	924.57
重庆	61013	2.86	98.38	4.60	38.67

数据来源：①《中国城市统计年鉴（2016）》，第 274 页；②计算；③《中国省市经济发展年鉴（2016）》，下册，第 323 页；④计算；⑤《中国省市经济发展年鉴（2016）》，下册，第 917 页。

评价维度		社会治理						
指标 城市	每万人拥有公共交通车辆（辆）[1]	公共管理和社会组织从业人员（人）[2]	第三产业年末从业人员（人）[3]	公共管理和社会组织从业人员占第三产业从业人员比例（%）[4]	城镇单位从业人员年末人数（人）[5]	第三产业年末从业人员占城镇单位从业人员比例（%）[6]	每万人在校大学生数（人）[7]	互联网宽带接入用户数（万户）[8]	每万人互联网宽带接入用户数（户）[9]
北京	17.31	467348	6224134	7.51	7773448	80.07	441.16	492	0.23
天津	11.31	165152	1429113	11.56	2947801	48.48	499.42	1205	1.28
上海	12.02	311932	4713254	6.62	7228840	65.20	354.56	695	0.29
武汉	16.09	98068	1022431	9.59	2072768	49.33	1153.77	463	0.56
广州	16.31	172240	2073068	8.31	3203134	64.72	1221.30	425	0.50
深圳	89.34	139416	1793079	7.78	4599649	38.98	253.84	671	0.59
重庆	4.11	316100	5227200	6.05	9868700	52.97	227.51	697	0.33

资料来源：①《中国省市经济发展年鉴（2016）》，下册，第513页；②《中国城市统计年鉴（2016）》，第76页；③《中国城市统计年鉴（2016）》，第27页；④计算；⑤《中国城市统计年鉴（2016）》，第20页；⑥计算；⑦《中国城市统计年鉴（2016）》，第260页；⑧《中国城市统计年鉴（2016）》，第189页；⑨计算。

评价维度		社会环境					
指标 城市	建成区绿化 覆盖率（%）[①]	生活垃圾无 害化处理率 （%）[②]	人均城市道路 面积 （平方米）[③]	人均城市公 园绿地面积 （平方米）[④]	城市生活垃圾 处理量 （万吨）[⑤]	人均城市生活 垃圾处理量 （吨）[⑥]	市区人口 （万人）[⑦]
北京	48.40	99.80	7.46	16.0	788.7	0.36	2170.5
天津	32.65	99.00	13.65	10.1	223.2	0.24	941.2
上海	38.50	100.00	7.96	7.6	613.2	0.25	2415.3
武汉	42.54	100.00	—	11.1	330.7	0.40	829.3
广州	41.60	95.24	13.15	21.8	434.2	0.51	854.5
深圳	45.10	100.00	33.35	16.9	574.8	0.51	1137.9
重庆	40.32	98.85	7.58	17.0	435.8	0.20	2137.0

资料来源：① 《中国城市统计年鉴（2016）》，第 327 页；② 《中国城市统计年鉴（2016）》，第 348 页；③ 《中国城市统计年鉴（2016）》，第 319 页；④ 《中国省市经济发展年鉴（2016）》，下册，第 485 页；⑤ 《中国省市经济发展年鉴（2016）》，下册，第 497 页；⑥ 计算；⑦ 《中国省市经济发展年鉴（2016）》，下册，第 12 页。

3. 中国特大型城市社会建设指数原始数据

评价维度		社会保障					
指标 城市	城镇居民人均可支配收入（元）[1]	农村居民人均可支配收入（元）[2]	城镇职工基本养老保险参保人数（人）[3]	每千人城镇职工基本养老保险参保人数（人）[4]	城镇职工基本医疗保险参保人数（人）[5]	每千人城镇职工基本医疗保险参保人数（人）[6]
沈阳	36643	13486	3706641	699.50	3514239	663.19
哈尔滨	30978	13325	2313162	492.06	2203870	468.81
南京	46104	19483	2990401	457.67	3883716	594.39
苏州	50390	25580	5115681	1498.88	5386682	1578.28
杭州	48316	25719	5690943	1099.91	5002110	966.78
汕头	23260	12455	1334120	245.69	516030	95.03
佛山	39757	22063	4330233	1125.91	2777424	722.16
东莞	39793	24225	6621614	3395.70	6019153	3086.75
成都	33476	17514	4176900	702.95	4687000	788.79
西安	33188	14072	3353700	478.35	2140900	305.36

资料来源：①《中国省市经济发展年鉴（2016）》，下册，第187页；②《中国省市经济发展年鉴（2016）》，下册，第199页；③《中国城市统计年鉴（2016）》，第289页；④计算；⑤《中国城市统计年鉴（2016）》，第289页；⑥计算。

评价维度	社会保障			
指标 城市	失业保险参保人数（人）①	每千人失业保险参保人数（人）②	职工平均工资（元）③	人均公共财政预算支出（元）④
沈阳	1395482	263.35	61827	11070.30
哈尔滨	970152	206.37	58405	8579.62
南京	2536069	388.13	81075	16001.99
苏州	3549261	1039.92	72291	22895.76
杭州	3494229	675.34	77816	16660.59
汕头	750370	138.19	52299	5104.46
佛山	2223240	578.07	61810	20565.34
东莞	4121413	2113.55	53221	29805.65
成都	3323000	559.24	69123	11956.88
西安	1496200	213.41	63193	11245.51

资料来源：①《中国城市统计年鉴（2016）》，第289页；②计算；③《中国省市经济发展年鉴（2016）》，下册，第83页；④《中国省市经济发展年鉴（2016）》，下册，第173页。

评价维度	社会服务				
指标 城市	公共财政预算支出中教育支出（万元）[1]	人均公共财政预算支出中教育支出（元）[2]	城市公共设施用地面积（平方公里）[3]	人均城市公共设施用地面积（平方米）[4]	医院、卫生院床位数（张）[5]	每千人医院和卫生院床位数（张）[6]
---	---	---	---	---	---	---
沈阳	1075909	2030.40	11.45	2.16	58959	11.13
哈尔滨	1246338	2651.22	10.70	2.28	72951	15.52
南京	1781700	2726.81	18.81	2.88	41987	6.43
苏州	2305600	6755.35	9.44	2.77	56894	16.67
杭州	2234425	4318.56	11.16	2.16	58982	11.40
汕头	737062	1357.39	7.85	1.45	14641	2.70
佛山	1280022	3328.19	3.53	0.92	31266	8.13
东莞	1309337	6714.55	29.53	15.14	26715	13.70
成都	2283411	3842.83	10.39	1.75	107839	18.15
西安	1183865	1688.58	17.74	2.53	51345	7.32

资料来源：① 《中国城市统计年鉴（2016）》，第112页；② 计算；③ 《中国省市经济发展年鉴（2016）》，下册，第343页；④ 计算；⑤ 《中国省市经济发展年鉴（2016）》，下册，第893页；⑥ 计算。

评价维度	社会服务			
指标 城市	医生数（执业医师+执业助理医师）(人)[①]	每千人医生数（执业医师+执业助理医师）(人)[②]	城市公共管理与公共服务设施用地面积（市辖区）(平方公里)[③]	人均城市公共管理与公共服务设施用地面积（平方米）[④]	每百人公共图书馆藏书量（册、件）[⑤]
沈阳	24797	4.68	43.74	8.25	153.41
哈尔滨	23664	5.03	50.60	10.76	85.86
南京	22307	3.41	86.18	13.19	250.12
苏州	26197	7.68	29.38	8.61	261.72
杭州	34832	6.73	67.31	13.01	274.34
汕头	8772	1.62	24.62	4.53	52.72
佛山	15427	4.01	15.23	3.96	107.76
东莞	15889	8.15	47.18	24.19	520.32
成都	50236	8.45	61.47	10.35	179.97
西安	26626	3.80	63.67	9.08	97.77

资料来源：① 《中国城市统计年鉴（2016）》，第274页；② 计算；③ 《中国省市经济发展年鉴（2016）》，下册，第323页；④ 计算；
⑤ 《中国省市经济发展年鉴（2016）》，下册，第917页。

评价维度		社会治理							
指标 城市	每万人拥有公共交通车辆（辆）①	公共管理和社会组织从业人员（人）②	第三产业年末从业人员（人）③	公共管理和社会组织从业人员占第三产业从业人员比例（%）④	城镇单位从业人员年末人数（人）⑤	第三产业年末从业人员占城镇单位从业人员比例（%）⑥	每万人在校大学生数（人）⑦	互联网宽带接入用户数（万户）⑧	每万人互联网宽带接入用户数（户）⑨
沈阳	10.16	90415	807811	11.19	1467488	55.05	553.16	178	0.34
哈尔滨	12.62	126086	843565	14.95	1333069	63.28	690.42	163	0.35
南京	12.85	92132	1141130	8.07	2130973	53.55	1243.68	242	0.37
苏州	14.67	97094	755829	12.85	3039299	24.87	321.06	320	0.94
杭州	16.05	138191	1377071	10.04	2885605	47.72	657.26	295	0.57
汕头	2.19	36948	217456	16.99	547136	39.74	18.18	107	0.20
佛山	17.14	60436	444583	13.59	1700391	26.15	126.99	244	0.63
东莞	25.15	57558	403776	14.25	2322753	17.38	587.80	196	1.01
成都	16.18	180514	3421414	5.28	5360594	63.83	615.42	474	0.80
西安	12.52	112620	1199166	9.39	1984561	60.42	1040.82	290	0.41

资料来源：①《中国省市经济发展年鉴（2016）》，第27页；②《中国城市统计年鉴（2016）》，下册，第513页；③《中国城市统计年鉴（2016）》，第76页；③《中国城市统计年鉴（2016）》，第20页；⑥计算；⑦《中国城市统计年鉴（2016）》，第260页；⑧《中国城市统计年鉴（2016）》，第189页；⑨计算。

附　录

评价维度		社会环境					
指标 城市	建成区绿化 覆盖率（%）[1]	生活垃圾无害 化处理率 （%）[2]	人均城市道路 面积 （平方米）[3]	人均城市公园 绿地面积 （平方米）[4]	城市生活垃圾 处理量 （万吨）[5]	人均城市生活 垃圾处理量 （吨）[6]	市区人口 （万人）[7]
沈阳	44.87	100.00	17.02	13.1	272.5	0.51	529.9
哈尔滨	—	91.63	8.96	9.5	131.3	0.28	470.1
南京	44.49	100.00	21.81	15.1	238.7	0.37	653.4
苏州	42.40	100.00	25.01	15.1	239.9	0.70	341.3
杭州	40.44	100.00	12.27	14.6	352.0	0.68	517.4
汕头	43.67	92.60	4.62	15.0	72.9	0.13	543.0
佛山	—	100.00	—	14.7	93.8	0.24	384.6
东莞	44.85	74.87	73.04	19.4	390.4	2.00	195.0
成都	39.82	100.00	11.04	14.6	273.6	0.46	594.2
西安	42.58	98.09	12.47	11.7	332.3	0.47	701.1

资料来源：①《中国城市统计年鉴（2016）》，第 327 页；②《中国城市统计年鉴（2016）》，第 348 页；③《中国城市统计年鉴（2016）》，第 319 页；④《中国省市经济发展年鉴（2016）》，下册，第 485 页；⑤《中国省市经济发展年鉴（2016）》，下册，第 497 页；⑥计算；⑦《中国省市经济发展年鉴（2016）》，下册，第 12 页。

4. G20（20国集团）社会建设指数原始数据

指标\国家	人均GDP（美元）①	GDP增速（%）②	出生时预期寿命（岁）③	平均受教育年限（年）④	消费者价格指数（CPI）（2010年=100）⑤	失业率（%）⑥
中国	7925	6.9	75.8	7.6	141.9*	4.1**
阿根廷	—	—	76.2	9.9	—	7.0
澳大利亚	56328	2.3	82.3	13.2	112.0	6.1
巴西	8539	-3.8	74.4	7.8	138.4	6.8
加拿大	43249	1.1	82.0	13.1	108.7	6.9
法国	36248	1.2	82.4	11.6	105.6	—
德国	41219	1.7	80.8	13.2	106.9	—
印度	1582	7.6	68.0	6.3	147.7	4.9
印度尼西亚	3347	4.8	68.9	7.9	132.3	5.9
意大利	29847	0.8	82.7	10.9	107.5	—
日本	32477	0.5	83.6	12.5	103.6	3.6

续表

指标 国家	人均 GDP（美元）	GDP 增速（%）	出生时预期寿命（岁）	平均受教育年限（年）	消费者价格（CPI）指数（2010 年=100）	失业率（%）
韩国	27222	2.6	82.2	12.2	109.8	3.5
墨西哥	9009	2.5	76.7	8.6	119.4	5.3
俄罗斯	9057	-3.7	70.4	12.0	151.5	5.2
沙特阿拉伯	20482	3.5	—	9.6	—	5.7
南非	5692	1.3	57.2	10.3	130.1	24.9
土耳其	9130	4.0	75.2	7.9	146.1	9.9
英国	43734	2.3	81.1	13.3	111.9***	—
美国	55837	2.4	78.9	13.2	108.7	6.2

注：2000 年=100；** 城镇登记失业率；*** 2005 年=100。

资料来源：①《2016 年国际统计年鉴》，第 23 页；②《2016 年国际统计年鉴》，第 32 页；③《2016 年国际统计年鉴》，第 97 页；④《2016 年人类发展报告》，第 200 页；⑤《2016 年国际统计年鉴》，第 216 页；⑥《2016 年国际统计年鉴》，第 125 页。

国家 \ 指标	公共教育经费支出占GDP比重（%）①	医疗开支占GDP比重（%）②	每千人宽带用户（人）③	每十万人口监狱服刑人数（人）④	每十万人口杀人犯罪率（%）⑤	女性议员占国家议会比例（%）*⑥
中国	—	5.6	185.6	119	0.8	24.25
阿根廷	5.3	4.8	160.8	160	7.6	39.51
澳大利亚	5.3	9.4	278.5	151	1.0	32.74
巴西	5.9	8.3	122.4	301	24.6	11.28
加拿大	5.3	10.5	364.1	106	1.4	30.11
法国	5.5	11.5	413.5	95	1.2	34.59
德国	4.9	11.3	371.9	78	0.9	37.20
印度	3.8	4.7	13.4	33	0.5	11.58
印度尼西亚	3.3	2.9	10.9	64	3.2	19.82
意大利	4.1	9.3	238.0	86	0.8	30.11
日本	3.8	10.2	304.9	48	0.3	13.11
韩国	4.6	7.4	402.5	101	0.7	17.00
墨西哥	5.2	6.3	116.5	212	15.7	41.40

续表

指标 国家	公共教育经费支出占GDP比重（%）	医疗开支占GDP比重（%）	每千人宽带用户（人）	每十万人口监狱服刑人数（人）	每十万人口杀人犯罪率（%）	女性议员占国家议会比例（%）*
俄罗斯	4.2	7.1	187.8	445	9.5	16.13
沙特阿拉伯	—	—	—	161	6.2	19.87
南非	6.1	8.8	52.5	292	33.0	41.02
土耳其	—	5.4	123.9	220	4.3	14.57
英国	5.7	9.1	377.2	146	0.9	28.52
美国	5.2	17.1	315.3	698	3.9	19.70

注：由于阿根廷、印度、俄罗斯、墨西哥、南非、德国、巴西、加拿大、澳大利亚、法国、美国、英国、意大利、日本这14个国家有上议院和下议院，因此这14个国家的女性议员占国家议会比例的计算方式为：女性议员的总数/上议院与下议院议员总数×100%；其他国家数据不用进行计算（该报告2017年1月1日发布）。

资料来源：①《2016年国际统计年鉴》，第336页；②《2016年国际统计年鉴》，第341页；③《2016年国际统计年鉴》，第288页；④《2016年人类发展报告》，第244页；⑤《2016年人类发展报告》，第244页；⑥各国议会联盟（IPU），http：//www.ipu.org/wmn-e/classif.htm。

国家\指标	每万人口医生数（人）[1]	温室气体排放量（百万吨二氧化碳当量）(2012年)[2]	年中人口（万人）[3]	人均温室气体排放量（吨）[4]	城市人口占比（城市化率）(%)[5]	女性人口比重(%)[6]	R&D支出占GDP比重(%)[7]	国际入境旅游人次（万人）[8]
中国	19	12454.7	137122.0	9.082933	55.6	48.5	2.0	5562
阿根廷	39	380.3	4341.7	8.759242	91.8	51.1	0.6	593
澳大利亚	33	761.7	2378.1	32.02977	89.4	50.0	2.2	687
巴西	19	2989.4	20784.8	14.38263	85.7	50.8	1.2	643
加拿大	21	1027.1	3585.2	28.64833	81.8	50.4	1.6	1654
法国	32	499.1	6680.8	7.470662	79.5	51.3	2.3	8377
德国	39	951.7	8141.3	11.68978	75.3	50.9	2.9	3300
印度	7	3002.9	131105.1	2.290452	32.7	48.2	0.8	768
印度尼西亚	2	780.6	25756.4	3.030703	53.7	49.6	0.1	944
意大利	38	482.6	6080.2	7.937239	69.0	51.4	1.3	4858
日本	23	1478.9	12695.8	11.64873	93.5	51.4	3.6	1341
韩国	21	669.0	5061.7	13.2169	82.5	50.3	4.3	1420

附 录

续表

指标\国家	每万人口医生数（人）	温室气体排放量（百万吨二氧化碳当量）(2012年)	年中人口（万人）	人均温室气体排放量（吨）	城市人口占比（城市化率）(%)	女性人口比重（%）	R&D支出占GDP比重（%）	国际入境旅游人次（万人）
墨西哥	21	663.4	12701.7	5.222923	79.2	50.3	0.5	2935
俄罗斯	43	2803.4	14409.7	19.45495	74.0	53.5	1.2	3242
沙特阿拉伯	—	—	3154.0	—	—	—	—	—
南非	8	450.6	5495.7	8.199138	64.8	50.8	0.7	955
土耳其	17	445.6	7866.6	5.664455	73.4	50.8	1.0	3981
英国	28	585.8	6513.8	8.993214	82.6	50.7	1.7	3261
美国	25	6343.8	32141.9	19.73685	81.6	50.4	2.7	7501

资料来源：① 《2016年国际统计年鉴》，第342页；② 《2016年国际统计年鉴》，第12页；③ 《2016年国际统计年鉴》，第89页；④ 计算；⑤ 《2016年国际统计年鉴》，第99页；⑥ 《2016年国际统计年鉴》，第93页；⑦ 《2016年国际统计年鉴》，第336页；⑧ 《2016年国际统计年鉴》，第314页。

5. 北京市16个区社会建设指数原始数据

评价维度	城镇居民人均可支配收入（元）(2015年)[1]	城镇居民人均可支配收入（元）(2014年)[2]	城镇居民人均可支配收入增长速度（%）[3]	农村居民人均纯收入（元）(2015年)[4]	农村居民人均纯收入（元）(2014年)[5]	农村居民人均纯收入增长速度（%）[6]	参加基本养老保险人数（人）[7]	基本养老保险覆盖率（%）[8]
指标 城区				社会保障				
东城区	61764	45052	37.09	—	—	—	1375528	151.99
西城区	67492	47392	42.41	—	—	—	1915822	147.60
朝阳区	55450	44646	24.20	—	26808	—	3014209	76.21
丰台区	47127	41334	14.02	—	22553	—	874206	37.62
石景山区	56304	41943	34.24	—	27098	—	416162	63.83
海淀区	62325	50088	24.43	—	—	—	2487728	67.35
房山区	36317	35912	1.13	19161	18809	1.87	351980	33.65
通州区	37608	37095	1.38	21648	20076	7.83	457888	33.23
顺义区	33394	36428	-8.33	22648	19629	15.38	574753	56.35

续表

社会保障

评价维度 指标 城区	城镇居民人均可支配收入（元）(2015年)	城镇居民人均可支配收入（元）(2014年)	城镇居民人均可支配收入增长速度（%）	农村居民人均纯收入（元）(2015年)	农村居民人均纯收入（元）(2014年)	农村居民人均纯收入增长速度（%）	参加基本养老保险人数（人）	基本养老保险覆盖率（%）
昌平区	38794	35517	9.23	20115	18689	7.63	439809	22.40
大兴区	40598	37131	9.34	17796	18824	-5.46	495258	31.71
门头沟区	42350	38023	11.38	20167	18861	6.92	211320	68.61
怀柔区	33247	35771	-7.06	19937	18196	9.57	202224	52.66
平谷区	35117	36226	-3.06	20147	18785	7.25	189955	44.91
密云区	33878	35499	-4.57	19183	17855	7.44	185710	38.77
延庆区	35603	33778	5.40	18088	17017	6.29	88716	28.25

资料来源：①《2016年北京区域统计年鉴》，第32页；②《2016年北京区域统计年鉴》，第32页；③计算；④《2016年北京区域统计年鉴》，第34页；⑤《2016年北京区域统计年鉴》，第34页；⑥计算；⑦《2016年北京区域统计年鉴》，第147页；⑧计算。

评价维度		社会保障					
指标 城区	新型农村合作医疗参合率（%）[1]	参加基本医疗保险人数（人）[2]	基本医疗保险覆盖率（%）[3]	参加失业保险人数（人）[4]	失业保险覆盖率（%）[5]	年末实有登记失业人员（人）[6]	城镇单位年末从业人员年末数（人）[7]
东城区	—	1598079	176.58	1074734	118.76	4739	656680
西城区	—	2133554	164.37	1447004	111.48	6805	967194
朝阳区	99.74	3172466	80.21	2324851	58.78	9729	1518253
丰台区	99.65	971201	41.79	612644	26.36	10266	635355
石景山区	—	443568	68.03	260515	39.96	4787	198350
海淀区	98.36	2794544	75.65	2122463	57.46	10705	1700498
房山区	98.80	373678	35.72	259388	24.80	7293	152944
通州区	99.77	478951	34.76	334042	24.24	5376	226409
顺义区	97.03	561484	55.05	447467	43.87	4001	467109
昌平区	99.55	472754	24.08	336416	17.14	4718	293969
大兴区	99.78	493033	31.56	369087	23.63	10315	505146
门头沟区	99.76	211655	68.72	144567	46.94	3434	56171
怀柔区	99.46	207374	54.00	167720	43.68	2459	95999
平谷区	99.91	203293	48.06	142087	33.59	2590	124505
密云区	99.96	203734	42.53	143587	29.98	2019	104168
延庆区	99.60	108534	34.56	66265	21.10	2330	70698

资料来源：① 《2016年北京区域统计年鉴》，第148页；② 《2016年北京区域统计年鉴》，第147页；③ 计算；④ 《2016年北京区域统计年鉴》，第56页；⑤ 计算；⑥ 《2016年北京区域统计年鉴》，第58页；⑦ 《2016年北京区域统计年鉴》，第147页。

评价维度		社会保障					
指标 城区	登记失业率 (%)①	在岗职工平均工资增长速度(%)②	城市居民最低生活保障人数(人)③	每万人城市居民最低生活保障数(人)④	一般公共预算支出中社会保障和就业增长速度(%)⑤	一般公共预算支出中教育增长速度(%)⑥	一般公共预算支出中医疗卫生与计划生育增长速度(%)⑦
东城区	0.72	13.0	12995	143.59	21.2	20.7	19.6
西城区	0.70	13.7	18563	143.01	62.3	-12.1	13.7
朝阳区	0.64	4.3	12439	31.45	15.3	10.4	16.5
丰台区	1.59	9.0	9631	41.44	45.4	26.0	14.0
石景山区	2.36	9.9	8068	123.74	28.2	57.4	17.3
海淀区	0.63	9.3	5394	14.60	56.8	36.7	9.9
房山区	4.55	9.3	1852	17.71	55.1	49.5	17.6
通州区	2.32	7.6	1757	12.75	46.8	60.9	28.6
顺义区	0.85	10.1	497	4.87	32.7	44.8	34.2
昌平区	1.58	5.8	777	3.96	36.7	59.8	-1.9

续表

评价维度	就业		社会保障				
指标 城区	登记失业率（%）	在岗职工平均工资增长速度（%）	城市居民最低生活保障人数（人）	每万人城市居民最低生活保障人数（人）	一般公共预算支出中社会保障和就业增长速度（%）	一般公共预算支出中教育增长速度（%）	一般公共预算支出中医疗卫生与计划生育增长速度（%）
大兴区	2.00	8.5	771	4.94	29.2	26.7	9.5
门头沟区	5.76	1.7	6082	197.47	27.2	43.1	3.5
怀柔区	2.50	11.1	726	18.91	18.8	39.4	6.5
平谷区	2.04	3.7	2056	48.61	28.4	53.0	22.2
密云区	1.90	11.4	1114	23.26	23.4	45.2	3.1
延庆区	3.19	9.8	465	14.81	32.0	30.3	14.5

资料来源：①计算；②《2016年北京区域统计年鉴》，第57页；③《2015年北京区域统计年鉴》，第154页；④计算；⑤《2016年北京区域统计年鉴》，第67页；⑥《2016年北京区域统计年鉴》，第68页；⑦《2016年北京区域统计年鉴》，第69页。

评价维度	社会服务								
指标 城区	社区卫生服务机构专业技术人员数（人）[1]	卫生机构床位数（张）[2]	每千人医院床位数（张）[3]	每千人执业（助理）医师（人）[4]	每千人注册护士数（人）[5]	图书馆总藏数（万册、万件）[6]	人均拥有公共图书馆藏数（册、件）[7]	公共图书馆总流通人次（万人次）[8]	公共图书馆书刊文献外借册次（万册次）[9]
东城区	1157	11046	12.21	10.82	11.38	139	1.54	76	79
西城区	1753	15604	12.02	9.24	11.82	183	1.41	158	129
朝阳区	4442	20075	5.08	4.51	4.80	1025	2.59	590	332
丰台区	2374	9534	4.10	2.80	3.30	96	0.41	41	47
石景山区	852	4636	7.11	4.37	5.14	108	1.66	57	49
海淀区	3427	11238	3.04	2.91	3.43	3614	9.78	410	94
房山区	1347	6362	6.08	3.36	3.60	111	1.06	26	33
通州区	1763	3494	2.54	2.44	2.45	61	0.44	73	38
顺义区	1505	3430	3.36	3.13	2.75	88	0.86	35	32
昌平区	1440	10147	5.17	2.45	3.02	65	0.33	41	39
大兴区	2365	6780	4.34	2.57	2.76	95	0.61	46	30

续表

评价维度		社会服务						
指标 城区	社区卫生服务机构专业技术人员数（人）	卫生机构床位数（张）	每千人医院床位数（张）	每千人执业（助理）医师（人）	每千人注册护士数（人）	图书馆总藏数（万册、万件）	人均拥有公共图书馆藏数（册、件）	公共图书馆总流通人次（万人次）	公共图书馆书刊文献外借册次（万册次）
门头沟区	553	2858	9.28	3.80	4.68	87	2.82	1	13
怀柔区	682	1683	4.38	3.61	2.94	68	1.77	48	39
平谷区	908	2020	4.78	3.62	3.50	85	2.01	21	17
密云区	931	1666	3.48	3.30	2.51	69	1.44	12	17
延庆区	694	982	3.13	3.00	2.81	49	1.56	17	18

资料来源：①《2016年北京区域统计年鉴》，第146页；②《2016年北京区域统计年鉴》，第143页；③《2016年北京区域统计年鉴》，第143页；④《2016年北京区域统计年鉴》，第143页；⑤《2016年北京区域统计年鉴》，第134页；⑥《2016年北京区域统计年鉴》，第134页；⑦计算；⑧《2016年北京区域统计年鉴》，第134页；⑨《2016年北京区域统计年鉴》，第134页。

评价维度	社会管理							
指标 城区	社区服务机构数（个）[1]	社会组织数（个）[2]	每万人口社会组织（个）[3]	地区生产总值中公共管理、社会保障和社会组织增长速度（%）[4]	地区生产总值中卫生和社会工作增长速度（%）[5]	刑事案件破案数（起）[6]	刑事案件立案数（起）[7]	刑事案件破案率（%）[8]
东城区	459	558	6.17	16.1	11.8	4513	7466	60.45
西城区	718	580	4.47	8.7	15.7	9837	13105	75.06
朝阳区	1087	827	2.09	8.5	11.7	25803	38778	66.54
丰台区	676	453	1.95	16.3	21.5	12837	21660	59.27
石景山区	360	263	4.03	6.8	14.1	2373	3739	63.47
海淀区	995	858	2.32	12.1	21.9	22983	29393	78.19
房山区	1018	373	3.57	16.1	14.6	4773	8372	57.01
通州区	668	337	2.45	20.0	62.3	5503	9172	60.00
顺义区	1115	341	3.34	27.5	13.6	5732	6390	89.70
昌平区	600	464	2.36	20.4	30.9	5349	9839	54.37

续表

社会管理

评价维度 指标 城区	社区服务机构数（个）	社会组织数（个）	每万人口社会组织（个）	地区生产总值中公共管理、社会保障和社会组织增长速度（%）	地区生产总值中卫生和社会工作增长速度（%）	刑事案件破案数（起）	刑事案件立案数（起）	刑事案件破案率（%）
大兴区	675	453	2.90	12.7	20.2	5691	10478	54.31
门头沟区	565	203	6.59	25.8	18.5	1455	1780	81.74
怀柔区	848	439	11.43	15.1	12.0	1505	1766	85.22
平谷区	366	335	7.92	37.1	32.5	1746	2437	71.65
密云区	676	230	4.80	16.1	9.3	1270	2121	59.88
延庆区	493	219	6.97	15.8	13.5	960	1095	87.67

资料来源：① 2016年北京区域统计年鉴》，第136页；② 2016年北京区域统计年鉴》，第150页；③计算；④ 2016年北京区域统计年鉴》，第63页；⑤ 2016年北京区域统计年鉴》，第63页；⑥ 2016年北京区域统计年鉴》，第157页；⑦ 2016年北京区域统计年鉴》，第157页；⑧计算。

评价维度	社会环境								
指标 城区	万元GDP能耗下降率(%)[1]	生活垃圾无害化处理率(%)[2]	二氧化硫(SO$_2$)年均浓度值(微克/立方米)[3]	细颗粒物(PM2.5)年均浓度值(微克/立方米)[4]	生产安全死亡人数(人)[5]	每万人口生产安全事故死亡人数(人)[6]	一般公共预算中节能环保增长速度(%)[7]	林木绿化率(%)[8]	常住人口(万人)[9]
东城区	2.82	100	13.8	84.3	1	1.10	-38.5	19.1	90.5
西城区	3.91	100	14.5	83.0	3	2.31	0	14.6	129.8
朝阳区	6.45	100	15.5	83.4	10	2.53	20.8	24.9	395.5
丰台区	3.43	100	14.3	86.7	2	0.86	26.5	39.7	232.4
石景山区	16.06	100	13.5	83.5	3	4.60	-47.9	40.6	65.2
海淀区	5.08	100	15.2	80.0	9	2.44	101.2	40.6	369.4
房山区	7.08	100	15.6	96.2	3	2.87	258.9	59.9	104.6
通州区	10.67	99.00	20.1	92.5	3	2.18	124.1	32.4	137.8
顺义区	3.67	98.95	11.0	81.4	1	0.98	34.5	35.6	102.0
昌平区	10.68	99.43	12.1	70.6	—	0	62.3	66.7	196.3
大兴区	6.36	99.88	18.3	96.4	2	1.28	360.1	29.5	156.2

续表

评价维度		社会环境						
指标 城区	万元GDP能耗下降率（%）	生活垃圾无害化处理率（%）	二氧化硫（SO$_2$）年均浓度值（微克/立方米）	细颗粒物（PM2.5）年均浓度值（微克/立方米）	生产安全死亡人数（人）	每万人口生产安全事故死亡人数（人）	一般公共预算中节能环保增长速度（%）	林木绿化率（%）	常住人口（万人）
门头沟区	6.18	100	11.0	77.0	2	6.49	34.6	65.9	30.8
怀柔区	10.51	97.07	9.2	70.1	3	7.81	53.1	78.9	38.4
平谷区	5.78	100	13.3	78.8	1	2.36	101.7	71.3	42.3
密云区	6.90	100	11.9	67.8	1	2.09	24.5	72.5	47.9
延庆区	2.01	99.52	11.7	61.0	1	3.18	39.8	70.0	31.4

资料来源：① 《2016年北京区域统计年鉴》，第78页；② 《2016年北京区域统计年鉴》，第163页；③ 《2016年北京区域统计年鉴》，第162页；④ 《2016年北京区域统计年鉴》，第162页；⑤ 《2016年北京区域统计年鉴》，第160页；⑥ 计算；⑦ 《2016年北京区域统计年鉴》，第69页；⑧ 《2016年北京区域统计年鉴》，第162页；⑨ 计算，第20页。

三 部分指标解释

居民人均可支配收入：居民可支配收入指居民可用于最终消费支出和储蓄的总和，即居民可用于自由支配的收入。既包括现金收入，也包括实物收入。按照收入的来源，可支配收入包含四项，分别为：工资性收入、经营性净收入、财产性净收入和转移性净收入（《中国统计年鉴》，2015 版，第 207 页）。

城镇职工基本养老保险参保人数增长率：基本养老保险（参保）职工人数指报告期末按照国家法律、法规和有关政策规定参加城镇职工基本养老保险并在社保经办机构已建立缴费记录档案的职工人数，包括中断缴费但未终止养老保险关系的职工人数，不包括只登记未建立缴费记录档案的人数（《中国统计年鉴》，2015 版，第 794 页）。

基本医疗保险参保人数增长率：基本医疗保险参保人数指报告期末按国家有关规定刚参加相应基本医疗保险的人数（《中国统计年鉴》，2015 版，第 795 页）。

失业保险参保人数增长率：失业保险参保人数指报告期末按照国家法律、法规和有关政策规定参加了失业保险的城镇企业、事业单位的职工及地方政府规定参加失业保险的其他人员的人数（《中国统计年鉴》，2015 版，第 795 页）。

城镇登记失业率：城镇登记失业人员与城镇单位就业人员（扣除使用的农村劳动力、聘用的离退休人员、港澳台及外方人员)、城镇单位中的不在岗职工、城镇私营业主、个体户主、城镇私营企业和个体就业人员、城镇登记失业人员之和的比(《中国统计年鉴》,2015版,第115页)。

城镇单位就业人员平均实际工资指数(上年=100):就业人员平均实际工资指扣除物价变动因素后的就业人员平均工资。就业人员平均实际工资指数是反映实际工资表情况的相对数,表明就业人员实际工资水平提高或降低的程度。计算公式为:城镇单位就业人员平均实际工资指数=报告期就业人员平均工资指数/报告期城镇居民消费价格指数×100%(《中国统计年鉴》,2015版,第137页)。

文盲人口占15岁及以上人口比重:"文盲人口"指15岁及15岁以上不识字及识字很少人口(《中国统计年鉴》,2015版,第41页)。

每十万人口高等学校平均在校生数:高等学校包括普通高等学校和成人高等学校(《中国统计年鉴》,2015版,第677页)。

社区服务机构覆盖率:社区服务机构数指报告期末设立的社区服务指导中心、社区服务中心、社区服务站、其他社区服务机构的总和数。具有面向老人及其家属的商品递送、医疗保健、家庭保洁、日间照料、陪伴服务等为社区居家养老服务的设施和突出综合服务的职能。包括党员活动室、就业保障网络、社区卫生服务站、文化活动室、图书室、"爱心超市"、社区捐助接收站点、警务站(室)、老年活动室、未成年人文化活动场所等具有综合服务功能的机构(《中国统计年鉴》,2015版,第

763页）。

每千人口医疗卫生机构床位：医疗卫生机构指从卫生行政部门取得《医疗机构执业许可证》《计划生育技术服务许可证》，或从民政、工商行政、机构编制管理部门取得法人单位登记证书，为社会提供医疗保健、疾病控制、卫生监督服务或从事医学科研和医学在职培训等工作的单位。医疗卫生机构包括医院、基层医疗卫生机构、专业公共卫生机构、其他医疗卫生机构（《中国统计年鉴》，2015版，第762页）。

每千人口社会服务床位数：指老年及残疾人床位数、智障和精神疾病床位数、儿童床位数、救助及其他社会服务床位数的总和除以当年期末人口数乘以1000。其中，老年及残疾人床位数包括城市养老服务机构、农村养老服务机构、社会福利院、光荣院、荣誉军人康复医院、复员军人疗养院中的相关床位数；智障和精神疾病床位数包括复、退军人精神病院和社会福利医院中的相关床位数；儿童床位数包括儿童福利院和流浪儿童救助保护中心的相关床位数；救助及其他社会服务床位数包括社区养老服务中心、社区养老服务站、生活无着人员救助管理站、其他收养机构、军休所、军供站的相关床位数（《中国统计年鉴》，2015版，第721页）。

每千人口执业（助理）医师：执业（助理）医师指《医师执业证》"级别"为"执业助理医师"且实际从事医疗、预防保健工作的人员，不包括实际从事管理工作的执业助理医师。执业助理医师类别分为临床、中医、口腔和公共卫生四类（《中国统计年鉴》，2015版，第762页）。

社会工作师（人）：指通过全国社会工作师职业水平考试并取得《社会工作师职业水平证书》的人员（《中国统计年鉴》，2014版，第721页）。

人均公园绿地面积：公园绿地指城市中向公众开放的，以游憩为主要功能，有一定的游憩设施和服务设施，同时兼有健全生态、美化景观、防灾减灾等综合作用的绿化用地。包括综合公园、社区公园、专类公园、带状公园和街旁绿地。其中综合公园、专类公园和带状公园面积之和为公园面积（《中国统计年鉴》，2015版，第867页）。

自然保护区面积：自然保护区指为了保护自然环境和自然资源，促进国民经济的持续发展，将一定面积的陆地和水体划分出来，并经各级人民政府批准而进行特殊保护和管理的区域个数。根据保护对象，自然保护区分为自然生态系统类、野生生物类、自然遗迹类。风景名胜区、文物保护区不计在内（《中国统计年鉴》，2015版，第281页）。

万元地区生产总值能耗下降率：万元地区生产总值能耗指一个地区每生产一万元地区生产总值所消耗的能源（国家统计局网站，http://www.stats.gov.cn/tjsj/zxfb/201604/t20160420_1346123.html）。

建成区绿化覆盖率：建成区绿化覆盖面积指城市建成区内一切用于绿化的乔灌木和多年生草本植物的垂直投影面积（《北京社会建设报告（2013）》，第278页）。

生活垃圾无害化处理率：指报告期内垃圾无害化处理量与垃圾生产量的比率。在统计时，如果生活垃圾产生量不易取得,可用清运量代替(《北京区域统计年鉴》,2014版,第252页)。

空气质量达到二级天数:空气污染指数(API)≤100的天数(《北京社会建设报告(2013)》,第279页)。

人均GDP:国内生产总值:指生产活动总成果,等于所有常住单位创造的增加值的总和(包括产出价值中未包括的产品税,不包括各项产品补贴,不包括未计入产值的产品)。等于按购买者价格计算的货物和服务最终使用价值(不包括中间消费)减去进口的货物和服务价值,或等于常住生产单位初次收入分配的总和。计算国内生产总值不扣除折旧折的资产或自然资源的枯竭和退化。人均国内生产总值:指国内生产总值除以年中人口。数据用现价美元表示(《国际统计年鉴》,2015版,第85页)。

出生时预期寿命:指一名新生儿如果其出生时各年龄组的死亡率在其终生保持不变的话,他可能存活的年数(《国际统计年鉴》,2014版,第102页)。

CPI指数即消费者价格指数(2005年=100):是反映报告期经济体为消费目的而获取、使用和支付的货物和服务的价格总体水平随时间变化的指标。每个总指数是通过将大量要素加总指数加权平均而得到,每个要素加总指数是基于某一地区或其居民从某一指定出处或其他消费源获取指定货物和服务的价格的抽样调查数而进行的估算(《国际统计年鉴》,2014版,第224页)。

失业率:反映了失业的严重程度。失业率是参考期内(一般是特定的一天或一周）特定分组的失业人数和同一时间该组就业、失业人数之和相比得出的（《国际统计年鉴》，2014版，第135页）。

人均二氧化碳排放量：二氧化碳排放量：是指矿物燃料燃烧以及水泥制造等过程中排放的二氧化碳，包括使用固体、液体、气体燃料以及燃烧天然气时产生的二氧化碳（《国际统计年鉴》，2014版，第20页）。

城市人口占比：城市人口：指向联合国报告的各国定义为城市的区域内的年中人口（《国际统计年鉴》，2014版，第102页）。

R&D支出占GDP比重：研究与开发经费支出：是经常性和资本性支出（包括超前支出），目的在于增加知识存量的创造性、系统性活动。具体包括基础研究、应用研究和目的在于寻求新型设备、产品和工艺的科学实验活动（《国际统计年鉴》，2014版，第347页）。

城镇登记失业率：指在报告期末城镇登记失业人数占期末城镇从业人员总数与期末实有城镇登记失业人数之和的比重。城镇登记失业率＝报告期末城镇登记失业人数/（期末城镇从业人员总数＋期末实有城镇登记失业人数）×100%（《北京社会建设报告（2013）》，第308页）。

社区服务机构数：指报告期末社区服务站、社区服务中心、其他社区服务设施的总和（《2014年北京区域统计年鉴》，第257页）。

四 2017中国社会建设指数的主成分分析

1. 中国内地31个省（自治区、直辖市）社会建设指数的主成分分析

附表4—1　中国内地31省（自治区、直辖市）社会建设指数各评价指标的主成分

主成分	特征值	贡献率	累计贡献率	特征值平方根
第1主成分	10.59709036	26.492726%	26.492726%	3.255317245
第2主成分	6.880831432	17.202079%	43.694804%	2.623133895
第3主成分	3.778875226	9.4471881%	53.141993%	1.943932927
第4主成分	3.118744991	7.7968625%	60.938855%	1.765996883
第5主成分	2.534582178	6.3364554%	67.275310%	1.592037116
第6主成分	2.227891956	5.5697299%	72.845040%	1.492612460
第7主成分	1.735328346	4.3383209%	77.183361%	1.317318620
第8主成分	1.404854512	3.5121363%	80.695498%	1.185265587
第9主成分	1.190870313	2.9771758%	83.672673%	1.091270046
第10主成分	1.102340387	2.7558510%	86.428524%	1.049923991
第11主成分	1.003094142	2.5077354%	88.936260%	1.001545876
第12主成分	0.730017895	1.8250447%	90.761304%	0.854410847
第13主成分	0.593681160	1.4842029%	92.245507%	0.770507080
第14主成分	0.550911582	1.3772790%	93.622786%	0.742234183
第15主成分	0.528746147	1.3218654%	94.944652%	0.727149329
第16主成分	0.420487144	1.0512179%	95.995869%	0.648449801
第17主成分	0.331500728	0.8287518%	96.824621%	0.575760999

续表

主成分	特征值	贡献率	累计贡献率	特征值平方根
第18主成分	0.303616838	0.7590421%	97.583663%	0.551014371
第19主成分	0.233498025	0.5837451%	98.167408%	0.483216334
第20主成分	0.190382588	0.4759565%	98.643365%	0.436328532
第21主成分	0.129822417	0.3245560%	98.967921%	0.360308780
第22主成分	0.099504742	0.2487619%	99.216683%	0.315443722
第23主成分	0.085998723	0.2149968%	99.431680%	0.293255389
第24主成分	0.072765553	0.1819139%	99.613593%	0.269750908
第25主成分	0.052354588	0.1308865%	99.744480%	0.228811250
第26主成分	0.045517909	0.1137948%	99.858275%	0.213349265
第27主成分	0.024738592	0.0618465%	99.920121%	0.157285067
第28主成分	0.017042536	0.0426063%	99.962728%	0.130547063
第29主成分	0.010606242	0.0265156%	99.989243%	0.102986609
第30主成分	0.004302745	0.0107569%	100.00000%	0.065595315
第31主成分	$6.58273e-16$	$1.646e-15$%	100.00000%	$2.565683e-8$
第32主成分	$4.33132e-16$	$1.083e-15$%	100.00000%	$2.081181e-8$
第33主成分	$3.37353e-16$	$8.434e-16$%	100.00000%	$1.836717e-8$
第34主成分	$2.76560e-16$	$6.914e-16$%	100.00000%	$1.663009e-8$
第35主成分	$8.24185e-17$	$2.060e-16$%	100.00000%	$9.078465e-9$
第36主成分	0.000000000	0.0000000%	100.00000%	0.000000000
第37主成分	0.000000000	0.0000000%	100.00000%	0.000000000
第38主成分	0.000000000	0.0000000%	100.00000%	0.000000000
第39主成分	0.000000000	0.0000000%	100.00000%	0.000000000
第40主成分	0.000000000	0.0000000%	100.00000%	0.000000000

附表 4—2　中国内地 31 省（自治区、直辖市）社会建设指数
各评价指标的主成分载荷

变量（评价指标）	第 1 主成分	第 2 主成分	第 3 主成分	第 4 主成分
A1	0.252368761	0.143245824	0.007306350	0.054617770
A2	0.297734160	-0.003643671	-0.019491147	-0.010661765
A3	0.282752563	-0.005359242	0.031379503	0.005272367
A4	-0.130829527	-0.056071136	0.028240689	0.195678617
A5	-0.013791162	0.011365387	0.121242073	0.227915428
A6	0.030968812	0.064525268	0.192972064	0.003357496
A7	-0.058466010	0.122227365	0.103814865	-0.012226614
A8	-0.087270053	-0.331464861	-0.078734706	0.102403205
A9	-0.012053731	-0.014307690	0.040160365	-0.227315089
A10	0.232276695	0.212942654	-0.092723055	0.030005008
A11	-0.130718892	-0.326697580	-0.005218008	-0.010678805
A12	0.234695338	0.071257013	-0.153209991	0.113425421
B1	0.061435131	-0.028064605	0.169036260	-0.122479994
B2	7.439944e-4	-0.245828522	0.185816787	0.141640378
B3	-0.012994875	0.077508708	-0.066246448	-0.110304858
B4	0.145828951	-0.260084603	-0.053290176	0.173016327
B5	0.244442706	-0.015031490	-0.054164324	0.007317364
B6	0.168985164	-0.077045049	0.149012900	-0.246516075
B7	0.135360739	-0.286827552	-0.086214404	-0.130825744
B8	0.224574935	-0.060539599	-0.007793817	-0.207058612
B9	0.067789463	-0.341549608	0.087822790	-0.018179728
B10	-0.107892859	0.196636757	-0.128650968	0.010142696
C1	0.098507708	0.019867357	0.300702481	-0.307963481
C2	0.110700888	-0.180233165	0.189154201	-0.162664522
C3	0.266125972	-0.002113789	-0.161972288	0.014966200
C4	0.217056013	0.035592565	0.246132579	-0.037248921

续表

变量（评价指标）	第1主成分	第2主成分	第3主成分	第4主成分
C5	0.189910955	-0.023800868	-0.201437563	0.142151384
C6	0.096948027	0.007847503	0.360983190	-0.143233229
C7	0.280538048	-0.018873282	-0.117404411	-0.016583764
C8	0.221761381	-0.037442707	-0.145348827	-0.090791723
C9	0.151632728	-0.296872014	-0.103814421	0.129444211
D1	0.153651091	-0.053669690	0.091699591	0.395848363
D2	0.035447653	0.002544230	0.242809696	0.219745568
D3	0.032072968	0.052680800	0.276135656	0.167341813
D4	-0.094586526	-0.119316899	0.311733762	0.196383197
D5	-0.145926181	-0.134291173	-0.046071683	-0.330754934
D6	-0.041611727	-0.137589220	-0.110325768	-0.218030706
D7	0.092470066	0.035858388	0.240975739	-0.045333886
D8	0.063393593	-0.115920939	0.099102860	0.103684102
D9	0.083484097	0.333600092	0.123947393	0.042720782

附表4—3　中国内地31省（自治区、直辖市）社会建设指数中各评价指标的系数

	评价指标	在内地31省（自治区、直辖市）中的平均值	在社会建设指数中的系数
社会保障	人口平均预期寿命（岁）	74.90612903	0.093370365
	城镇居民人均可支配收入（元）	21912.26129	3.367130e-5
	农村居民人均纯收入（元）	11876.76452	7.089584e-5
	城镇职工基本养老保险参保人数增长率（%）	3.942271519	6.063948e-4
	基本医疗保险参保人数增长率（%）	7.269418951	5.790790e-6
	失业保险参保人数增长率（%）	1.042337009	0.004418843
	城镇登记失业率（%）	3.261290323	-0.089147970

续表

	评价指标	在内地31省（自治区、直辖市）中的平均值	在社会建设指数中的系数
社会保障	城镇单位就业人员平均实际工资指数（上年=100）	110.1806452	9.732260e-5
	城市最低生活保障平均标准增长率（%）	10.87741935	2.397550e-5
	常住人口平均受教育年限（年）	8.572962405	0.236202386
	文盲人口占15岁及以上人口比重（%）	6.766129032	-0.020170910
	每十万人口高等学校平均在校生数（人）	2568.000000	3.096721e-4
社会服务	城市社区服务中心（站）覆盖率（%）	80.03548387	0.002229745
	每千老年人口养老床位数（张）	30.32516129	6.743307e-5
	每千人口医疗卫生机构床位数（张）	5.125806452	2.081039e-4
	每千人口社会服务床位数（张）	3.028496465	0.088938065
	每千人口执业（助理）医师（人）	2.248387097	0.596985868
	文化事业费占财政支出的比重（%）	0.431612903	1.784398741
	人均文化事业费（元）	61.58193548	0.003581506
	人均拥有公共图书馆藏量（册、件）	0.670000000	0.439757100
	每万人拥有群众文化设施建筑面积（平方米）	310.6580645	3.435472e-4
	社会服务事业费占财政支出的比重（‰）	32.21290323	1.248950e-4
社会治理	每十万人口社会组织（个）	48.06774194	0.005932870
	每万人口社会服务职工（人）	96.37741935	0.004784572
	每百万人口社工助工师（人）	77.46129032	0.002931771
	每万人口互联网宽带接入用户数（户）	1777.823049	3.946761e-4
	每万人口社会志愿者服务人次（人次）	97.11744919	5.432396e-4
	每万人口基层以上工会劳动法律监督组织提请劳动监察部门处理的案件数（件）	0.064078166	1.435689172
	每万人口劳动争议结案数（件）	6.549572837	0.040294306
	每万人社区居民委员会数（个）	0.780919195	0.782347768
	每万人口社会工作师（人）	0.473698142	0.233946330

续表

	评价指标	在内地31省（自治区、直辖市）中的平均值	在社会建设指数中的系数
社会环境	建成区绿化覆盖率（%）	39.10967742	0.042491588
	人均公园绿地面积（平方米）	12.97935484	0.013381333
	生活垃圾无害化处理率（%）	92.84838710	0.003924788
	人均城市道路面积（平方米）	15.83516129	1.976218e-4
	亿元地区生产总值生产安全事故死亡率（%）	0.114064516	-2.340448820
	自然保护区占辖区面积比重（%）	12.83417991	2.904260e-5
	人均工业污染治理完成投资（元）	62.02345654	0.002151781
	万元地区生产总值能耗下降率（%）	-5.080322581	-0.000338846
	污水处理率（%）	87.67096774	0.005828955

附表4—4　中国内地31省（自治区、直辖市）社会保障指数各评价指标的主成分

主成分	特征值	贡献率	累计贡献率	特征值平方根
第1主成分	5.094312227	42.452602%	42.452602%	2.257058313
第2主成分	1.671339084	13.927826%	56.380428%	1.292802802
第3主成分	1.348677761	11.238981%	67.619409%	1.161325864
第4主成分	1.203120327	10.026003%	77.645412%	1.096868418
第5主成分	0.761906129	6.3492177%	83.994629%	0.872872344
第6主成分	0.725350127	6.0445844%	90.039214%	0.851674895
第7主成分	0.602278569	5.0189881%	95.058202%	0.776066086
第8主成分	0.308408375	2.5700698%	97.628272%	0.555345276
第9主成分	0.163252264	1.3604355%	98.988707%	0.404044879
第10主成分	0.076785878	0.6398823%	99.628590%	0.277102648
第11主成分	0.032232279	0.2686023%	99.897192%	0.179533504
第12主成分	0.012336978	0.1028082%	100.00000%	0.111071952

附表 4—5　中国内地 31 省（自治区、直辖市）社会保障指数各评价指标的主成分载荷

变量（评价指标）	第 1 主成分	第 2 主成分	第 3 主成分	第 4 主成分
A1	0.419088755	-0.027757441	-0.012558382	0.060318784
A2	0.374854900	-0.238678501	-0.161717905	0.166044385
A3	0.367766695	-0.227766066	-0.150891830	0.233141780
A4	-0.228519972	0.151254316	-0.292023401	-0.080859648
A5	-0.023169428	0.144813414	-0.617872661	0.196761774
A6	0.047242059	-0.001049011	-0.495178922	-0.641185821
A7	-0.033636255	0.561017655	0.192767591	0.350554381
A8	-0.270297249	-0.491683517	-0.033466777	0.319352904
A9	-0.016422968	-0.284927953	0.424696479	-0.439379915
A10	0.417045463	0.115452618	0.052972725	-0.034274899
A11	-0.348443403	-0.383295850	-0.131230417	0.192486529
A12	0.351858818	-0.220482151	$8.967312e-4$	0.043679372

附表 4—6　中国内地 31 省（自治区、直辖市）社会保障指数中各评价指标的系数

	评价指标	在内地 31 省（自治区、直辖市）中的平均值	在社会保障指数中的系数
社会保障	人口平均预期寿命（岁）	74.90612903	0.155052748
	城镇居民人均可支配收入（元）	21912.26129	$4.239303e-5$
	农村居民人均纯收入（元）	11876.76452	$9.221182e-5$
	城镇职工基本养老保险参保人数增长率（%）	3.942271519	0.001059190
	基本医疗保险参保人数增长率（%）	7.269418951	$9.728640e-6$

	评价指标	在内地31省（自治区、直辖市）中的平均值	在社会保障指数中的系数
社会保障	失业保险参保人数增长率（%）	1.042337009	0.006740822
	城镇登记失业率（%）	3.261290323	-0.051287980
	城镇单位就业人员平均实际工资指数（上年=100）	110.1806452	3.014326e-4
	城市最低生活保障平均标准增长率（%）	10.87741935	3.266620e-5
	常住人口平均受教育年限（年）	8.572962405	0.424093917
	文盲人口占15岁及以上人口比重（%）	6.766129032	-0.053767450
	每十万人口高等学校平均在校生数（人）	2568.000000	4.642652e-4

附表4—7 中国内地31省（自治区、直辖市）社会服务指数各评价指标的主成分

主成分	特征值	贡献率	累计贡献率	特征值平方根
第1主成分	4.011735095	40.117351%	40.117351%	2.002931625
第2主成分	1.591843661	15.918437%	56.035788%	1.261682869
第3主成分	1.299891682	12.998917%	69.034704%	1.140127924
第4主成分	0.980613992	9.8061399%	78.840844%	0.990259558
第5主成分	0.573766500	5.7376650%	84.578509%	0.757473762
第6主成分	0.554302360	5.5430236%	90.121533%	0.744514849
第7主成分	0.345967423	3.4596742%	93.581207%	0.588189955
第8主成分	0.311404112	3.1140411%	96.695248%	0.558035941
第9主成分	0.214335046	2.1433505%	98.838599%	0.462963331
第10主成分	0.116140128	1.1614013%	100.00000%	0.340793381

附表 4—8　中国内地 31 省（自治区、直辖市）社会服务指数各评价指标的主成分载荷

变量（评价指标）	第 1 主成分	第 2 主成分	第 3 主成分	第 4 主成分
B1	0.084687318	0.121880078	-0.136386460	-0.966086597
B2	0.270869993	-0.358811637	-0.459741187	-0.005108328
B3	-0.073975771	0.489697416	-0.527561717	0.072269246
B4	0.384366368	-0.072533073	-0.367856102	0.120755369
B5	0.263766217	0.522618180	-0.064611797	0.048292689
B6	0.320801810	0.333633200	0.225340093	0.067528957
B7	0.444867152	0.034584244	0.038260343	0.108858942
B8	0.331958109	0.279299658	0.361959573	-0.002881627
B9	0.416803445	-0.251199466	-0.184450119	0.036046456
B10	-0.334564024	0.290840911	-0.367347278	0.163693691

附表 4—9　中国内地 31 省（自治区、直辖市）社会服务指数中各评价指标的系数

	评价指标	在内地 31 省（自治区、直辖市）中的平均值	在社会服务指数中的系数
社会服务	城市社区服务中心（站）覆盖率（％）	80.03548387	0.003073667
	每千老年人口养老床位数（张）	30.32516129	0.024550714
	每千人口医疗卫生机构床位数（张）	5.125806452	0.001184670
	每千人口社会服务床位数（张）	3.028496465	0.234417110
	每千人口执业（助理）医师（人）	2.248387097	0.644178370
	文化事业费占财政支出的比重（％）	0.431612903	3.387506530
	人均文化事业费（元）	61.58193548	0.011770727
	人均拥有公共图书馆藏量（册、件）	0.670000000	0.650032185
	每万人拥有群众文化设施建筑面积（平方米）	310.6580645	0.002112300
	社会服务事业费占财政支出的比重（‰）	32.21290323	3.8728570×10^{-4}

附表4—10　中国内地31省（自治区、直辖市）社会治理指数各评价指标的主成分

主成分	特征值	贡献率	累计贡献率	特征值平方根
第1主成分	4.012539882	44.583776%	44.583776%	2.003132517
第2主成分	2.262956706	25.143963%	69.727740%	1.504312702
第3主成分	0.885524920	9.8391658%	79.566906%	0.941023336
第4主成分	0.598614873	6.6512764%	86.218182%	0.773702057
第5主成分	0.461654279	5.1294920%	91.347674%	0.679451454
第6主成分	0.359441820	3.9937980%	95.341472%	0.599534669
第7主成分	0.208294001	2.3143778%	97.655850%	0.456392376
第8主成分	0.163431006	1.8159001%	99.471750%	0.404266008
第9主成分	0.047542513	0.5282501%	100.00000%	0.218042457

附表4—11　中国内地31省（自治区、直辖市）社会治理指数各评价指标的主成分载荷

变量（评价指标）	第1主成分	第2主成分	第3主成分	第4主成分
C1	0.195636272	0.533624730	0.144768423	-0.111692391
C2	0.278918945	0.319667922	-0.574031594	0.242224067
C3	0.443349581	-0.196568269	0.197647690	-0.167257245
C4	0.316617858	0.327962702	0.204726917	-0.178771563
C5	0.353623523	-0.288834680	-0.041395590	-0.591551027
C6	0.164240771	0.537044435	0.021243614	-0.044637383
C7	0.460337634	-0.161452072	0.174035274	0.062705593
C8	0.354021835	-0.161947116	0.326101672	0.713382033
C9	0.312822837	-0.206694488	-0.655558273	0.064397396

附表 4—12　中国内地 31 省（自治区、直辖市）社会治理指数中各评价指标的系数

	评价指标	在内地 31 省（自治区、直辖市）中的平均值	在社会治理指数中的系数
社会治理	每十万人口社会组织（个）	48.06774194	0.011782678
	每万人口社会服务职工（人）	96.37741935	0.012055079
	每百万人口社工助工师（人）	77.46129032	0.004884150
	每万人口互联网宽带接入用户数（户）	1777.823049	5.757109e-4
	每万人口社会志愿者服务人次（人次）	97.11744919	0.001011539
	每万人口基层以上工会劳动法律监督组织提请劳动监察部门处理的案件数（件）	0.064078166	2.432217607
	每万人口劳动争议结案数（件）	6.549572837	0.066119322
	每万人社区居民委员会数（个）	0.780919195	1.248946916
	每万人口社会工作师（人）	0.473698142	0.482638250

附表 4—13　中国内地 31 省（自治区、直辖市）社会环境指数各评价指标的主成分

主成分	特征值	贡献率	累计贡献率	特征值平方根
第 1 主成分	2.778386477	30.870961%	30.870961%	1.666849266
第 2 主成分	1.844932707	20.499252%	51.370213%	1.358283000
第 3 主成分	1.453909212	16.154547%	67.524760%	1.205781577
第 4 主成分	0.911356309	10.126181%	77.650941%	0.954649836
第 5 主成分	0.610538651	6.7837628%	84.434704%	0.781369728
第 6 主成分	0.570233229	6.3359248%	90.770629%	0.755137887
第 7 主成分	0.451308196	5.0145355%	95.785164%	0.671794758
第 8 主成分	0.259035366	2.8781707%	98.663335%	0.508955171
第 9 主成分	0.120299852	1.3366650%	100.00000%	0.346842691

附表4—14　中国内地31省（自治区、直辖市）社会环境指数各评价指标的主成分载荷

变量（评价指标）	第1主成分	第2主成分	第3主成分	第4主成分
D1	0.448937948	0.257238191	-0.270985740	0.298512161
D2	0.303308547	0.230351535	0.425271830	0.455454524
D3	0.356878175	0.143477911	-0.216006435	-0.614261507
D4	0.143987749	0.473517243	0.437016176	0.017579988
D5	-0.479357682	0.213584901	0.300144584	-0.098509895
D6	-0.355241321	0.365349203	-0.179493831	-0.135641150
D7	0.224117251	-0.011162616	0.524222472	-0.533884967
D8	0.188030692	0.484242890	-0.321411044	-0.108027281
D9	0.341759965	-0.471431715	0.087462076	-0.031931783

附表4—15　中国内地31省（自治区、直辖市）社会环境指数中各评价指标的系数

	评价指标	在内地31省（自治区、直辖市）中的平均值	在社会环境指数中的系数
社会环境	建成区绿化覆盖率（%）	39.10967742	0.124151974
	人均公园绿地面积（平方米）	12.97935484	0.114497643
	生活垃圾无害化处理率（%）	92.84838710	0.043671394
	人均城市道路面积（平方米）	15.83516129	0.030083686
	亿元地区生产总值生产安全事故死亡人数	0.114064516	-7.688216850
	自然保护区占辖区面积比重（%）	12.83417991	$2.479378 \mathrm{e}-4$
	人均工业污染治理完成投资（元）	62.02345654	0.005215215
	万元地区生产总值能耗下降率（%）	-5.080322581	-0.001005045
	污水处理率（%）	87.67096774	0.023862073

2. 中国超大城市社会建设指数的主成分分析

附表 4—16　　中国超大城市社会建设指数各评价指标的主成分

主成分	特征值	贡献率	累计贡献率	特征值平方根
第 1 主成分	7.635210413	33.196567%	33.196567%	2.763188450
第 2 主成分	5.212332068	22.662313%	55.858880%	2.283053234
第 3 主成分	4.256027261	18.504466%	74.363347%	2.063014120
第 4 主成分	3.303070855	14.361178%	88.724524%	1.817435241
第 5 主成分	1.455544214	6.3284531%	95.052977%	1.206459371
第 6 主成分	1.137815188	4.9470226%	100.00000%	1.066684203
第 7 主成分	2.11563e−15	9.198e−15%	100.00000%	4.599598e−8
第 8 主成分	1.23371e−15	5.364e−15%	100.00000%	3.512416e−8
第 9 主成分	8.11306e−16	3.527e−15%	100.00000%	2.848343e−8
第 10 主成分	5.30716e−16	2.307e−15%	100.00000%	2.303727e−8
第 11 主成分	3.52227e−16	1.531e−15%	100.00000%	1.876770e−8
第 12 主成分	2.96373e−16	1.289e−15%	100.00000%	1.721550e−8
第 13 主成分	2.62915e−16	1.143e−15%	100.00000%	1.621466e−8
第 14 主成分	1.94376e−16	8.451e−16%	100.00000%	1.394189e−8
第 15 主成分	7.10564e−17	3.089e−16%	100.00000%	8.429494e−9
第 16 主成分	0.000000000	0.0000000%	100.00000%	0.000000000
第 17 主成分	0.000000000	0.0000000%	100.00000%	0.000000000
第 18 主成分	0.000000000	0.0000000%	100.00000%	0.000000000
第 19 主成分	0.000000000	0.0000000%	100.00000%	0.000000000
第 20 主成分	0.000000000	0.0000000%	100.00000%	0.000000000
第 21 主成分	0.000000000	0.0000000%	100.00000%	0.000000000
第 22 主成分	0.000000000	0.0000000%	100.00000%	0.000000000
第 23 主成分	0.000000000	0.0000000%	100.00000%	0.000000000

附表 4—17　　　中国超大城市社会建设指数
各评价指标的主成分载荷

变量（评价指标）	第 1 主成分	第 2 主成分	第 3 主成分	第 4 主成分
A1	0.224935342	0.102368449	0.352878360	0.043752226
A2	0.156459841	0.082515483	0.359138202	-0.194315307
A3	0.201838966	0.276788261	0.004286941	-0.064415334
A4	0.336831804	0.102110091	0.043923527	-0.144431538
A5	0.336973953	0.091079137	-0.109328360	-0.035047076
A6	0.147824208	0.026178355	0.418647705	-0.046755495
A7	0.339695953	-0.100812132	-0.095088522	-0.032342872
B1	-0.061215403	0.063528193	0.178521314	-0.396659652
B2	0.006376069	-0.257817154	0.309206671	-0.113326018
B3	-0.281950814	0.231830781	-0.111612982	0.048639641
B4	-0.061676836	0.402273568	-0.001965200	-0.043840814
B5	-0.023558657	0.365781175	0.198639294	-0.091518456
B6	0.345583148	-0.110047873	0.049187436	-0.025451398
C1	0.320790212	-0.083126450	-0.193488042	-0.057579957
C2	-0.070662427	0.122564609	-0.080111002	-0.478173671
C3	-0.028058886	0.171784004	0.386511938	0.207477458
C4	-0.080629149	0.357590623	-0.053165088	-0.043807595
C5	-0.064650934	0.004568081	-0.152749310	-0.507867987
D1	0.204311829	0.097366553	0.016222796	0.361298019
D2	0.046406011	-0.343658073	0.084067634	-0.015389208
D3	0.274206455	-0.043129516	-0.274594581	-0.156975619
D4	0.106078332	0.261358787	-0.211015735	0.238159037
D5	0.251308024	0.259740228	-0.140732027	0.019199022

附表 4—18　　中国超大城市社会建设指数中各评价指标的系数

	评价指标	在中国超大城市中的平均值	在社会建设指数中的系数
社会保障	城镇居民人均可支配收入（元）	42137.85714	2.474224e-5
	农村居民人均纯收入（元）	18301.00000	4.330309e-5
	每千人城镇职工基本养老保险参保人数（人）	653.1685714	7.565538e-4
	每千人城镇职工基本医疗保险参保人数（人）	600.5057143	0.001815304
	每千人失业保险参保人数（人）	416.7242857	0.001540067
	职工平均工资（元）	84034.57143	8.825019e-6
	人均公共财政预算支出（元）	33341.26000	1.266468e-5
社会服务	人均公共财政预算支出中教育支出（元）	3320.387143	5.863020e-7
	人均城市公共设施用地面积（平方米）	2.078571429	0.044401570
	每千人医院和卫生院床位数（张）	6.337142857	0.001357993
	每千人医生数（执业医师+执业助理医师）（人）	3.527142857	0.000632480
	人均城市公共管理与公共服务设施用地面积（平方米）	6.907142857	0.000163638
	每百人公共图书馆藏书量（册、件）	360.2771429	0.001244671
社会治理	每万人拥有公共交通车辆（辆）	23.78428571	0.011843328
	公共管理和社会组织从业人员占第三产业从业人员比例（%）	8.202857143	0.000407920
	第三产业年末从业人员占城镇单位就业人员比例（%）	57.10714286	0.000022071
	每万人在校大学生数（人）	593.0800000	2.085310e-6
	每万人互联网宽带接入用户数（户）	5380.307552	1.961900e-7

	评价指标	在中国超大城市中的平均值	在社会建设指数中的系数
社会环境	建成区绿化覆盖率（%）	41.30142857	0.044121623
	生活垃圾无害化处理率（%）	98.98428571	0.291026900
	人均城市道路面积（平方米）	13.83285714	0.032580102
	人均城市公园绿地面积（平方米）	14.35714286	0.023232331
	人均城市生活垃圾处理量（吨）	0.352857143	2.120234834

附表4—19　中国超大城市社会保障指数各评价指标的主成分

主成分	特征值	贡献率	累计贡献率	特征值平方根
第1主成分	4.341104050	62.015772%	62.015772%	2.083531629
第2主成分	1.651492619	23.592752%	85.608524%	1.285104128
第3主成分	0.659469128	9.4209875%	95.029511%	0.812077046
第4主成分	0.245459066	3.5065581%	98.536069%	0.495438256
第5主成分	0.089834495	1.2833499%	99.819419%	0.299724031
第6主成分	0.012640642	0.1805806%	100.00000%	0.112430610
第7主成分	0.000000000	0.0000000%	100.00000%	0.000000000

附表4—20　中国超大城市社会保障指数各评价指标的主成分载荷

变量（评价指标）	第1主成分	第2主成分	第3主成分	第4主成分
A1	0.409202706	0.356882137	0.002376498	-0.056659659
A2	0.354139735	0.458813752	0.004614373	0.641611685
A3	0.341812858	-0.184590823	-0.805037933	-0.163325413
A4	0.458960107	-0.187179908	0.023918816	0.292898376

续表

变量（评价指标）	第1主成分	第2主成分	第3主成分	第4主成分
A5	0.390719579	-0.446052578	0.014785168	-0.138145234
A6	0.333965485	0.468877452	0.197614019	-0.673388544
A7	0.339798542	-0.417379952	0.558609859	-0.011101492

附表4—21　中国超大城市社会保障指数中各评价指标的系数

	评价指标	在中国超大城市中的平均值	在社会保障指数中的系数
社会保障	城镇居民人均可支配收入（元）	42137.85714	4.501112e-5
	农村居民人均纯收入（元）	18301.00000	9.801457e-5
	每千人城镇职工基本养老保险参保人数（人）	653.1685714	0.001281219
	每千人城镇职工基本医疗保险参保人数（人）	600.5057143	0.002473496
	每千人失业保险参保人数（人）	416.7242857	0.001785700
	职工平均工资（元）	84034.57143	1.993754e-5
	人均公共财政预算支出（元）	33341.26000	1.266850e-5

附表4—22　中国超大城市社会服务指数各评价指标的主成分

主成分	特征值	贡献率	累计贡献率	特征值平方根
第1主成分	3.013545922	50.225765%	50.225765%	1.735956774
第2主成分	1.275342084	21.255701%	71.481467%	1.129310446
第3主成分	1.048960731	17.482679%	88.964146%	1.024187840
第4主成分	0.615190607	10.253177%	99.217322%	0.784340874
第5主成分	0.040983363	0.6830561%	99.900378%	0.202443482
第6主成分	0.005977292	0.0996215%	100.00000%	0.077312951

附表4—23　　　　中国超大城市社会服务指数
各评价指标的主成分载荷

变量（评价指标）	第1主成分	第2主成分	第3主成分	第4主成分
B1	0.130905448	-0.727609387	-0.338871954	0.492888026
B2	-0.364965003	-0.316766039	-0.519741460	-0.549441591
B3	0.482808464	0.323357417	-0.326015836	-0.230495870
B4	0.524457477	-0.214725359	0.312590307	0.086495821
B5	0.405100898	-0.404175145	0.242271536	-0.616534197
B6	-0.421186318	-0.237106113	0.593582422	-0.120212485

附表4—24　　　　中国超大城市社会服务指数中
各评价指标的系数

	评价指标	在中国超大城市中的平均值	在社会服务指数中的系数
社会服务	人均公共财政预算支出中教育支出（元）	3320.387143	6.968810e-4
	人均城市公共设施用地面积（平方米）	2.078571429	0.720589060
	每千人医院和卫生院床位数（张）	6.337142857	0.015574251
	每千人医生数（执业医师+执业助理医师）（人）	3.527142857	0.220195270
	人均城市公共管理与公共服务设施用地面积（平方米）	6.907142857	0.280739640
	每百人公共图书馆藏书量（册、件）	360.2771429	8.539740e-4

附表4—25　　　　中国超大城市社会治理指数
各评价指标的主成分

主成分	特征值	贡献率	累计贡献率	特征值平方根
第1主成分	2.297617396	45.952348%	45.952348%	1.515789364
第2主成分	1.595480374	31.909607%	77.861955%	1.263123262

续表

主成分	特征值	贡献率	累计贡献率	特征值平方根
第3主成分	0.719169316	14.383386%	92.245342%	0.848038511
第4主成分	0.355458841	7.1091768%	99.354519%	0.596203691
第5主成分	0.032274073	0.6454815%	100.000000%	0.179649862

附表4—26　　　中国超大城市社会治理指数各评价指标的主成分载荷

变量（评价指标）	第1主成分	第2主成分	第3主成分	第4主成分
C1	0.153981885	0.639515698	0.508074717	-0.548914783
C2	0.591807047	-0.286822936	-0.086275937	-0.354471801
C3	-0.461797629	-0.435055367	-0.140756637	-0.736158719
C4	0.166878143	-0.562270801	0.767224409	0.137444378
C5	0.620442288	-0.057711779	-0.354923682	-0.110551735

附表4—27　　　中国超大城市社会治理指数中各评价指标的系数

	评价指标	在中国超大城市中的平均值	在社会治理指数中的系数
社会治理	每万人拥有公共交通车辆（辆）	23.78428571	0.005684893
	公共管理和社会组织从业人员占第三产业从业人员比例（%）	8.202857143	0.341638127
	第三产业年末从业人员占城镇单位就业人员比例（%）	57.10714286	0.003632450
	每万人在校大学生数（人）	593.0800000	4.315969e-4
	每万人互联网宽带接入用户数（户）	5380.307552	1.882798e-4

附表4—28 中国超大城市社会环境指数各评价指标的主成分

主成分	特征值	贡献率	累计贡献率	特征值平方根
第1主成分	2.537578972	50.751579%	50.751579%	1.592978020
第2主成分	1.346938969	26.938779%	77.690359%	1.160576998
第3主成分	0.857779549	17.155591%	94.845950%	0.926163889
第4主成分	0.251834624	5.0366925%	99.882642%	0.501831271
第5主成分	0.005867886	0.1173577%	100.000000%	0.076602126

附表4—29 中国超大城市社会环境指数各评价指标的主成分载荷

变量（评价指标）	第1主成分	第2主成分	第3主成分	第4主成分
D1	0.398920563	0.346270100	0.710465791	0.041855184
D2	-0.309909962	0.727614947	0.184446147	-0.220869404
D3	0.359384832	0.466086829	-0.636083082	-0.355742054
D4	0.537084218	-0.325594617	0.175491743	-0.622880003
D5	0.572015110	0.165604106	-0.160682730	0.659494460

附表4—30 中国超大城市社会环境指数中各评价指标的系数

	评价指标	在中国超大城市中的平均值	在社会环境指数中的系数
社会环境	建成区绿化覆盖率（%）	41.30142857	0.086147840
	生活垃圾无害化处理率（%）	98.98428571	0.194354420
	人均城市道路面积（平方米）	13.83285714	0.042700652
	人均城市公园绿地面积（平方米）	14.35714286	0.117627398
	人均城市生活垃圾处理量（吨）	0.352857143	4.825975467

3. 中国特大城市社会建设指数的主成分分析

附表 4—31   中国特大城市社会建设指数各评价指标的主成分

主成分	特征值	贡献率	累计贡献率	特征值平方根
第 1 主成分	12.68315997	55.144174%	55.144174%	3.561342439
第 2 主成分	4.276006224	18.591331%	73.735505%	2.067850629
第 3 主成分	2.746766110	11.942461%	85.677967%	1.657337054
第 4 主成分	1.656201729	7.2008771%	92.878844%	1.286935014
第 5 主成分	0.673273518	2.9272762%	95.806120%	0.820532460
第 6 主成分	0.399440274	1.7366968%	97.542817%	0.632012875
第 7 主成分	0.365299333	1.5882580%	99.131075%	0.604399978
第 8 主成分	0.115272402	0.5011844%	99.632259%	0.339517897
第 9 主成分	0.084580439	0.3677410%	100.00000%	0.290827164
第 10 主成分	$1.23471e-15$	$5.368e-15$%	100.00000%	$3.513849e-8$
第 11 主成分	$4.61886e-16$	$2.008e-15$%	100.00000%	$2.149152e-8$
第 12 主成分	$3.20204e-16$	$1.392e-15$%	100.00000%	$1.789426e-8$
第 13 主成分	$2.17274e-16$	$9.447e-16$%	100.00000%	$1.474022e-8$
第 14 主成分	$1.41585e-16$	$6.156e-16$%	100.00000%	$1.189895e-8$
第 15 主成分	$5.49701e-17$	$2.390e-16$%	100.00000%	$7.414184e-9$
第 16 主成分	$2.47800e-17$	$1.077e-16$%	100.00000%	$4.977953e-9$
第 17 主成分	0.000000000	0.0000000%	100.00000%	0.000000000
第 18 主成分	0.000000000	0.0000000%	100.00000%	0.000000000
第 19 主成分	0.000000000	0.0000000%	100.00000%	0.000000000
第 20 主成分	0.000000000	0.0000000%	100.00000%	0.000000000
第 21 主成分	0.000000000	0.0000000%	100.00000%	0.000000000
第 22 主成分	0.000000000	0.0000000%	100.00000%	0.000000000
第 23 主成分	0.000000000	0.0000000%	100.00000%	0.000000000

附表4—32　　中国特大城市社会建设指数各评价指标的主成分载荷

变量（评价指标）	第1主成分	第2主成分	第3主成分	第4主成分
A1	0.145419232	0.305606750	0.054376063	0.381657872
A2	0.208812202	0.179822524	0.202251550	0.299787831
A3	0.271657024	-0.107000172	0.028044420	0.004304498
A4	0.277515975	-0.058951661	0.010220076	-0.018569740
A5	0.277188338	-0.064387521	0.035631012	0.012170666
A6	-0.003806330	0.440898522	-0.040165884	0.277936809
A7	0.257314555	0.038695350	0.065761291	0.221863056
B1	0.251979742	0.086911669	0.197978885	0.010806763
B2	0.243459457	-0.174250910	-0.194873416	-0.075029574
B3	0.133190541	0.196853115	0.176978851	-0.488310321
B4	0.208300907	0.200586267	0.159132811	-0.335245686
B5	0.231100497	0.005328418	-0.292827771	-0.129345498
B6	0.267658409	0.034384787	-0.112083938	0.083407712
C1	0.244366340	0.114924091	-0.019609636	-0.102400814
C2	0.006010642	-0.402863549	0.155661986	0.115487611
C3	0.008215440	0.259294960	-0.501620496	-0.052010812
C4	0.008215440	0.259294960	-0.501620496	-0.052010812
C5	0.241838059	0.107521066	0.217489572	-0.100424287
D1	0.032955854	-0.298417239	-0.289904751	0.299441460
D2	-0.178407554	0.313534676	0.156871756	0.186770119
D3	0.259391372	-0.131758120	-0.123966735	0.063152575
D4	0.210033259	-0.088130098	0.053576926	0.289391078
D5	0.264103761	-0.084715118	-0.117717179	-0.074891072

附表 4—33　　中国特大城市社会建设指数中各评价指标的系数

	评价指标	在中国特大城市中的平均值	在社会建设指数中的系数
社会保障	城镇居民人均可支配收入（元）	38190.50000	1.812670e-5
	农村居民人均纯收入（元）	18792.20000	4.120053e-5
	每千人城镇职工基本养老保险参保人数（人）	1019.662000	3.119817e-4
	每千人城镇职工基本医疗保险参保人数（人）	926.9540000	3.410795e-4
	每千人失业保险参保人数（人）	617.5570000	4.927074e-4
	职工平均工资（元）	65106.00000	4.105030e-9
	人均公共财政预算支出（元）	15388.61000	3.665773e-5
社会服务	人均公共财政预算支出中教育支出（元）	3541.388000	1.385412e-4
	人均城市公共设施用地面积（平方米）	3.404000000	0.061589604
	每千人医院和卫生院床位数（张）	11.11500000	0.028230588
	每千人医生数（执业医师+执业助理医师）（人）	5.356000000	0.095869287
	人均城市公共管理与公共服务设施用地面积（平方米）	10.59300000	0.042912849
	每百人公共图书馆藏书量（册、件）	198.3990000	0.002048768
社会治理	每万人拥有公共交通车辆（辆）	13.95300000	0.044378720
	公共管理和社会组织从业人员占第三产业从业人员比例（%）	11.66000000	0.001790653
	第三产业年末从业人员占城镇单位就业人员比例（%）	585.4790000	2.313857e-5
	每万人在校大学生数（人）	585.4790000	2.313857e-5
	每万人互联网宽带接入用户数（户）	5608.721503	9.222233e-5

续表

	评价指标	在中国特大城市中的平均值	在社会建设指数中的系数
社会环境	建成区绿化覆盖率（%）	42.89000000	0.020170922
	生活垃圾无害化处理率（%）	95.71900000	0.000234927
	人均城市道路面积（平方米）	20.69300000	0.014064715
	人均城市公园绿地面积（平方米）	14.28000000	0.086209625
	人均城市生活垃圾处理量（吨）	0.584000000	0.525665245

附表4—34　中国特大城市社会保障指数各评价指标的主成分

主成分	特征值	贡献率	累计贡献率	特征值平方根
第1主成分	4.841377802	69.162540%	69.162540%	2.200313115
第2主成分	1.881030267	26.871861%	96.034401%	1.371506568
第3主成分	0.141369767	2.0195681%	98.053969%	0.375991711
第4主成分	0.089481780	1.2783111%	99.332280%	0.299135053
第5主成分	0.039528069	0.5646867%	99.896967%	0.198816673
第6主成分	0.006169775	0.0881396%	99.985107%	0.078547915
第7主成分	0.001042540	0.0148934%	100.000000%	0.032288386

附表4—35　中国特大城市社会保障指数各评价指标的主成分载荷

变量（评价指标）	第1主成分	第2主成分	第3主成分	第4主成分
A1	0.317764537	0.501347447	0.027864231	-0.555196066
A2	0.401946054	0.266264922	0.615935430	0.577176096
A3	0.416870637	-0.284524794	-0.095749387	-0.018843678
A4	0.423976856	-0.227118645	-0.453138728	0.019180864
A5	0.427461257	-0.227057455	-0.253341691	0.292043381
A6	0.067746484	0.702596351	-0.518733587	0.267545027
A7	0.443412735	-0.004446558	0.268473335	-0.448366386

附表4—36 中国特大城市社会保障指数中各评价指标的系数

	评价指标	在中国特大城市中的平均值	在社会保障指数中的系数
社会保障	城镇居民人均可支配收入（元）	38190.50000	3.960978e-5
	农村居民人均纯收入（元）	18792.20000	7.930759e-5
	每千人城镇职工基本养老保险参保人数（人）	1019.662000	4.787508e-4
	每千人城镇职工基本医疗保险参保人数（人）	926.9540000	5.210864e-4
	每千人失业保险参保人数（人）	617.5570000	7.598202e-4
	职工平均工资（元）	65106.00000	7.306292e-6
	人均公共财政预算支出（元）	15388.61000	6.316978e-5

附表4—37 中国特大城市社会服务指数各评价指标的主成分

主成分	特征值	贡献率	累计贡献率	特征值平方根
第1主成分	4.235373342	70.589556%	70.589556%	2.058002270
第2主成分	1.262500426	21.041674%	91.631229%	1.123610442
第3主成分	0.318377889	5.3062982%	96.937528%	0.564249846
第4主成分	0.122371090	2.0395182%	98.977046%	0.349815795
第5主成分	0.045998509	0.7666418%	99.743688%	0.214472630
第6主成分	0.015378744	0.2563124%	100.00000%	0.124011062

附表4—38 中国特大城市社会服务指数各评价指标的主成分载荷

变量（评价指标）	第1主成分	第2主成分	第3主成分	第4主成分
B1	0.432133090	-0.165238974	0.716010752	-0.174496440
B2	0.394714901	0.457351075	-0.146762319	-0.733693638

续表

变量（评价指标）	第1主成分	第2主成分	第3主成分	第4主成分
B3	0.320858563	-0.625493195	-0.413227271	-0.238763065
B4	0.419273037	-0.420548531	-0.071053956	0.212718713
B5	0.419176105	0.352822644	-0.478368776	0.366596599
B6	0.450569013	0.266344613	0.247279792	0.441128687

附表4—39　中国特大城市社会服务指数中各评价指标的系数

	评价指标	在中国特大城市中的平均值	在社会服务指数中的系数
社会服务	人均公共财政预算支出中教育支出（元）	3541.388000	2.375915e-4
	人均城市公共设施用地面积（平方米）	3.404000000	0.099853728
	每千人医院和卫生院床位（张）	11.11500000	0.068008027
	每千人医生数（执业医师+执业助理医师）（人）	5.356000000	0.192967988
	人均城市公共管理与公共服务设施用地面积（平方米）	10.59300000	0.077836444
	每百人公共图书馆藏书量（册、件）	198.3990000	0.003448842

附表4—40　中国特大城市社会治理指数各评价指标的主成分

主成分	特征值	贡献率	累计贡献率	特征值平方根
第1主成分	2.610240225	52.204805%	52.204805%	1.615623788
第2主成分	1.806966041	36.139321%	88.344125%	1.344234370
第3主成分	0.488639078	9.7727816%	98.116907%	0.699027237
第4主成分	0.094154656	1.8830931%	100.00000%	0.306846306
第5主成分	0.000000000	0.0000000%	100.00000%	0.000000000

附表 4—41　中国特大城市社会治理指数各评价指标的主成分载荷

变量（评价指标）	第 1 主成分	第 2 主成分	第 3 主成分	第 4 主成分
C1	0.248516403	0.642867935	0.328545903	0.645769313
C2	-0.500275369	-0.009366909	0.836419928	-0.223692915
C3	0.584105652	-0.186843040	0.296548162	-0.189656147
C4	0.584105652	-0.186843040	0.296548162	-0.189656147
C5	0.074868742	0.718896680	-0.128754297	-0.678973170

附表 4—42　中国特大城市社会治理指数中各评价指标的系数

	评价指标	在中国特大城市中的平均值	在社会治理指数中的系数
社会治理	每万人拥有公共交通车辆（辆）	13.95300000	0.045132402
	公共管理和社会组织从业人员占第三产业从业人员比例（%）	11.66000000	0.001490389
	第三产业年末从业人员占城镇单位就业人员比例（%）	585.4790000	0.001645118
	每万人在校大学生数（人）	585.4790000	0.001645118
	每万人互联网宽带接入用户数（户）	5608.721503	2.855039×10^{-5}

附表 4—43　中国特大城市社会环境指数各评价指标的主成分

主成分	特征值	贡献率	累计贡献率	特征值平方根
第 1 主成分	3.412785587	68.255712%	68.255712%	1.847372617
第 2 主成分	0.888932578	17.778652%	86.034363%	0.942832211

续表

主成分	特征值	贡献率	累计贡献率	特征值平方根
第3主成分	0.474120707	9.4824141%	95.516777%	0.688564236
第4主成分	0.191104906	3.8220981%	99.338876%	0.437155471
第5主成分	0.033056223	0.6611245%	100.000000%	0.181813703

附表4—44　中国特大城市社会环境指数各评价指标的主成分载荷

变量（评价指标）	第1主成分	第2主成分	第3主成分	第4主成分
D1	0.270917319	-0.886606982	-0.319964911	-0.077489334
D2	-0.463905064	0.140376046	-0.600897069	-0.633734934
D3	0.526618376	0.053817862	-0.018074147	-0.413556074
D4	0.424650740	0.363315186	-0.696835112	0.438121106
D5	0.503726843	0.243574091	0.225031817	-0.478953762

附表4—45　中国特大城市社会环境指数中各评价指标的系数

	评价指标	在中国特大城市中的平均值	在社会环境指数中的系数
社会环境	建成区绿化覆盖率（%）	42.89000000	0.165817339
	生活垃圾无害化处理率（%）	95.71900000	0.006108710
	人均城市道路面积（平方米）	20.69300000	0.028554294
	人均城市公园绿地面积（平方米）	14.28000000	0.174300877
	人均城市生活垃圾处理量（吨）	0.584000000	1.002604783

4. G20（20国集团）社会建设指数的主成分分析

附表4—46   G20（20国集团）社会建设指数各评价指标的主成分

主成分	特征值	贡献率	累计贡献率	特征值平方根
第1主成分	7.019900758	38.999449%	38.999449%	2.649509532
第2主成分	3.207189120	17.817717%	56.817166%	1.790862675
第3主成分	1.676629527	9.3146085%	66.131774%	1.294847299
第4主成分	1.632911561	9.0717309%	75.203505%	1.277854280
第5主成分	0.945731489	5.2540638%	80.457569%	0.972487269
第6主成分	0.885136134	4.9174230%	85.374992%	0.940816738
第7主成分	0.641421948	3.5634553%	88.938447%	0.800888225
第8主成分	0.620343948	3.4463553%	92.384803%	0.787619164
第9主成分	0.360840266	2.0046681%	94.389471%	0.600699813
第10主成分	0.314705168	1.7483620%	96.137833%	0.560985890
第11主成分	0.223125681	1.2395871%	97.377420%	0.472361811
第12主成分	0.197885856	1.0993659%	98.476786%	0.444843631
第13主成分	0.102944571	0.5719143%	99.048700%	0.320849764
第14主成分	0.082483435	0.4582413%	99.506941%	0.287199294
第15主成分	0.057672961	0.3204053%	99.827347%	0.240151954
第16主成分	0.027442411	0.1524578%	99.979805%	0.165657510
第17主成分	0.003453656	0.0191870%	99.998992%	0.058767814
第18主成分	1.815094e-4	0.0010084%	100.00000%	0.013472542

附表4—47   G20（20国集团）社会建设指数各评价指标的主成分载荷

变量（评价指标）	第1主成分	第2主成分	第3主成分	第4主成分
X1	0.337814478	-0.085919509	0.095261891	0.044454846

续表

变量（评价指标）	第1主成分	第2主成分	第3主成分	第4主成分
X2	-0.249491110	-0.208815333	0.203140798	0.178546277
X3	0.272516549	-0.306082430	-0.057205035	-0.112628855
X4	0.349725959	0.062988013	0.049903127	0.072160916
X5	-0.256815716	0.016112327	-0.325961756	0.271021095
X6	-0.014345729	0.446062808	0.163016804	-0.225656952
X7	0.159934104	0.357000890	0.119948169	-0.077234407
X8	0.289809717	0.118892456	0.255449934	0.068536437
X9	0.339690312	-0.151720660	0.052053726	-0.085384223
X10	0.096552641	0.272997842	0.009456886	0.469660845
X11	-0.111497468	0.452043033	0.119667271	0.012361074
X12	0.095919190	0.287200318	0.050246246	-0.453674441
X13	0.264314237	0.001147187	-0.443912932	-0.047350201
X14	0.243587342	0.042351130	0.009749341	0.361188866
X15	0.283457267	0.083686076	-0.147520312	0.122235478
X16	0.120664680	0.262602646	-0.542197394	0.173039253
X17	0.277770239	-0.196970239	0.272615158	0.066680105
X18	0.061058562	-0.098049680	-0.352946862	-0.444231704

附表4—48　　G20（20国集团）社会建设指数中各评价指标的系数

	评价指标	在20国集团中的平均值	在社会建设指数中的系数
1	人均GDP（美元）	26502.68421	1.768457e-5
2	GDP增速（%）	2.502631579	0.001194473
3	出生时预期寿命（岁）	76.27894737	0.040976419

续表

	评价指标	在 20 国集团中的平均值	在社会建设指数中的系数
4	平均受教育年限（年）	10.02631579	0.147871797
5	CPI 指数（2005 年 = 100）	144.4842105	-0.00650966
6	失业率（％）	7.326315789	-0.00309685
7	教育支出占 GDP 比重（％）	4.951578947	0.157814307
8	医疗支出占 GDP 比重（％）	8.357894737	0.086023820
9	每千人宽带用户（个）	199.1189474	0.002744974
10	每十万人口监狱服刑人数（人）	197.0526316	$-5.76922e-6$
11	每十万人口杀人犯罪率（％）	5.957894737	-0.01234470
12	女性议员占国家议会比例（％）	23.58789474	0.010125416
13	每万人口医生数（人）	23.89473684	0.024344102
14	人均温室气体排放量（吨）	12.33994216	$-4.77996e-4$
15	城市人口占比（城市化率）（％）	75.05263158	0.018680048
16	女性人口比重（％）	50.92105263	0.087140083
17	R&D 支出占 GDP 比重（％）	1.615789474	0.279502170
18	国际入境旅游人次（万人）	2387.036842	$2.972123e-5$

5. 北京市 16 个区社会建设指数主成分分析

附表 4—49　　　北京市 16 个区社会建设指数各评价指标的主成分

主成分	特征值	贡献率	累计贡献率	特征值平方根
第 1 主成分	10.42217943	29.777656%	29.777656%	3.228340042
第 2 主成分	7.035066076	20.100189%	49.877844%	2.652369898
第 3 主成分	4.000883256	11.431095%	61.308939%	2.000220802

续表

主成分	特征值	贡献率	累计贡献率	特征值平方根
第4主成分	3.000180359	8.5719439%	69.880883%	1.732102872
第5主成分	2.377070735	6.7916307%	76.672514%	1.541775190
第6主成分	1.917647510	5.4789929%	82.151507%	1.384791504
第7主成分	1.499540908	4.2844026%	86.435909%	1.224557433
第8主成分	1.325547818	3.7872795%	90.223189%	1.151324376
第9主成分	1.108350665	3.1667162%	93.389905%	1.052782345
第10主成分	0.693317381	1.9809068%	95.370812%	0.832656821
第11主成分	0.527660343	1.5076010%	96.878413%	0.726402329
第12主成分	0.462451278	1.3212894%	98.199702%	0.680037703
第13主成分	0.307837402	0.8795354%	99.079238%	0.554830967
第14主成分	0.182074279	0.5202122%	99.599450%	0.426701628
第15主成分	0.140192563	0.4005502%	100.00000%	0.374422973
第16主成分	$1.41123e-15$	$4.032e-15\%$	100.00000%	$3.756631e-8$

附表4—50　北京市16个区社会建设指数各评价指标的主成分载荷

变量（评价指标）	第1主成分	第2主成分	第3主成分	第4主成分
A1	0.267719164	0.136294837	0.092786799	-0.108352344
A2	-0.157558660	0.122788470	0.081208380	0.316432585
A3	0.146412096	0.254872368	0.133696270	-0.187997172
A4	-0.097881132	0.130111103	-0.063721798	0.439903496
A5	0.292845951	-0.089849784	0.016558709	0.075362678
A6	-0.042759811	-0.110205242	-0.234772400	0.194365304
A7	0.291476324	-0.093170429	0.010085068	0.077678028
A8	0.290063329	-0.080591736	0.034145268	0.071803859
A9	-0.124509030	-0.198487380	-0.161565168	-0.132760294

续表

变量（评价指标）	第1主成分	第2主成分	第3主成分	第4主成分
A10	-0.074744455	-0.072354724	0.087545307	0.264676985
A11	0.192627878	-0.211287351	-0.089109574	-0.055082407
A12	0.079459039	0.049639622	0.272343811	-0.085063268
A13	-0.127715129	0.162513649	0.043299230	0.345824972
A14	-0.050857098	0.250947091	0.216187414	-0.087054424
B1	-0.116552435	-0.255194733	0.120510694	0.027880769
B2	0.241014662	-0.170877115	-0.134832622	0.088724299
B3	0.254493832	-0.139307105	-0.121355015	0.104860496
B4	0.268087377	-0.130545395	-0.035213813	0.155910820
B5	0.285439070	-0.096443081	-0.062460375	0.119083478
B6	0.081094845	0.093524483	0.225694214	-0.292450754
B7	0.148717936	0.095222459	0.364224750	0.130815573
B8	0.187556976	-0.082316520	0.263086181	0.233291232
C1	-0.182844162	-0.268709546	0.084025021	-0.087999699
C2	-0.024381874	-0.279797279	0.210687668	0.182212146
C3	-0.089867473	-0.226131936	-0.012822230	-0.211155539
C4	0.024167543	0.288950965	0.072349718	0.085652883
C5	0.186434506	0.059185508	0.158013444	-0.134254068
C6	-0.028167126	-0.158979365	0.320164144	-0.012385706
D1	0.042912961	0.176716581	-0.022989732	0.194130387
D2	0.160232996	$-5.653735e-4$	0.023168562	-0.053731545
D3	0.079032888	0.270670327	-0.133310729	-0.013370914
D4	0.030995622	0.221150212	-0.299019200	0.009391166
D5	-0.062512257	-0.080315227	0.281513628	0.104065160
D6	-0.109932044	0.032072100	0.220382331	0.035363475
D7	-0.223126242	-0.168823946	0.126243194	0.018356223

附表 4—51　　北京市 16 个区社会建设指数中各评价指标的系数

	评价指标	在北京市各区中的平均值	在社会建设指数中的系数
社会保障	城镇居民人均可支配收入（元）	39489.68750	5.596398e−5
	城镇居民人均可支配收入增长速度（%）	9.068572937	0.002656793
	农村居民人均纯收入（元）	20245.93750	5.203935e−5
	农村居民人均纯收入增长速度（%）	10.52186194	0.001149539
	城镇常住人口基本养老保险覆盖率（%）	58.60140999	0.007985992
	新型农村合作医疗参合率（%）	99.40062500	5.957678e−4
	城镇常住人口基本医疗保险覆盖率（%）	63.27945778	0.006823901
	城镇常住人口失业保险覆盖率（%）	44.30338375	0.010126337
	城镇登记失业率（%）	2.053480063	−0.08618472
	在岗职工平均工资增长速度（%）	11.10000000	2.715513e−4
	每万人城市居民最低生活保障人数（人）	56.79593323	0.002893746
	地方公共预算支出中社会保障和就业增长速度（%）	9.118750000	0.008134086
	地方公共预算支出中教育增长速度（%）	11.92500000	1.120365e−4
	地方公共预算支出中医疗卫生与计划生育增长速度（%）	14.48125000	4.515790e−5
社会服务	每千人口社区卫生服务机构专业技术人员数（人）	1.432811769	0.002761478
	卫生机构床位数（张）	5.552228434	0.083318974
	每千常住人口医院床位数（张）	5.065000000	0.085826557
	每千常住人口执业（助理）医师数（人）	3.928750000	0.120937676
	每千常住人口注册护士数（人）	4.148750000	0.108659298
	人均拥有公共图书馆藏书量（册、件）	1.775878502	0.039259396
	公共图书馆流通人次（人次）	0.579199968	0.363352517
	公共图书馆书刊文献外借册次（册次）	0.497077850	0.660915516

续表

	评价指标	在北京市各区中的平均值	在社会建设指数中的系数
社会管理	每万人社区服务机构数（个）	5.131441870	5.244757e-4
	每万人社会组织数（个）	4.440013246	1.008480e-4
	地区生产总值中公共管理、社会保障和社会组织增长速度（%）	0.612500000	3.319366e-4
	地区生产总值中卫生和社会工作增长速度（%）	10.21875000	0.004344806
	每万人口刑事案件破案数（个）	51.05599833	0.017011282
	刑事案件破案率（%）	87.48833437	1.754706e-5
社会环境	万元GDP能耗下降率（%）	5.860625000	0.021981389
	生活垃圾无害化处理率（%）	99.35062500	0.169078423
	二氧化硫（SO_2）年均浓度值（微克/立方米）	21.51875000	-2.392162e-4
	细颗粒物（PM 2.5）年均浓度值（微克/立方米）	87.56250000	-3.222839e-5
	每万人口生产安全事故死亡人数（人）	0.046292158	-2.38115336
	地方公共财政预算支出中节能环保增长速度（%）	55.41250000	1.705163e-5
	林木绿化率（%）	46.81250000	1.083182e-4

参考文献

一 中文专著类

1. 蔡昉：《中国经济新常态与供给侧结构性改革》，外文出版社2016年版。

2. 蔡江南：《医疗卫生体制改革的国际经验：世界二十国（地区）医疗卫生体制改革概览》，上海世纪出版股份有限公司2016年版。

3. 常健：《社会治理创新与诚信社会建设》，中国社会科学出版社2015年版。

4. 诸大建等：《可持续发展与治理研究——可持续性科学的理论与方法》，同济大学出版社2015年版。

5. 邓大松等：《社会保障风险管理》，人民出版社2016年版。

6. 邓伟志：《社会学辞典》，上海辞书出版社2009年版。

7. 丁成日：《世界巨（特）大城市发展：规律、挑战、增长控制及其评价》，中国建筑工业出版社2015年版。

8. 丁建定：《社会保障制度论：西方的实践与中国的探索》，社会科学文献出版社2016年版。

9. 方鹏骞：《中国医疗卫生事业发展报告：中国公立医院改革与发展专题（2015）》，人民出版社2016年版。

10. 费孝通：《乡土中国》，人民出版社 2015 年版。

11. 桂家友：《国家与社会变革中的城市社会治理研究》，上海人民出版社 2015 年版。

12. 蒋三庚：《特大城市建设与治理》，首都经济贸易大学出版社 2015 年版。

13. 李长健：《中国农村社会治理法治化研究：基于社区发展的视角》，湖北人民出版社 2015 年版。

14. 李红梅：《国际经济关系新格局与中国的谋略》，中国经济出版社 2016 年版。

15. 李建平等：《G20 国家创新竞争力黄皮书：二十国集团（G20）国家创新竞争力发展报告（2015—2016）》，社会科学文献出版社 2016 年版。

16. 李军：《走向生态文明新时代的科学指南（学习习近平同志生态文明建设重要论述）》，中国人民大学出版社 2015 年版。

17. 李秀艳：《新时期社会建设与改革》，沈阳出版社 2015 年版。

18. 林卡、张佳华：《社会政策与社会建设北欧经验》，中国人民大学出版社 2015 年版。

19. 林相森：《我国医疗服务领域的效率与公平研究》，经济科学出版社 2016 年版。

20. 刘厚金：《我国政府转型中的公共服务》，中央编译出版社 2015 年版。

21. 潘家华等：《2030 年可持续发展的转型议程：全球视野与中国经验》，社会科学文献出版社 2016 年版。

22. 彭龙：《二十国集团（G20）发展报告（2014）》，中国经济出版社 2015 年版。

23. 齐海丽：《我国城市公共服务供给中的政社合作研究》，上海交通大学出版社 2015 年版。

24. 绕品华等：《可持续发展导论》，哈尔滨工业大学出版社 2015 年版。

25. 史云贵：《中国政府与政治研究系列中国基层社会治理机制创新研究》，天津人民出版社 2015 年版。

26. 宋晓梧等编：《"十三五"时期我国社会保障制度重大问题研究》，中国劳动社会保障出版社 2016 年版。

27. 佟岩、刘娴静：《社区建设与社会治理创新》，知识产权出版社 2015 年版

28. 王东伟：《我国政府购买公共服务问题研究》，经济科学出版社 2015 年版。

29. 王稼琼：《特大城市治理研究》，首都经济贸易大学出版社 2015 年版。

30. 王利敏、孟莉主编：《社会治理视野下的社会工作发展》，河北人民出版社 2015 年版。

31. 王名、陈健秋主编：《社会建设研究》第 2 辑，社会科学文献出版社 2015 年版。

32. 王浦劬等：《政府向社会力量购买公共服务发展研究：基于中英经验的分析》，北京大学出版社 2016 年版。

33. 王燕：《G20 成员教育政策改革趋势》，教育科学出版社 2015 年版。

34. 王延中编：《中国社会保障发展报告（2015）No.7："十三五"时期的社会保障》，社会科学文献出版社 2015 年版。

35. 文学国等：《中国医药卫生体制改革报告（2015—2016）》，社会科学文献出版社 2016 年版。

36. 吴理财等：《文化治理视域中的公共文化服务体系建设》，高等教育出版社 2016 年版。

37. 徐凡：《二十国集团（G20）机制化建设研究》，对外经济贸易大学出版社 2015 年版。

38. 严耕编：《中国生态文明建设发展报告（2015）》，北京大学出版社 2016 年版。

39. 杨团：《社会治理现代化与社会政策创新》，社会科学文献出版社 2015 年版。

40. 叶昌东：《转型期中国特大城市空间增长》，中国建筑工业出版社 2016 年版。

41. 叶峻等：《社会生态学与生态文明论》，上海三联书店 2016 年版。

42. 尹科：《生态效率理念、方法及其在区域尺度的应用》，经济科学出版社 2015 年版。

43. 于洪：《国际社会保障动态》，上海人民出版社 2016 年版。

44. 曾建平等：《消费方式生态化：从异化到回归》，湖南师范大学出版社 2015 年版。

45. 张剑：《社会主义与生态文明》，社会科学文献出版社 2016 年版。

46. 张杰：《特大城市中心城区国际交往功能提升研究》，吉林出版集团股份有限公司 2016 年版。

47. 张学良：《2015 中国区域经济发展报告：中国城市群可

持续发展》，人民出版社 2016 年版。

48. 张翼主编：《社会治理与城乡一体化》，社会科学文献出版社 2015 年版。

49. 张云飞：《为了人民的幸福和尊严：中国特色社会主义社会建设的理论与实践》，人民出版社 2015 年版。

50. 郑功成编：《社会保障研究（2016 年第 2 卷）》，中国劳动社会保障出版社 2016 年版。

51. 郑功成：《中国社会保障发展报告（2016）》，人民出版社 2016 年版。

52. 周红云：《社会治理》，中央编译出版社 2015 年版。

53. 周林生：《社会治理创新概论》，广东人民出版社 2015 年版。

54. 周晓津：《特大城市人口规模调控与比较研究》，经济科学出版社 2016 年版。

55. 周怡等：《社会分层的理论逻辑》，中国人民大学出版社 2015 年版。

56. 竺乾威：《社会组织视角下的政府购买公共服务》，中国社会科学出版社 2016 年版。

57. 竺乾威等：《综合配套改革中的公共服务创新》，中国社会科学出版社 2016 年版。

58. 环境保护部环境与经济政策研究中心：《生态文明制度建设概论》，中国环境出版集团有限公司 2016 年版。

59. 中国工程院"生态文明建设若干战略问题研究"项目研究组：《中国生态文明建设若干战略问题研究（综合卷）》，科学出版社 2016 年版。

60. 中国人民大学重阳金融研究院：《2016：G 20 与中国》，中信出版社 2016 年版。

61. 中国人民大学重阳金融研究院：《G 20 与全球治理：G 20 智库蓝皮书 2015—2016》，中信出版社 2016 年版。

62. 《世界可持续发展年度报告》研究组：《2015 世界可持续发展年度报告》，科学出版社 2015 年版。

二　译著及英文著作

1. ［英］安东尼·吉登斯：《社会的构成——结构化理论纲要》，李康等译，中国人民大学出版社 2016 年版。

2. ［英］哈罗德·伊罗生：《群氓之族：群体认同与政治变迁》，邓伯宸译，广西师范大学出版社 2015 年版。

3. ［法］弗朗西斯·凯斯勒：《法国社会保障制度》，中国劳动社会保障出版社 2016 年版。

4. ［英］达霖·格里姆赛等：《PPP 革命：公共服务中的政府和社会资本合作》，济邦咨询公司译，中国人民大学出版社 2016 年版。

5. ［美］詹姆士·H. 道尔顿等：《社区心理学：联结个体和社区》，中国人民大学出版社 2010 年版。

6. ［英］简·米勒：《解析社会保障》，郑飞北等译，格致出版社 2012 年版。

7. ［美］詹姆斯·郝圣格编：《当代美国公共卫生：原理、实践与政策》，赵莉等译，社会科学文献出版社 2015 年版。

8. ［美］德里克·W. 布林克霍夫：《冲突后社会的治理重建脆弱国家》，民主与建设出版社 2015 年版。

9. ［美］珍妮特·V. 登哈特等：《新公共服务：服务，而不是掌舵》，丁煌译，中国人民大学出版社2014年版。

10. ［加］约翰·J. 柯顿：《二十国集团与球治理》，郭树勇等译，上海世纪出版股份有限公司2015年版。

11. ［澳］伯奇等：《生态文明决策者必读丛书：生命的解放》，邹诗鹏等译，中国科学技术出版社2015年版。

12. ［美］菲利普·科特勒等：《公共服务：提升绩效之路》，王永贵译，电子工业出版社2015年版。

13. ［英］杰拉尔德·G. 马尔腾：《人类生态学：可持续发展的基本概念》，顾朝林等译，商务印书馆2012年版。

14. Putnam, *Bowling Alone: The Collapse and Revival of American Commuvity*, New York: Simon & Sehuster, 2000.

15. Jurate Morkuniene, *Social Philosophy: Paradigm of Contemporary Thinking*, Washington: The Council for Research in Values and Philosophy, 2004.

16. P. Fellin, *The Community and Social Workers*, IL: F. E. Peacock, 2001.

17. Oeial, *Capital: A Theory of Social Strueture and Action*, Cambridge: Cambridge University Press, 2001.

三　统计年鉴类

1. 中华人民共和国国家统计局：《中国统计年鉴》，中国统计出版社2014、2015、2016年版。

2. 中华人民共和国民政部：《中国民政统计年鉴》（中国社会服务统计资料），中国统计出版社2014、2015、2016年版。

3. 国家统计局社会和科技统计司：《中国社会统计年鉴》，中国统计出版社 2014、2015、2016 年版。

4. 国家统计局人口和就业统计司：《中国人口就业统计年鉴》，中国统计出版社 2014、2015、2016 年版。

5. 国家统计局城市社会经济调查司：《中国城市统计年鉴》，中国统计出版社 2014、2015、2016 年版。

6. 国家统计局国民经济综合统计司等：《中国区域经济统计年鉴》，中国统计出版社 2014、2015、2016 年版。

7. 北京市统计局，国家统计局北京调查总队：《北京统计年鉴》，中国统计出版社 2014、2015、2016 年版。

8. 中华人民共和国文化部：《中国文化文物统计年鉴》，国家图书馆出版社 2014、2015、2016 年版。

9. 中华人民共和国文化部：《中国文化年鉴》，新华出版社 2014、2015、2016 年版。

10. 国家图书馆：《国家图书馆年鉴》，国家图书馆出版社 2014、2015、2016 年版。

11. 中华人民共和国国家统计局：《金砖国家联合统计手册》，中国统计出版社 2014、2015、2016 年版。

12. 联合国开发计划署：《中国人类发展报告》，中国对外翻译出版社 2014、2015、2016 年版。

13. 联合国开发计划署：《人类发展报告》，2014、2015、2016 年。

14. 中华人民共和国国家统计局编：《国际统计年鉴》，中国统计出版社 2014、2015、2016 年版。

15. 中国省市经济发展年鉴编委会：《中国省市经济发展年鉴》，中国财政经济出版社 2014、2015、2016 年版。